T0243522

la madre
emocionalmente
ausente

Este libro contiene las opiniones e ideas de su autora. Su finalidad es ofrecer material útil y de tipo informativo sobre los temas tratados. Está a la venta partiendo de la base de que ni la autora ni el editor pretenden prestar servicios médicos, relativos a la salud o cualquier otro tipo de servicio profesional a través del libro. La autora y el editor renuncian específicamente a toda responsabilidad por cualquier daño, pérdida o riesgo, personal o de otro tipo, en el que se incurra como consecuencia, directa o indirecta, del uso y la aplicación de cualquiera de los contenidos de este libro.

Muchas de las designaciones utilizadas por fabricantes y vendedores para distinguir sus productos son nombres comerciales. Se escriben con mayúscula inicial las que el editor ha podido identificar como marcas registradas.

Título original: The Emotionally Absent Mother: A Guide to Self-Healing and Getting
the Love You Missed —Updated and Expanded Second Edition
Traducido del inglés por Francesc Prims Terradas
Diseño de portada: Editorial Sirio, S.A.
Maquetación: Toñi F. Castellón

© de la edición original
   2010, 2017, 2023 de Jasmine Lee Cori

   Esta edición se publica por acuerdo con The Experiment, LLC a través de Yáñez,
   parte de International Editors' Co. S.L. Agencia Literaria

© de la presente edición
   EDITORIAL SIRIO, S.A.
   C/ Rosa de los Vientos, 64
   Pol. Ind. El Viso
   29006-Málaga
   España

www.editorialsirio.com
sirio@editorialsirio.com

I.S.B.N.: 978-84-19105-84-4
Depósito Legal: MA-652-2023

Impreso en Imagraf Impresores, S. A.
c/ Nabucco, 14 D - Pol. Alameda
29006 - Málaga

Impreso en España

Puedes seguirnos en Facebook, Twitter, YouTube e Instagram.

 El papel utilizado para la impresión de este libro está **libre de cloro** elemental (ECF) y su procedencia está certificada por una entidad independiente, no gubernamental, que promueve la sostenibilidad de los bosques.

JASMIN LEE CORI

la madre
emocionalmente
ausente

*Cómo reconocer y sanar
los efectos invisibles del
abandono emocional infantil*

EDITORIAL
SIRIO

Para los niños y niñas huérfanos de madre que de alguna manera sobrevivisteis a todas las carencias, a pesar de que la madre estaba ahí. Este libro es para vosotros.

¿Dónde estabas, mamá?

Cuando di mis primeros pasos
me quedé allí tambaleándome, muy orgullosa,
extasiada como un polluelo
que acabase de darse cuenta de que podía volar.
Cuando miré hacia atrás,
con una sonrisa que estaba a punto de salirse de mi rostro,
no pude encontrarte.
¿Dónde estabas, mamá?

En mi primer día de escuela,
subida a ese autobús ruidoso
que iba a llevarme a un lugar extraño,
en el que se amontonaban los niños
mientras los adultos miraban,
siendo todo ese mundo nuevo para mí,
¿dónde estabas, mamá?

La primera vez que llegué a casa llorando
después de que unos niños se hubiesen reído de mí,
con sus dolorosas palabras aguijoneándome aún la cabeza,
me habría gustado algún consuelo,
pero permaneciste en silencio.

Estás ahí en fotografías antiguas,
pero faltas en mis recuerdos.
No recuerdo que me abrazases ni consolases,
ni momentos especiales en los que solo estuviésemos tú y yo.
No recuerdo tu olor ni la sensación de tu tacto.

Recuerdo el color de tus ojos
y el dolor en lo profundo de ellos;
ese dolor generalmente escondido, como tantas otras cosas,
bajo una máscara que yo no podía traspasar.

Mirabas pero no me veías.
Tu calor nunca llegó a mi corazón de niña.
¿Por qué no nos tuvimos la una a la otra, mamá?
¿Dónde estabas?
¿Fue todo por culpa mía?

J. C.

Índice

Introducción

Pocas experiencias hay tan profundas en la vida como los sentimientos que albergamos hacia nuestra madre. Las raíces de algunos de estos sentimientos se pierden en los oscuros recovecos de la experiencia preverbal. Las ramas van en todas direcciones; algunas contienen momentos gloriosos bañados por el sol, mientras que otras están rotas y tienen bordes afilados y dentados en los que nos enganchamos. No es algo simple todo lo que tiene que ver con la madre.

Tanto en el aspecto cultural como en el psicológico, los sentimientos vinculados a la madre a menudo son incoherentes y están enredados. La madre y el pastel de manzana son símbolos potentes, venerados en la psique nacional estadounidense, pero descuidados en las políticas nacionales, como se refleja, por ejemplo, en las exiguas políticas de permisos familiares que hay en Estados Unidos en comparación con las que tienen otros países desarrollados. Si nos tomásemos realmente en serio la maternidad, proporcionaríamos más ayuda financiera y en el hogar, así como formación para las madres. Tal como están las cosas actualmente, las madres están puestas sobre un pedestal que reposa sobre una base poco firme.

Como adultos, somos conscientes de esto. La mayoría tenemos el sentimiento de que hay que honrar a las madres y somos conscientes de que la figura materna se da por sentada demasiado a menudo y no se valoran sus sacrificios. A pesar de ello, muchos de nosotros estamos secretamente (o no tan secretamente) insatisfechos con lo que obtuvimos de nuestra madre, y estamos resentidos por el hecho de que no satisfizo todas nuestras necesidades, fuese suya la culpa o no. Y estamos pagando un precio por ello.

Este es un tema sensible, tanto para las madres como para todos nosotros. Algunos, por la necesidad de alejar a las madres de las críticas, critican a las personas insatisfechas; nos culpan por culpar a nuestra madre, como si le estuviéramos pasando, injustamente, la responsabilidad de nuestro sufrimiento. No niego que algunos puedan usar la culpabilización a modo de distracción para evitar responsabilizarse de la ardua tarea de la sanación, pero lo que veo más a menudo como terapeuta es que las personas tienen que hacer frente a una culpa y una resistencia enormes para dejar de proteger a su madre. Da la impresión de que tememos criticar a nuestra madre incluso dentro del espacio privado de nuestra mente. Protegemos su imagen en nuestro interior y protegemos la frágil relación que mantuvimos o mantenemos con ella negando cualquier cosa que pueda desestabilizar esta relación; y nos protegemos a nosotros mismos de la decepción, la ira y el dolor de los que hemos evitado ser conscientes. Como explicaré en los capítulos que siguen, muchos no se atreven a destapar la dolorosa verdad de lo que les faltaba a sus madres porque no están preparados para lidiar con las implicaciones de este hecho.

Toda relación tan compleja como la que hay entre una madre y su hijo incluye tanto amor como odio. La mayoría de los niños pequeños sienten odio en determinados momentos, cuando ven frustrados sus deseos o sus necesidades, si bien muchos no se atreven a expresarlo, al ser demasiado frágil el vínculo que los une con su madre. Y prácticamente todos los niños sienten amor por su madre, aunque puede ocurrir que este amor esté soterrado o encerrado. Como escribió Robert Karen, elocuentemente, en su compilación de investigaciones sobre el apego:

Prácticamente todos los niños, incluso los que han sido víctimas de maltrato, aman a sus padres. Forma parte de su naturaleza. Pueden sentirse heridos o desilusionados, pueden estar atrapados en maneras de ser destructivas que hacen que no tengan ninguna posibilidad de obtener el amor que anhelan, pero estar apegado, incluso ansiosamente apegado, es sentir amor. Con cada año que pasa, al niño puede costarle un poco más acceder a este amor; cada año el niño puede negar su deseo de conexión con más firmeza; puede incluso renunciar a sus padres y negar que los ama en absoluto. Pero el amor está ahí, como lo está el anhelo de expresarlo activamente y recibirlo de vuelta, oculto como un sol abrasador.[1]

Las palabras de Karen muestran algo de la complejidad que caracteriza a esta relación. No hay nadie que no quiera el amor de una madre.

La maternidad también es un tema sensible para las mujeres. En las primeras etapas de elaboración de este libro, advertí algo de culpa y cierta actitud defensiva en las madres a las que les hablaba de lo que estaba escribiendo. De algún modo me decían: «No me des tanto poder. Hay muchas otras influencias en la vida de un niño. No es solo por culpa mía que el niño ha resultado ser como es». Todo esto es muy cierto. Venimos a este mundo presentando unas diferencias individuales asombrosas. Y hay, en efecto, otras influencias en la infancia, como el lugar que ocupa el niño entre sus hermanos (es decir, si es el mayor, el pequeño, etc.), el vínculo con el padre y la competencia de este como padre, influencias ambientales y genéticas que afectan a aspectos fisiológicos básicos, las dinámicas familiares, sucesos importantes en el ámbito de la familia (enfermedades relevantes, por ejemplo) o factores estresantes que tienen que ver con el entorno cultural en el que se vive.

Pues bien, ninguno de estos elementos tiene un impacto tan grande como la madre. Una madre atenta, capaz y afectuosa puede ayudar a compensar muchas otras carencias, y la ausencia de una madre de estas características es quizá la mayor carencia de todas, porque cuando la mujer no está haciendo su imponente trabajo de madre como debe hacerse, los niños presentan déficits importantes en sus cimientos.

No me centro tanto en la madre porque las madres deban cargar con más culpa o responsabilidad, sino porque la calidad de la crianza que recibimos por parte de la madre moldea poderosamente nuestro desarrollo. Tengo la esperanza de que si entendemos estas influencias nos comprenderemos mejor a nosotros mismos y, lo que es aún más importante, podremos completar nuestro desarrollo y sanar las heridas resultantes de una atención insuficiente por parte de nuestra madre.

Si eres madre o vas a serlo, espero que el detalle de los roles de la madre que ofrezco en esta obra y el énfasis que pongo en la importancia central que tiene la crianza te ayudará a forjar tu postura. Aunque hay aspectos de la maternidad que son instintivos y son transmitidos de generación en generación por mujeres que fueron bien criadas por sus madres, hay muchas mujeres que deben aprender conscientemente a ejercer la maternidad. Si tu madre no ejerció la crianza de una forma adecuada contigo, tienes dos tareas por delante: sanar tus propias heridas y estar con tus hijos de una manera diferente a como estuvo contigo tu madre.

Cuando empecé a trabajar en el tema, quise complementar los conocimientos que había adquirido relativos a los adultos que habían sido criados de forma deficiente por parte de su madre. La fuente de dichos conocimientos, de tipo experiencial, habían sido adultos pertenecientes a mi propio círculo y adultos a quienes había tratado en mi práctica psicoterapéutica, y quise ampliarla, por lo que hice un llamamiento a entrevistar a adultos que habían recibido una crianza no lo bastante buena por parte de su madre en su infancia. Recibí un alud de respuestas de inmediato. Como cabía esperar, hubo más mujeres que hombres dispuestas a hablar con una extraña sobre sus experiencias, si bien también es cierto que mi convocatoria llegó a más mujeres que hombres. No establecí ningún criterio científico para trabajar con esta muestra poblacional, por lo que no puedo decir que recogiese datos relativos a la crianza deficiente por parte de la madre desde una perspectiva demográfica o sociológica, pero pienso que, de todos modos, las revelaciones valientes y a menudo esclarecedoras de estas personas tienen valor para todos nosotros. Algunos de mis hallazgos se encuentran esparcidos por los diversos capítulos, pero la mayoría están recopilados en el capítulo seis, «Vivir con una madre emocionalmente ausente»; ahí describo los entornos en los que vivieron en su infancia las personas a las que entrevisté y narro las dificultades con las que se han encontrado en la edad adulta.

En la primera edición de este libro,* me centré en los efectos de haber sido criado o criada por una madre no implicada en el aspecto emocional. En los años posteriores a la publicación, he aprendido más sobre la diversidad de madres emocionalmente ausentes y sobre la manera en que la falta de atención emocional y el maltrato emocional suelen estar entrelazados. En esta edición ampliada profundizo en los aspectos relativos al maltrato y en los problemas que tiene la madre que la llevan a mostrar este tipo de comportamiento.

---

* N. del T.: Esta traducción corresponde a la segunda edición del libro en inglés. La primera edición no ha sido publicada en castellano.

Ahora, el libro contiene tres partes. La primera parte examina qué necesitan de su madre los niños. Analiza los componentes de una buena maternidad y la importancia que tiene el primer apego a la madre. En la segunda parte veremos qué ocurre cuando la crianza materna no es la adecuada, qué impactos tienen la negligencia emocional y el maltrato emocional y qué es lo que hace que las madres les fallen a sus hijos de estas maneras. La tercera parte aborda el tema de la sanación. Tras exponerse una visión general del proceso de sanación, los capítulos se centran en la psicoterapia, en convertirse en un buen padre o madre para el propio niño interior, en compensar las necesidades insatisfechas y en reencaminar la relación con la madre en la edad adulta.

Encontrarás varios ejercicios en esta obra, que eres libre de realizar o no. También te encontrarás con pausas que son invitaciones a digerir el material y a reflexionar sobre tu propia situación. Te animo a que te detengas ahí, a que escuches lo que te viene a la mente cuando lees estos contenidos, aunque elijas no responder de una manera formal a cada pregunta.

Te invito a que te tomes tu tiempo con este libro, ya que un beneficio importante que puedes obtener de leerlo es lo que puedes llevarte de él en cuanto a comprensiones y en el aspecto de la sanación. Respecto a esto, tienes que velar por ti, por lo que si trabajar con un determinado material te genera angustia, plantéate qué tipo de apoyo puedes necesitar. Practica el hecho de ser una buena madre para ti mismo, para ti misma, asumiendo solamente lo que puedas manejar en cualquier momento dado. Siempre puedes regresar al material en otro momento. Algunos lectores han encontrado que la primera parte, dedicada a la buena maternidad, les evoca demasiadas cosas, y prefieren volver a ella más adelante. Por lo tanto, a pesar de que cada capítulo se basa en lo que se ha expuesto anteriormente, puedes trabajar con el libro de la manera que te vaya mejor.

Mis objetivos con esta obra son cuatro:

- Ayudarte a que te hagas una mejor idea del tipo de crianza que recibiste por parte de tu madre.
- Ayudarte a ver la conexión existente entre la crianza materna que recibiste y las dificultades que tienes ahora en la vida. Lo que puedes haber considerado que son *defectos* personales pueden vincularse a *déficits* en la crianza materna; al tomar conciencia de ello podrás liberarte de la culpa.
- Ofrecerte sugerencias en cuanto a la manera de compensar los elementos que te faltaron en su momento, ya sea en un contexto terapéutico, en el ámbito de relaciones cercanas o proporcionándote tú mismo o tú misma estas compensaciones.
- Ayudarte a decidir cómo relacionarte con tu madre ahora que estás en la adultez; con este fin te proporcionaré más herramientas de las que seguramente tenías y más opciones de las que probablemente habías concebido.

La buena noticia es que los déficits asociados a una crianza materna inadecuada se pueden compensar *a posteriori*; tal vez no del todo, pero sí de una manera más significativa de lo que habitualmente nos atrevemos a esperar. Podemos sanar al niño que tenemos dentro que no fue amado y convertirnos en adultos empoderados y amorosos. Es un viaje que vale la pena emprender.

PRIMERA PARTE

Lo que necesitamos de la madre

1.

La crianza materna

La madre como árbol de vida

Siempre recordaré una imagen de *The Family of Man* [La familia del hombre], una exposición de fotografías que recorrió el mundo y fue recopilada en forma de libro. Una mujer africana alta y delgada estaba de pie junto a dos niños pequeños; los rostros de estos últimos no se distinguían bien, pues estaban en la sombra. En la página contigua, citando unas palabras de Proverbios, se decía: «Ella es un árbol de vida para ellos».

Un árbol de vida. Un árbol que proporciona refugio, hogar y protección. Un árbol al que se puede subir y del que se puede comer. Un árbol que parece grande cuando eres muchas veces más pequeño que él. Un árbol que es *tu* árbol.

En las tradiciones místicas del mundo, el árbol de la vida es el eje vertical alrededor del cual gira la vida. De manera análoga, la madre es el eje alrededor del cual giran la familia y la vida emocional del niño. En el vasto período histórico previo a la era cristiana el árbol de la vida solía representarse como una madre, y la Gran Madre o Gran Diosa solía representarse como un árbol.

Por lo tanto, el árbol es un símbolo natural de la crianza materna. Con sus frutos y flores, con las aves y otros animales que hay en él y alrededor de él, proporciona tanto refugio como alimento. Al crecer en muchas direcciones, pero sobre todo hacia fuera conformando un arco cada vez mayor, es como una fuente de abundancia. En parte, el árbol de la vida expresa, como arquetipo, el sentido de la generosidad y del dar.

Este arquetipo aparece reflejado en el libro para niños *El árbol generoso*, de Shel Silverstein. Publicado originalmente, en lengua inglesa, en 1964, es considerado una parábola clásica del amor y la devoción. Trata de un niño y un árbol que lo quiere mucho y le da todo lo que tiene. Lo deja balancearse en sus ramas, le proporciona una sombra bajo la que sentarse, le da manzanas para comer y lo provee de ramas con las que hacerse una casa. Incluso deja que le corte el tronco para hacerse un bote. Al final, no siendo el árbol más que un tocón y habiendo llegado a la vejez el que fuera un niño, el árbol le proporciona un lugar en el que descansar.

Como han advertido claramente muchas personas, la relación que tienen el niño y el árbol se parece mucho a la que mantienen un niño y su madre. El árbol antepone las necesidades del niño a las suyas. Da una y otra vez. Esta actitud se inscribe dentro del papel de la madre, y a veces compite con la necesidad que tiene la mujer de desarrollarse como persona dejando de lado su función maternal y su relación con los demás. Muchas mujeres acaban por lamentar haberse perdido a sí mismas a causa de su papel como madre y como pareja. Pero si una mujer no está preparada para atender las necesidades de otras personas, al menos durante un período de su vida, no está lista para ejercer la crianza.

Hay muchas razones legítimas por las que una mujer puede ser incapaz de asumir plenamente la tarea ingente de la crianza. Pero, por desgracia, muchas mujeres no han tenido, o no han sentido que tuvieran, elección al respecto. En efecto, puede ser que una mujer acabe siendo madre sin haberlo elegido, ya sea porque se quedó embarazada sin pretenderlo, ya sea por el peso de las expectativas sociales. A menudo, estas mujeres no son plenamente adultas todavía y no están bien equipadas para lo que les espera.

No es fácil darse a uno mismo si uno tiene aún muchas necesidades insatisfechas. Pero la crianza materna requiere un dar constante. Una buena madre comparte el calor de su cuerpo cuando su hijo tiene frío y la leche de sus pechos cuando su hijo precisa alimento. Le da calcio procedente de sus propios huesos al hijo, tanto en la fase prenatal como durante el amamantamiento. Y todo esto es darse a una misma en un nivel que no deja de ser muy básico. ¡No es de extrañar que la madre sea un símbolo del sacrificio!

Estamos hechos de nuestra madre

La afirmación de que estamos hechos de nuestra madre contiene dos niveles importantes. El primero es el hecho biológico evidente: nos desarrollamos dentro de su cuerpo y estamos formados de su propio cuerpo. Después está el nivel psicológico. A este respecto, nuestra madre forma parte de nuestra personalidad, nuestra psique y nuestra estructura. De algún modo ella es, literalmente, una capa de nuestro ser. Lo comprenderás mejor a medida que avances en la lectura de los próximos capítulos.

La huella de nuestra madre es muy patente en la manera en que estamos constituidos, la forma en que nos vemos a nosotros mismos, nuestro sentido de la autoestima o nuestras creencias inconscientes sobre las relaciones. No es la única influencia a la que estamos sujetos, pero ella y nuestras interacciones con ella proporcionan los componentes básicos de todo ello.

Que experimentemos estos materiales básicos como nutritivos o tóxicos dependerá de la calidad de las interacciones que tengamos con nuestra madre. Lo más determinante no es lo que *hace* la madre; lo verdaderamente importante es su presencia energética y su amor. ¿Está enojada o con la cabeza en otra parte cuando está alimentando a su bebé? Cuando la madre está realmente ahí de una forma amorosa, su leche y su corazón no parecen dos componentes separados. Cuando no está ahí, su leche no es tan nutritiva. Es posible que el bebé no se sienta muy bien al tomarla, tal vez porque esa leche no se le da de una manera completamente libre o porque hay algo no deseado en la interacción asociada a esta ingesta.

Parafraseando unos versos de un poema infantil, cuando esta interacción es buena, la sensación es muy, muy buena, y cuando es mala, la sensación es horrible. Por supuesto, esta visión es más en blanco y negro de como suelen ser las cosas, pero no hay que olvidar que los niños pequeños experimentan el mundo de una manera muy intensa. A la madre se la puede sentir como una capa interna que constituye un apoyo, como una capa de amor que está siempre con uno, o se puede sentir como si hubiera algo muerto o tóxico en uno mismo. Esta sustancia tóxica es lo que se ha absorbido de las interacciones con ella y, tal vez, de la toxicidad que ella albergaba.

¿Quién puede hacer de madre?

Si bien utilizo el término *madre* a lo largo de todo el libro, no limito su alcance a la mujer que da a luz a un determinado niño, a pesar de que esta relación marca la totalidad de la vida de la persona, incluso en los casos en los que no va más allá del nacimiento (porque la madre muera o dé al niño en adopción). Cuando te pregunto por tu madre en esta obra, me estoy refiriendo a la persona que tuvo este rol primario, y la denominación *buena madre* puede hacer referencia a cualquier adulto que te haya cuidado, protegido y nutrido (en sentido amplio) a lo largo del tiempo, y haya manifestado las facetas que se exponen en el próximo capítulo. Puede hacer referencia, por lo tanto, a una madre adoptiva, una abuela o una madrastra; incluso a un padre adecuado. Otras personas que se encuentran fuera del círculo familiar inmediato pueden ayudar a satisfacer algunas de las necesidades del niño, incluso en la edad adulta: profesoras, tías, madres de amigos, terapeutas, la pareja... Incluso podemos satisfacer algunas de estas necesidades por nosotros mismos a medida que maduramos, pues debemos saber que el niño que ha recibido una crianza materna con carencias suele permanecer vivo en el interior de la persona adulta y sigue necesitando lo que necesitaba entonces.

Si bien no toda mujer se adapta al papel de la maternidad, la naturaleza ha hecho todo lo posible para proporcionar todas las ventajas a las madres biológicas. Las investigaciones apoyan la idea de que las madres, en conjunto, manifiestan de manera instintiva unos comportamientos que son especialmente del agrado de los bebés. Unos estudios llevados a cabo en Suecia hallaron que cuando una madre trabaja fuera del hogar y el padre es el cuidador principal, también en este caso el bebé prefiere, muy claramente, la compañía de la madre.[1]

Asimismo, la naturaleza apoya a las madres biológicas a través de sus hormonas, la oxitocina especialmente, que parece que inducen en ellas el estado de ánimo adecuado para fomentar el vínculo y se correlacionan directamente con los comportamientos que fomentan el apego. Durante el amamantamiento, el bebé se encuentra a la distancia perfecta para mantener el contacto con los ojos de la madre. Y, por supuesto, el feto en desarrollo ya ha ido conformando una relación con la madre en el útero, al responder al latido de su corazón, su voz, su tacto a través de la pared abdominal y su presencia energética.

Lamentablemente, estas ventajas biológicas no les bastan a algunas mujeres para superar la falta de preparación o disponibilidad que muestran en la tarea de la crianza. Es bueno, por lo tanto, que personas distintas de las madres biológicas puedan «hacer de madre».

La madre suficientemente buena

Las madres no tienen por qué ser perfectas, ni pueden serlo. La perfección, cuando se da, la otorgan los ojos del niño, quien siente una adoración total por ella cuando esta hace un trabajo lo bastante bueno a la hora de satisfacer sus necesidades básicas. Esto resulta útil, porque cuando dependes totalmente de alguien, quieres creer que esa persona puede hacer el trabajo. Pasar por alto los deslices y la falta de sintonía perfecta y poner el acento en lo positivo es tanto una buena estrategia psicológica como una buena estrategia evolutiva, ya que los buenos sentimientos del niño también ayudan a la madre a vincularse con este.

La denominación *madre suficientemente buena* fue acuñada por el famoso pediatra y psicoanalista D. W. Winnicott para referirse a la madre que le proporciona lo suficiente a su hijo para que este empiece la vida con buen pie. Según Winnicott, la principal tarea que debe acometer la madre suficientemente buena es adaptarse al bebé. Explica que al principio la madre suficientemente buena se adapta casi completamente a las necesidades de su bebé y que a partir de ahí se va adaptando cada vez menos, a medida que el infante va siendo capaz de tolerar una mayor frustración. Una madre que no dejase de satisfacer todas las necesidades de su hijo perfecta e inmediatamente estaría fomentando que este no pudiese aprender nuevos comportamientos, desarrollar nuevas habilidades y ser capaz de manejar la demora y la frustración, todo lo cual son necesidades del desarrollo.

Una investigación reciente refuerza esta idea de que la madre no tiene que estar sintonizada al cien por cien con el niño y completamente disponible para él para ofrecerle unos cuidados suficientemente buenos. Según este estudio, convendría que la sincronía tuviese lugar el treinta por ciento del tiempo (entendiendo por *sincronía* un estado de compañía armoniosa en que la madre estuviese sintonizada con el niño).[2] ¿Es demasiado pedir?

Manifiesta la psicoterapeuta y autora Diana Fosha: «Algo que importa tanto como la capacidad natural de estar en sincronía (tal vez es incluso más importante) es la capacidad de reparar la falta de sincronización para restablecer una conexión óptima».[3] La madre suficientemente buena tiene que reparar las inevitables fracturas que se producen en toda relación. No se comportará de la forma correcta en todos los casos, pero tiene que saber hacer las cosas bien cuando ha fallado.

Los estudios al respecto indican que su hijo la ayuda a ello. Los bebés vienen al mundo con el impulso de conservar un vínculo fuerte con su madre y con la capacidad de lograr este fin. También están programados para sacar el máximo partido de los esfuerzos reparadores de la madre.[4] Para un niño es empoderador ser capaz de subsanar las inevitables perturbaciones que se produzcan en el curso de la relación. En cambio, si el bebé no es capaz de obtener la atención de su madre o si no es capaz de reconectar con ella cuando se ha producido una desconexión, es muy posible que se sienta profundamente impotente y desanimado respecto a las relaciones y en la capacidad de ver satisfechas sus necesidades.

Cuando una madre no está lo bastante sintonizada como para responder a las necesidades de su hijo, este acaba por adaptarse a la madre en lugar de que ocurra lo contrario. Al perder el contacto con su experiencia central, el niño desarrolla entonces lo que Winnicott llama un *falso yo*.

Los mensajes de la buena madre

La manera en que nuestra madre responde a nuestras necesidades básicas nos habla de la importancia que tenemos para ella. ¿Se muestra generosa, incluso alegre, al darnos o satisface nuestras necesidades con una sensación de carga y una actitud que indica que la estamos molestando? Cuando nos cambia un pañal o nos viste, ¿su toque es suave y amoroso, o es eficiente y un poco brusco? Tal vez parezca mecánico. ¿Qué dicen sus ojos? ¿Y las expresiones de su cara? ¿Qué transmiten sus actos y elecciones? Todo esto forma parte de la manera de comunicarse de la madre y moldea nuestra relación con ella. En conjunto, todos estos elementos constituyen la base de los mensajes que recibimos.

Empezaremos por echar un vistazo a diez «mensajes de la buena madre»[5] y después veremos qué mensajes recibimos, en su lugar, las personas que no fuimos objeto de una crianza óptima por parte de nuestra madre.

Estos son diez mensajes básicos que transmite la buena madre:

- Me alegro de que estés aquí.
- Te veo.
- Eres especial para mí.
- Te respeto.
- Te amo.
- Tus necesidades son importantes para mí. Puedes dirigirte a mí en busca de ayuda.
- Estoy aquí para ti. Encontraré tiempo para ti.

- Te mantendré a salvo.
- Puedes descansar en mí.
- Eres un deleite para mí.

Examinemos a continuación estos mensajes con cierto detalle:

Me alegro de que estés aquí

Este es un primer mensaje que es importante que le llegue al niño. Se comunica a través de comportamientos que le indican que es valorado y querido.

Muchos expertos creen que esta sensación fundamental de ser querido empieza en el útero. Ciertamente, hay muchos momentos en la vida del niño en los que se siente querido o no querido. Diría que esta no es una experiencia de todo o nada, sino que hay grados, y que los momentos puntuales en que el niño puede sentirse no querido pueden ser contrarrestados en gran medida por un caudal mayor de experiencias en que se sienta valorado.

El mensaje «me alegro de que estés aquí» nos ayuda a alegrarnos de estar aquí también. Nos ayuda a sentirnos a gusto ocupando espacio y estando en nuestro cuerpo.

Te veo

La principal manera en que la madre transmite que ve a su hijo (es decir, que le presta atención) es a través de un reflejo adecuado (consulta el apartado «La madre como espejo», en la página 55) y la capacidad de respuesta apropiada. Sabe, por ejemplo, qué es lo que nos gusta y lo que nos desagrada, cuáles son nuestros intereses y qué es lo que sentimos en relación con muchas cosas. La madre que ve a su hijo lo conoce.

Eres especial para mí

El mensaje «eres especial para mí» (que habitualmente no se expresa con palabras) nos indica que somos muy apreciados. Como ocurre con otros mensajes, este tiene que ir emparejado con el de ser vistos tal como somos para que no asociemos lo especiales que somos con alguna cualidad o imagen superficial, externa.

Te respeto

Una madre le comunica a su hijo que lo respeta cuando apoya su singularidad, cuando no trata de controlarlo cuando es innecesario hacerlo, cuando acepta las preferencias y decisiones del niño y cuando comunica que valora lo que ve en él. Los niños que se sienten respetados y amados de verdad perciben que tienen permiso para descubrir y expresar su propia idiosincrasia en lugar de limitarse a ser un reflejo de uno de sus padres (o de ambos) o de ajustarse a algún modelo ofrecido por los padres.

Te amo

A menudo el «te amo» se transmite a través de estas simples palabras (o del «te quiero»), pero el niño tiene que sentir que se trata de algo sincero y auténtico para asumirlo como algo significativo. Muchos niños oyen estas palabras varias veces al día, mientras que otros no las oyen en toda su vida. Es muy importante que el niño no las perciba asociadas a la manipulación y que no vayan emparejadas con alguna petición o exigencia.

Es probable que el amor se comunique con mayor eficacia por medios no verbales, como el contacto físico, el tono de voz, los ojos, las expresiones faciales, el lenguaje corporal y la atención. Cuando el entorno brinda una sensación segura de sostén y contención (como la proporcionada a través de límites y reglas), el niño también lo siente como una expresión de amor.

Tus necesidades son importantes para mí. Puedes dirigirte a mí en busca de ayuda

«Tus necesidades son importantes para mí» expresa una prioridad. Es más que decir «cuidaré de ti porque tengo que hacerlo» o «a su debido tiempo»; la madre está diciendo «cuidaré de ti porque es realmente importante». Con este mensaje, tenemos la sensación de que los cuidados de la madre provienen del amor y de que le importamos de veras. «Puedes dirigirte a mí en busca de ayuda» es una concesión de permiso; la madre está diciendo que el niño no tiene que ocultar sus necesidades o tratar de satisfacerlas por sí mismo.

Estoy aquí para ti. Encontraré tiempo para ti

«Estoy aquí para ti» es una manera de decir «puedes contar conmigo; no voy a desaparecer». A menudo, este mensaje tiene relación con unas necesidades específicas, pero más allá de esto significa «estoy aquí como una presencia consistente en tu vida». Este mensaje ayuda al niño a estar relajado y confiado.

«Encontraré tiempo para ti» es un mensaje asociado al anterior. Expresa disponibilidad, prioridad y valoración. Por desgracia, demasiados niños sienten que sus padres no tienen tiempo para ellos.

Te mantendré a salvo

«Te mantendré a salvo» también podría expresarse como «te protegeré; no permitiré que sufras daños ni que te agobies (innecesariamente)».

Es esencial que el niño se sienta a salvo para ser capaz de relajarse y explorar. Si no nos sentimos seguros, es posible que nunca nos sintamos preparados para salir al mundo. Si no contamos con la protección de la persona que debe cuidar de nosotros, la única forma que tenemos de protegernos es mantenernos pequeños y construir estructuras defensivas en nuestra personalidad.

Puedes descansar en mí

«Puedes descansar en mí» es una manera de decir varias cosas. En primer lugar, implica que contamos con un espacio en el que estaremos protegidos; si tenemos que estar en guardia, no podremos descansar de verdad. También implica disponibilidad (la madre tiene que estar aquí para que podamos descansar en ella) y aceptación. Es una manera de decir «si estás conmigo, estás en casa». Todos queremos contar con un espacio en el que podamos ser totalmente nosotros mismos, en el que no tengamos que interpretar un papel y en el que nos sintamos aliviados y reconfortados en compañía de la otra persona.

Eres un deleite para mí

«Eres un deleite para mí» es un mensaje que afirma que el niño tiene un valor incalculable. Le dice al niño «eres una delicia», «es un gozo estar cerca de ti». La madre nos transmite este mensaje cuando sus ojos se iluminan al vernos y cuando le inspiramos una sonrisa o una risa.

¿Qué ocurre cuando los mensajes de la buena madre no están presentes?

Cuando los mensajes anteriores, propios de la buena madre, brillan por su ausencia, se producen determinados «vacíos» o sentimientos de carencia en el niño. Retomemos los mensajes de la lista para ver qué ocurre cuando la madre no los transmite:

Me alegro de que estés aquí

Cuando no nos sentimos bienvenidos o queridos, podemos llegar a la conclusión de que tal vez sería mejor que no estuviésemos ahí. También puede ser que experimentemos un gran miedo al abandono. Una mujer que nunca se sintió querida de niña manifestó que se sentía aterrorizada cada vez que iba a un restaurante o a la lavandería con su madre, pues temía que la dejara ahí y no regresara jamás. Para un niño pequeño, no sentirse querido es lo mismo que no pisar un terreno sólido.

Te veo

Si nuestra madre no nos ve (es decir, no nos presta atención), no nos conocerá bien, y sus respuestas no darán en el blanco. Por ejemplo, puede ser que trate de orientarnos, pero que no lo haga de forma apropiada, teniendo en cuenta cómo somos.

Cuando no somos vistos a lo largo del tiempo, podemos acabar por sentirnos invisibles y podemos dudar de que nosotros mismos seamos reales. Este sentimiento de irrealidad puede ser sutil (tan sutil que, normalmente, no somos conscientes de él) o puede impregnarnos y hacernos sentir desorientados en gran medida.

Eres especial para mí

Cuando no sentimos que somos especiales para nuestros padres, no nos sentimos queridos por ser quienes somos. Incluso podemos pensar que nuestra madre preferiría que fuésemos otra persona.

Te respeto

Cuando no sentimos que nuestros límites, capacidades y preferencias son respetados, no aprendemos a respetarlos por nosotros mismos. Puede ser que sintamos vergüenza y que tengamos la sensación de ser poco valiosos o que no manifestemos nuestro verdadero potencial. También podemos estar predispuestos a amoldarnos demasiado a los demás en lugar de sostener nuestra posición.

Te amo

Si no somos lo bastante amados, podemos llegar a la conclusión de que no somos dignos de amor tal como somos. En consecuencia, podemos forzarnos a ser de otra manera con la esperanza de ser amados por los demás si nos amoldamos a sus deseos.

Tus necesidades son importantes para mí

Cuando no tenemos la sensación de que nuestra madre quiera satisfacer nuestras necesidades, podemos creer que es vergonzoso tener estas necesidades o que son una carga y que, por lo tanto, no deberíamos necesitar nada.

Estoy aquí para ti

Si no percibimos que nuestra madre está ahí para nosotros, nos sentimos solos. Esto conduce a la sensación de que tenemos que criarnos a nosotros mismos.

Te mantendré a salvo

Si no nos sentimos protegidos, podemos sentirnos abrumados por la vida y concluir que el mundo es un lugar peligroso.

Puedes descansar en mí

Cuando no nos sentimos seguros siendo nosotros mismos en compañía de nuestra madre, nos perdemos un aspecto importante de la conexión. En este caso, tenemos que permanecer alerta o interpretar un papel cuando pasamos tiempo con nuestra madre, y nunca acabamos de sentirnos como en casa cuando estamos con ella.

Eres un deleite para mí

Si no sentimos que nuestra madre disfruta de nuestra compañía, podemos concluir que somos una carga que nadie quiere, que ojalá desapareciéramos, que no deberíamos ocupar tanto espacio. Nos contraemos y aprendemos a ocultar nuestra luz.

Ejercicio: Los mensajes que recibiste

- Lee cada uno de los diez mensajes de la buena madre y anota tu respuesta emocional a cada uno de ellos. ¿Te resulta familiar el mensaje? (Aunque no lo hayas oído; recuerda que son los comportamientos, más que unas determinadas palabras, los que comunican estos mensajes). ¿Crees que recibiste este mensaje? ¿Cómo lo sientes en el cuerpo?
- En relación con cada mensaje, se ha expuesto lo que significa cuando lo expresa la buena madre y, a continuación, las repercusiones de la ausencia del mensaje. Compara lo que se expone acerca de cada mensaje en uno y otro caso y toma conciencia de cuál es la realidad que tiene más peso en lo que a ti respecta. Presta toda la atención que puedas a tus pensamientos, tus emociones y las sensaciones que experimentes en el cuerpo.

Como en el caso de todos los ejercicios de este libro, este puede suscitar en ti emociones incómodas, por lo que es conveniente que vayas a tu ritmo. Si te sientes abrumado o abrumada puedes dejarlo de lado por ahora y regresar a él cuando te sientas preparado o puedes hacerlo cuando esté presente una persona que pueda brindarte apoyo.

¿Qué significa recibir una crianza materna deficiente?

En el contexto de este libro, recibir una crianza materna deficiente significa no haber recibido suficientemente los mensajes de la buena madre que se acaban de exponer, haber tenido una madre que no ha cumplido en la medida suficiente las funciones que se presentan en el capítulo dos, no haber gozado suficientemente del apego seguro que es la materia del capítulo tres y no haber recibido en la medida suficiente el contacto físico, el amor y los otros componentes constructivos y nutritivos que se exponen en el capítulo cuatro. La crianza materna que recibiste te permitió sobrevivir, sí, pero no fue suficiente para proporcionarte los cimientos que son la base de la autoconfianza saludable, la iniciativa, la resiliencia, la confianza, el orgullo saludable, la autoestima y las muchas otras cualidades que necesitamos para salir adelante en este mundo lleno de dificultades.

Cuanto más claramente veas las maneras en que no gozaste de una crianza óptima, más proactivamente podrás compensar esas carencias. Más adelante profundizaremos en los elementos ausentes, en un grado significativo por lo menos, en la crianza materna deficiente.

2.

Las múltiples facetas de la buena madre

El mundo perceptual (y más específicamente el mundo visual) del bebé contiene muchas experiencias de los mismos objetos. Estos objetos son poco cuantiosos, pero cada experiencia que se tiene con ellos es singular y diferente, hasta el punto de que, desde la perspectiva del niño, parecen ser objetos diferentes cada vez. De una manera algo parecida, podemos tomar la imagen de la buena madre y distinguir en ella componentes diferentes, a los que llamo «las múltiples facetas de la buena madre». Cada una de estas «facetas» representa un rol que cumple o una función psicológica importantes para el desarrollo del niño.

Cuando acabes de leer este capítulo, acaso te preguntarás cómo puede una persona realizar tantas tareas importantes y aparentemente inacabables. Por supuesto, nadie puede abarcarlas perfectamente, por lo que la buena madre que aquí presento es un ideal, un modelo. Cuando reflexiones sobre lo bien o mal que cumplió estas funciones psicológicas tu madre, comprenderás mejor la huella que dejó en tu psique y por qué tienes los sentimientos y las

creencias que tienes; también por qué tienes determinados comportamientos. Y entenderás por qué algunas partes de ti necesitan
ser más reforzadas que otras.

También advertirás que muchos de los roles se superponen,
por lo que habrá momentos en que te parecerá una decisión arbi-
traria abordarlos por separado. Operan conjuntamente para obrar
su magia y dar lugar al inmenso arquetipo de la buena madre. Al
analizar la buena madre de esta manera puede ser que atenuemos
su misterio, pero tal vez vale la pena pagar este precio si con ello
conseguimos ver nuestras necesidades con mayor claridad y nos
tomamos en serio la labor de satisfacerlas.

Ten en cuenta que si bien voy a presentar las distintas funciones como características de la madre, también puede cumplirlas
cualquier cuidador; no están estrictamente limitadas a las madres
biológicas. Algunos de los nutrientes tan importantes que voy a
presentar también pueden proporcionarlos padres, abuelos, niñeras, cuidadoras de día, familiares que no pertenecen al núcleo familiar inmediato e incluso figuras maternales que pueden aparecer
más adelante en la vida.

Las facetas son diez. Aquí las tienes:

- La madre como *fuente*.
- La madre como *lugar de apego*.
- La madre como *la primera persona en responder*.
- La madre como *moduladora*.
- La madre como *nutridora*.
- La madre como *espejo*.
- La madre como *animadora*.
- La madre como *mentora*.
- La madre como *protectora*.
- La madre como *hogar*.

La madre como fuente

Venimos de nuestra madre y estamos hechos de ella. En la mitología y la religión, esta fuente suele representarse como algún tipo de diosa madre; habitualmente, como una diosa del océano. De la misma manera que se cree que la vida tiene su origen en el océano, la vida humana se empieza a desarrollar en la madre; en el útero, más concretamente. Por consiguiente, tanto en el ámbito mitológico como en el más mundano, la fuente de la vida es la madre.

Cuando la experiencia que tiene el niño de su madre es positiva, tiene esta sensación: «Soy *de* mamá. Vengo de ella. Soy parte de ella. Soy como ella». Esta sensación se convierte en un componente de su propia identidad.

Desafortunadamente, no todo el mundo tiene una experiencia positiva de su madre como fuente. Algunos adultos, a través de una experiencia de regresión bajo hipnosis o de algún tipo de trabajo profundo, recuperan el recuerdo de que, para ellos, el útero fue un entorno tóxico en el que estaban atrapados. Estas personas también sienten con fuerza que son «de» su madre, pero este «de» tiene un carácter desagradable, por lo que preferirían que hubiese una separación. Ocurre lo mismo con las madres envolventes, que no son experimentadas de manera positiva.

Los niños dados en adopción tienen la experiencia, subjetiva por lo menos, de que su fuente los ha rechazado. Se encuentran en la situación complicada de «ser de» su primera madre, puesto que los dio a luz, y a la vez «*no* ser de» ella, puesto que ya no pertenecen a ella. Hay niños adoptados a los que les cuesta sentir con firmeza que pertenecen a la madre adoptiva.

Sentir que se pertenece a algún lugar es esencial, y percibir la madre como fuente es solo una parte del sentimiento de pertenencia. Como veremos, este sentimiento también es relevante en la experiencia de la madre como lugar de apego.

Aunque hay aspectos de la madre como fuente que ella no puede controlar, sí puede realizar unas acciones y tener unas actitudes que fomenten que se la experimente como una fuente positiva. Puede crear un entorno acogedor desde los primeros momentos de vida del bebé. Puede ser una energía positiva que haga que su hijo quiera estar cerca de ella y nutrirse de ella. Puede encontrar similitudes entre ella y su hijo, a la vez que tiene cuidado de darle mucho espacio para que también sea una persona diferente. Y puede ofrecer un modelo positivo del que sus hijos estén orgullosos durante toda la vida.

Ejercicio: Tu madre como fuente

- Cuando piensas en el útero de tu madre, ¿te parece un lugar acogedor? Si no puedes imaginarlo, pregúntate cómo te sentirías rodeado(a) por la energía de tu madre. ¿Te gustaría la experiencia?
- ¿Querías ser como tu madre o querías ser tan diferente de ella como fuera posible (o cualquier postura intermedia)? Si alguien te dijera que te pareces mucho a tu madre, ¿cómo te sentirías?
- ¿Puedes imaginar sentirte orgulloso(a) por ser el hijo de tu madre? ¿Te identificas a ti mismo(a) en relación con tu madre?

La madre como lugar de apego

Nuestra madre nos ofrece la primera conexión que tenemos con el mundo. No me estoy refiriendo a la madre como el océano del que venimos, sino como el lugar más inmediato al que estamos apegados, como la parte inferior de un bote a la que se sujeta un percebe. La madre es el fondo de la barca al que se aferra el niño que goza de un apego seguro.

Cuando vemos con su madre a niños pequeños que gozan de un apego seguro a ella, todo el rato mantienen el contacto físico con ella: trepan por su cuerpo, tiran de él, lo abrazan, chupan... Incluso los niños de más edad agarran la mano de su madre cuando están asustados. Pero como veremos a continuación, no es solo el contacto físico lo que da lugar al apego; también se construye a través de la sintonía de la madre con las necesidades del niño y la respuesta que da a estas. El apego es un asunto tan importante que le dedico todo un capítulo, el tercero.

Al niño pequeño, el apego le aporta el sentimiento de que pertenece a su madre, y de que gracias a esto tiene un lugar. En ausencia de este sentimiento, no tenemos ataduras y vamos a la deriva hasta bien entrada la edad adulta. Una mujer manifestó que se sentía como un trozo de madera flotando en el mar; otra estaba tan poco unida a su madre que sentía como si la hubieran encontrado debajo de una hoja de col. Este tipo de sentimiento puede resultar en una profunda sensación de soledad, alienación y falta de pertenencia.

Con el apego seguro, el niño se siente sostenido de manera segura, a salvo. Esta función se solapa con la de la madre como primera persona en responder, porque el apego se conforma en gran medida a través de la función de responder a las necesidades.

Ejercicio: Tu madre como lugar de apego

* En una escala del 1 al 10, e indicando el 10 una conexión extrema, ¿en qué grado dirías que te sientes conectado(a) a tu madre?
* ¿Cómo ha cambiado esta sensación de conexión a lo largo de tu vida?

- ¿Cuáles son tus primeros recuerdos relativos al contacto físico con tu madre? ¿Trepabas por ella o más bien te mantenía a distancia?
- Durante tu infancia, ¿sentías claramente que formabas parte de la familia? ¿Te sentías integrado(a) o a la deriva?
- ¿Te has sentido huérfano(a) o sin madre?

La madre como la primera persona en responder

Este es un rol muy importante que asienta a la madre como lugar de apego. En el mundo moderno, los «primeros en responder» son los bomberos y los policías, que son las personas a las que llamas en una situación de emergencia. Imagina que tu casa está ardiendo y que no acude nadie. ¿Cómo afectaría este hecho a tu forma de pensar relativa a que siempre contarás con ayuda cuando la necesites?

Como han mostrado muchos autores de forma convincente, toda necesidad le parece urgente al bebé y, por lo tanto, la vive como una situación de emergencia. Cuando éramos bebés, no teníamos manera de satisfacer nuestras necesidades básicas y dependíamos totalmente de que alguien respondiera a nuestras llamadas de auxilio. Cuando nuestras necesidades son satisfechas sistemáticamente, nos sentimos seguros y confiamos en que la ayuda estará ahí. Si no son satisfechas adecuadamente, aprendemos que los cuidados no están disponibles y el mundo no nos parece un lugar amigable ni solidario, por lo que nos sentimos más inseguros y desconfiados. No sabemos si obtendremos lo que necesitamos, lo cual es una amenaza para nuestro sentimiento básico de confianza.

En relación con esto, los mensajes de la buena madre son: «Yo cuidaré de ti. Tus necesidades son importantes para mí. Estoy aquí para ti. Puedes descansar en mí».

Por supuesto, para poder poner en práctica esta intención, la madre tiene que estar bien sintonizada con su hijo. No es de mucha ayuda que la primera persona en responder acuda a la dirección equivocada, ofrezca refugio cuando lo que se necesita es comida o insista en darte lo que no quieres. En el argot psicológico llamamos *sintonía* a la conexión que permite responder con precisión. La madre como primera persona en responder será de ayuda en la medida en que esté sintonizada con las necesidades de su hijo. Esto es especialmente así en los años previos al uso del lenguaje por parte del niño.

La sintonía y la respuesta efectiva a las necesidades del niño proporcionan lo que se llama un entorno sostenedor. Si contamos con él, nos sentimos sostenidos. Esta función también conduce a la *autorregulación*, de la que hablaremos a continuación, al tratar sobre la madre como moduladora.

Ejercicio: Tu madre como la primera persona en responder

- Acaso te resulte difícil recordar cómo te respondía tu madre cuando eras un bebé y un niño pequeño. A menudo, una pista reveladora la proporciona la manera en que nos sentimos actualmente con respecto a nuestras necesidades. ¿Respetas tus necesidades y las atiendes o te da tanta vergüenza tenerlas que intentas ocultarlas? O tal vez eres alguien que exige que los demás las satisfagan. La manera en que respondemos a nuestras propias necesidades suele corresponderse con la manera en que respondía a ellas nuestra madre, a menos que hayamos vivido cierta cantidad de experiencias que hayan tenido un impacto significativo en nosotros y hayan cambiado nuestro punto de referencia.

- ¿De qué información dispones acerca de la manera en que respondía a tus necesidades tu madre? ¿Qué historias has oído al respecto? ¿Qué muestran las fotografías?
- Más allá de tu primera infancia, ¿qué sabes sobre la manera en que tendía a responder a las necesidades de otras personas tu madre? ¿Estaba siempre al pie del cañón? ¿Se mostraba resentida? ¿No era muy competente? ¿Era amable? ¿Había que pedirle lo mismo varias veces? ¿Satisfacía lo que ella suponía que eran las necesidades de los demás en lugar de averiguar qué necesitaban realmente?

La madre como moduladora

El papel de la madre como moduladora está muy interrelacionado con el de la madre como primera persona en responder; solo vamos a inclinar un poco la imagen y darle un nombre distinto para obtener una perspectiva diferente.

Cuando la madre está ahí como la primera persona en responder, el fuego no se extiende sin control. Por poner un ejemplo, el hambre del bebé es satisfecha, y este puede regresar a un estado de homeostasis y descanso. Imagina el malestar intolerable resultante de que la satisfacción de esta necesidad no se produzca.

Modular algo es asegurarse de que no está presente en demasía ni demasiado poco, sino dentro de un intervalo adecuado. La madre ayuda a gestionar los estados fisiológicos de su hijo, como el hambre o el frío, satisfaciendo estas necesidades en concreto. Pero la mayoría de las veces, cuando los terapeutas hablan de *regulación* se están refiriendo a nuestras emociones. Si nuestra madre no es una moduladora eficaz, no aprendemos a gestionar bien nuestras emociones: o desconectamos de ellas o tienden a escapar a nuestro control. El enfado se transforma en rabia y el llanto en histeria; no podemos contener nuestro entusiasmo, nuestra frustración, nuestros impulsos sexuales ni ningún otro impulso o emoción.

La modulación de los propios estados internos es llamada *autorregulación* o *automodulación*. El sistema nervioso ejecuta la mayor parte de este control, pero la autorregulación se aprende inicialmente cuando la madre está presente en sustitución del sistema nervioso en desarrollo y las necesidades del niño son satisfechas antes de que este se sienta totalmente abrumado. La madre como moduladora actúa como un amortiguador para el frágil sistema nervioso del niño mientras se está desarrollando.

La madre puede cumplir esta función de varias maneras. Puede calmar al niño angustiado (ya sea por medio del tacto, con sus palabras o con su cariñosa presencia), puede ayudarlo a identificar sus necesidades y emociones, puede hacer que aparte la atención de su angustia para centrarla en otra cosa. De esta manera modula la emoción perturbadora y proporciona alivio. Una mujer que lleva sufriendo ansiedad toda la vida me dijo que nunca le había oído decir a su madre «todo estará bien»; nunca la tranquilizó ni la ayudó a sentirse mejor.

Cuando nuestra madre hace de moduladora, nos ayuda a pasar de unas experiencias emocionales negativas a otras de carácter positivo. Una manera en que hace esto consiste, primero, en empatizar con lo que está ocurriendo, para conducirnos a continuación a un terreno más seguro. Nos muestra cómo soltar una emoción y pasar a otra, y con su buen humor nos da algo más atractivo en lo que centrar la atención. Vemos este comportamiento en la madre que se enfrenta a las lágrimas de su hijo poniendo una cara triste, con el resultado de que este no tarda en reírse.

En un nivel más sutil, la madre modula la angustia de su hijo a través de un proceso llamado *resonancia límbica* o *regulación límbica*.

En la regulación límbica, el cerebro emocional de una persona arrastra al de otra, que cambia para adaptarse al de la primera persona. Todos los mamíferos tienen esta capacidad, la cual, se cree, es un mecanismo importante por el cual el estado interior de un bebé o un niño pequeño es modulado directamente por su madre. A la madre le basta con mirar a su hijo a los ojos para que su cerebro se comunique con el del pequeño y el sistema límbico de este entre en coherencia con el de ella. (Esto funciona cuando la madre se encuentra en un estado positivo, regulado, pero no cuando está nerviosa o molesta).

Es habitual que las personas que al parecer contrajeron un trauma complejo en la infancia, por ejemplo por haber tenido unos padres abusivos que no atendieron sus emociones, sean incapaces de regular la excitación fisiológica. Cuando aquellos que no pueden modular se ven afectados por algo, pueden disgustarse tanto que no sean capaces de pensar con claridad o permanecer plenamente presentes. Es como si no hubiese ningún elemento regulador en su sistema, con la consecuencia de que no pueden mantener sus respuestas físicas y emocionales dentro de un rango manejable u óptimo. Aunque podemos aprender a autorregularnos más adelante en la vida, nos ahorraremos muchos disgustos si nuestra madre nos ayuda a dominar esta habilidad tan fundamental a una edad temprana.

Ejercicio: Tu madre como moduladora

- ¿Qué sabes acerca de la manera en que tu madre respondía a tus necesidades en tu infancia? ¿Hasta qué punto estaba disponible? ¿De cuántos niños más se ocupaba? ¿Estaba deprimida o con la cabeza en otra parte?

- ¿Qué filosofía condicionó su forma de criarte? ¿Estaba influida por la corriente de pensamiento que les decía a los padres que dejaran que sus bebés llorasen?
- ¿Recuerdas ocasiones en las que estabas angustiado(a) y tu madre te tranquilizó o alivió? ¿Te ayudaba en los momentos difíciles?
- ¿Se le da (o se le daba) bien a tu madre regular sus propias necesidades fisiológicas, como el hambre o la sed, o la necesidad de dormir o de contacto? ¿Puede regular sus propias emociones y mantenerlas dentro de un intervalo moderado sin dejar de sentirlas verdaderamente?
- ¿Se le daba bien a tu madre sintonizar con tus estados emocionales? ¿Parecían importarle? ¿Te enseñó a manejar tus emociones de manera constructiva en lugar de reprimirlas sin más? ¿Era modélica en cuanto a la expresión saludable de las emociones?

La madre como nutridora

Un aspecto esencial del arquetipo de la buena madre es su función nutridora. En este rol, la madre proporciona alimento tanto físico como emocional. A menudo estos dos aspectos se experimentan conjuntamente; por ejemplo, en el amamantamiento. Una madre alimenta a su bebé con su cuerpo y su amor. Ambos tipos de alimentos son necesarios para que el bebé sobreviva y se desarrolle bien.

Parece que los niños tienen la capacidad innata de saber si el alimento emocional que reciben es genuino o es fingido. El primer tipo de alimento los nutre realmente; el segundo no. Una determinada madre puede simular que es muy cariñosa con su hijo y que se preocupa mucho por él, y puede recibir un reconocimiento considerable por parte del entorno a causa de ello, pero el niño sentirá un vacío en su alma si el amor de su madre no es verdadero. Da igual cuántas declaraciones haga la madre o lo impecable que sea a la hora de proporcionar los cuidados de tipo físico: si el niño no siente que el contacto y la preocupación son reales, no experimentará a su madre como una fuente de nutrición.

Dado que el primer lenguaje del niño es el tacto, la forma en que la madre sostiene y manipula al bebé le transmite mucho a este; cuando el niño va creciendo, el contacto físico que recibe por parte de su madre también le da muchos mensajes. ¿Transmite este contacto una atención y un amor verdaderos o todo lo que ocurre es que la madre está ejecutando una tarea?

El principal mensaje asociado a esta función es este: «Te amo». Se trata de un mensaje determinante para el desarrollo de la autoestima. Cuando está presente, el niño piensa que, puesto que su madre lo ama, es alguien.

Ejercicio: Tu madre como nutridora

- ¿Te sentiste amado(a) por tu madre cuando eras niño? ¿Qué recuerdos acompañan a tu sensación al respecto?
- ¿Qué sabes sobre este tema ahora que eres una persona adulta? Tal vez has llegado a reconocer que ella te quería pero era muy poco capaz de expresarlo, o bien que era incapaz de amar. O tal vez te hayas dado cuenta de que tú eras incapaz de dejar que el amor de ella llegase a ti.
- En una escala del 1 al 10, e indicando el 10 una nutrición extrema, ¿en qué grado dirías que era nutridora tu madre? ¿Cómo ha nutrido a otras personas?

La madre como espejo

Una de las funciones más importantes de la madre consiste en hacer de espejo para su hijo. Esta es la manera en que los niños se sienten conocidos y llegan a conocerse a sí mismos.

El reflejo tiene lugar tanto en el plano verbal como en el no verbal y contiene varios niveles. En el primer nivel, el niño siente que se establece contacto con él. Cuando un niño siente que lo ven, que es objeto de atención, puede reconocerse como una persona en desarrollo. Si se siente invisible, es fácil que perciba que no es alguien plenamente real. Por lo tanto, el mensaje más fundamental implícito en esta función materna es el siguiente: «Te veo. Eres real».

Psicólogos y otros estudiosos del desarrollo humano han afirmado que las cualidades que se reconocen en un niño se desarrollan, mientras que las que no se reconocen suelen marchitarse. Piensa en la manera en que aprenden un idioma los niños: ciertos lingüistas han puesto de manifiesto que los niños empiezan haciendo sonidos pertenecientes a muchísimos idiomas, pero que solo son reforzados aquellos que forman parte del idioma de los padres, de tal manera que no integran el resto de los sonidos. De manera similar, las emociones, las cualidades y los comportamientos ignorados o que no reciben apoyo no son desarrollados, o bien son soterrados.

El reflejo verbal implica decir cosas como «¡estás realmente enojado!» o «estás triste en este momento». Esto ayuda al niño pequeño a identificar sentimientos y contribuye a que las personas de todas las edades se sientan escuchadas. No hay que limitar el reflejo verbal a los sentimientos; también conviene reflejar las cualidades, por ejemplo, «eres una niña muy guapa» o «¡caramba, qué inteligente eres!».

Antes de que el niño sepa hablar, el reflejo tiene que ser más físico. Implica replicar sus expresiones: reír cuando el niño ríe, fruncir el ceño cuando el niño lo frunce, etc. Como el bebé no puede reflexionar sobre sí mismo ni sentirse a sí mismo en esta etapa tan temprana, necesita un espejo para verse reflejado.

El mensaje básico «te veo» resulta modificado por el tono empleado. Se puede estar indicando «te veo y eres bueno» o «te veo y eres malo». Podríamos llamar «reflejo de admiración» al primero y «reflejo de vergüenza al segundo». Los reflejos de admiración nos ayudan a mantenernos erguidos, a sentirnos orgullosos de nosotros mismos y a sentir que tenemos derecho a estar aquí y que es bueno que estemos aquí. El sentido de la propia valía deriva de estos reflejos positivos en gran medida. Cuando es sincero y realista, el reflejo de admiración nos ayuda a cultivar el autorrespeto.

Para que realmente nos sintamos vistos, el reflejo tiene que ser preciso. El reflejo distorsionado puede tener varias consecuencias. Una de ellas es que nos adaptemos a lo que los demás piensan de nosotros, ya sea que nos cuesta aprender o que somos traviesos. Además, los reflejos distorsionados pueden hacer que intentemos obtener un reflejo preciso todo el rato. Algunos niños y adultos se exasperan cuando no se los ve tal como son y hacen grandes esfuerzos por ser comprendidos. Otros se rinden y se sienten invisibles. La admiración es muy potente, pero si va acompañada de un reflejo distorsionado no da en el blanco y, por lo tanto, no hace ningún bien.

Un grado más sofisticado de la madre como espejo se da cuando hace de brújula. En este papel, la madre conoce tan bien a su hijo que le llama la atención cuando no está siendo fiel a sí mismo; esencialmente, le dice: «Tú no eres así en realidad». Cuando somos niños, nos probamos muchos disfraces diferentes en el proceso de conocernos a nosotros mismos, y puede resultarnos útil contar con alguien que nos conozca tan bien que pueda decirnos, en los momentos oportunos y con cariño, que un determinado disfraz no nos sienta bien. He empleado la palabra *brújula* porque en este rol la madre refleja que nos hemos apartado de nuestro rumbo y parece saber cuál es nuestro «verdadero norte».

Que nos hagan de espejo es tan importante que si esto no ocurre en nuestra infancia anhelaremos estos reflejos durante toda la vida, probablemente.

Ejercicio: Tu madre como espejo

- ¿Sientes que tu madre vio tu verdadero yo? ¿Por qué tienes esta impresión?

- ¿Qué expresiones no verbales recuerdas que manifestaba tu madre a modo de respuestas para ti, si es que recuerdas alguna? (El tono de voz pertenece a esta categoría). ¿Qué comunicaban esas expresiones?

- ¿Se le daba bien a tu madre nombrar tus sentimientos y necesidades y reflejarlos? En caso de que no, ¿tienes alguna idea de por qué esto era así?

- Identifica algunos aspectos que reflejaba especialmente bien y otros que ignoraba. (Por ejemplo, tal vez te decía que eras inteligente, pero no decía nada de tus sentimientos).

- ¿Te conocía tu madre lo bastante bien como para hacer de brújula e indicarte que no estabas siendo fiel a *tu* propia naturaleza?

La madre como animadora

Cuando la madre actúa como animadora, nos estimula, anima y alienta. Esta función presenta algunas similitudes con la del reflejo de admiración, pero en este caso hay un aliento, unos elogios y un apoyo más activos. El mensaje es: «¡Puedes hacerlo! Sé que puedes. Estoy contigo».

Este apoyo y este aliento son muy importantes durante la fase de exploración (entre los dieciocho meses y los tres años), en que el niño comienza a moverse por el mundo. En esa etapa necesitamos a alguien que no solo nos apoye, sino que esté activamente con nosotros. Los autores superventas Harville Hendrix y Helen Hunt nos explican cómo hace esto una buena madre en *El amor que cura. Una guía para padres*:

> Se muestra siempre cálida y disponible; se toma tiempo para permitir que el niño satisfaga su curiosidad y la comparta. Elogia sus éxitos y aplaude sus descubrimientos. Proporciona oportunidades para que el niño descubra más de lo que podría descubrir por su cuenta y hace un esfuerzo consciente para que estas exploraciones sean divertidas y estén llenas de risas.[1]

Los mensajes de la animadora también podrían ser «estoy contigo» o «estoy aquí», ambos muy útiles cuando estamos empezando a caminar por el mundo con pies tambaleantes.

Todos necesitamos que nos animen en distintos momentos de la vida. El aliento es especialmente oportuno cuando nos sentimos intimidados por una tarea. En los casos en los que tal vez no tengamos todas las habilidades requeridas, lo mejor es que el papel de la madre como animadora vaya acompañado de su papel como mentora, el cual exploraremos en el próximo apartado.

Una madre puede tener dificultades con la función de animadora por varios motivos: pudo haber recibido una crianza tan deficiente y tan poco apoyo que no sepa nada sobre ofrecer aliento. Puede ser que esté más centrada en obtener apoyo para sus propias necesidades. Quizá no sea consciente de las necesidades de su hijo.

Tal vez se sienta amenazada por los logros de su hijo y su creciente autonomía. También puede ser que se sienta demasiado agobiada o deprimida como para tener energía para animarlo.

El aliento tiene que estar adaptado al niño y debe ser realista. Si se dicen palabras de ánimo pero no se presta el apoyo suficiente o las expectativas no son realistas, este aliento puede experimentarse como presión. Por otra parte, el estímulo en cuestiones que ya dominamos puede hacernos sentir que somos tratados con condescendencia, como si nuestra madre no hubiera estado prestando atención y no se hubiera dado cuenta de nuestra capacidad.

Cuando nuestra madre no celebra nuestros triunfos ordinarios, podemos sentirnos invisibles o podemos sentir que tenemos que realizar cosas extraordinarias (buenas o malas) para obtener su atención.

Ejercicio: Tu madre como animadora

- ¿Crees que tu madre estuvo disponible para apoyar tu primera exploración del mundo y que fue capaz de proporcionarte este apoyo?
- ¿Se mostraba entusiasmada por tus logros tu madre? ¿Sí, no, medianamente? ¿De qué maneras?
- ¿Crees que tu madre confiaba en ti? (Tal vez tengas la sensación de que creía en tus capacidades pero no se «vestía de animadora»).
- ¿Puedes pensar en una ocasión en la que necesitaste que se te animase más con algo? ¿Qué te habría gustado oír?

La madre como mentora

Imagina lo aterrador que sería para un niño de cuatro o cinco años que alguien lo montara en una bicicleta y acto seguido esa persona se marchara. Cuando la madre está ahí como mentora, cumple una función análoga a la de las ruedecitas de apoyo. El papel de estas ruedas es ayudarnos a mantener el equilibrio mientras estamos aprendiendo, apoyarnos para que no nos demos de bruces contra el suelo.

La función en la que nos estamos centrando aquí es la de apoyo y orientación, una ayuda calibrada. También podríamos estar hablando de la madre como maestra o guía. La tarea a veces puede implicar ofrecer un modelo, como al mostrarle al niño cómo andar en bicicleta. La psicóloga del desarrollo y autora Louise Kaplan usa la analogía de un tramoyista en un teatro. El tramoyista ofrece un apoyo entre bastidores que permite que otras personas se desempeñen con éxito. La madre como mentora nos brinda suficiente apoyo y orientación para que desarrollemos nuestras capacidades.

Aquí la madre no es la profesora de una asignatura aislada, sino de un currículo mucho más amplio. Orienta al niño para que viva en el mundo con éxito. Enseña a su hijo a llevarse bien con los demás, a tomar buenas decisiones, a gestionar su tiempo, a cumplir responsabilidades y a perseguir objetivos. En este sentido, la madre es la primera «*coach* de vida». Cada una de las capacidades mencionadas implica muchas cosas, y a cualquier mujer en particular se le dará mejor enseñar algunas de ellas que otras.

Una madre dada será más competente en algunas áreas de la vida que en otras, y también se manejará mejor o peor según sus habilidades docentes. ¿Se siente lo bastante cómoda verbalizando como para poder explicar las habilidades o solo enseña a través del ejemplo? ¿Son claras sus explicaciones y están ajustadas a las necesidades del niño y a su nivel de desarrollo? Alguien que es un buen mentor no se limita a ir por la vida esperando que los demás captarán lo que sabe, sino que está implicado activamente en ayudar a aprender a otras personas. Está lo bastante sintonizado como para advertir qué habilidades se necesitan y tiene la paciencia requerida para enseñarlas.

Todos sabemos que es posible ayudar en exceso o demasiado poco. Si ayudamos en exceso, hacemos nosotros la tarea y privamos a la otra persona de la oportunidad de aprender; si ayudamos demasiado poco, el otro se siente abrumado y solo. Conviene que midamos nuestros esfuerzos en función de las personas a las que estamos ayudando. En el caso de la crianza, también tenemos que tener en cuenta su edad. Una cosa es ayudar al niño con los deberes o llamar por teléfono a una maestra de la escuela primaria cuando se requiere algún tipo de intervención, y otra cosa muy diferente es llamar al jefe de un hijo adulto por estimar que le ha dado demasiado trabajo por hacer.

La orientación de la buena madre tiene en cuenta las limitaciones de su hijo sin poner el acento en ellas y sin manifestar la actitud de que el niño debería estar un paso por delante del punto en el que se encuentra. La orientación diestra tiene un efecto reconfortante; la persona no se siente controlada o invadida.

En relación con el papel de la madre como mentora, añadiría que esta tiene que saber cuáles son las necesidades y capacidades del niño en función de la etapa de su desarrollo. Muchos de los padres que tienen las reacciones más críticas y punitivas hacia sus hijos son los que esperan demasiado de ellos y piensan que se muestran obstinados adrede (por ejemplo, cuando el niño aún no cuenta con la coordinación motora necesaria para beber un vaso de leche sin derramar parte de su contenido).

Por lo tanto, para ser una buena mentora se requieren varias cosas:

- Haber desarrollado las habilidades una misma.
- Ser capaz de descomponer en partes una tarea de aprendizaje dada y enseñar cada paso a través de una instrucción verbal o una demostración claras.
- Estar sintonizada con las necesidades de la otra persona.
- Tener el tiempo y la paciencia necesarios para hacer de mentora.

Esta función se solapa en gran medida con la de la madre como animadora, pues todos necesitamos estimulación y refuerzos positivos para aprender.

Ejercicio: Tu madre como mentora

- ¿En qué áreas se implicó más tu madre al orientarte como mentora?
  - Llevarte bien con los otros niños.
  - Aprender a hablar y a articular tu experiencia.
  - Comprender y gestionar los sentimientos.
  - El aseo y la apariencia física.
  - Aprender a manejarte con los artilugios, las herramientas, la tecnología.
  - Mostrar respeto hacia los demás (las «maneras»).
  - Aprender varias habilidades sociales.
  - La educación religiosa o espiritual.
  - El desarrollo de habilidades académicas.
  - Aprender a asumir responsabilidades.
  - El deporte o el estado físico.
  - Los hábitos saludables.
  - El arte y las manualidades.

○ Las habilidades en las tareas domésticas.

○ El pensamiento crítico.

○ Enseñarte a ser una persona asertiva y a defenderte por ti mismo(a).

○ Manejar la decepción y la frustración.

• ¿En qué áreas necesitabas más orientación de la que recibiste?

• ¿Estuvo ajustada a tus necesidades la ayuda que recibiste por parte de tu madre? ¿Te asistió en exceso o demasiado poco?

• ¿Qué actitudes te comunicó tu madre a través de su ayuda? (Por ejemplo, que eras un estorbo, que te valoraba mucho y quería ayudar, que merecías respeto aunque necesitaras ayuda, que aprendías deprisa o demasiado despacio, que le gustaba enseñarte...).

La madre como protectora

El tipo de protección que ofrece una madre a su hijo varía con las distintas etapas del desarrollo de este. Al principio, implica proporcionar un entorno cerrado seguro. El útero es el primero de estos entornos, y el segundo es la relación simbiótica, indiferenciada. En estos entornos, el niño no se siente separado; las cualidades inherentes de la madre y lo que siente por el niño forman parte del entorno de este, que tiene que sentirse seguro en estos contextos.

La separación implica peligro. En el mejor de los casos, la madre está ahí ofreciendo protección. El infante suele percibirla como todopoderosa. Ella acaba con la oscuridad y ahuyenta a los niños ruidosos y a los perros que ladran. Si la madre protege al niño de los estímulos invasivos y abrumadores de manera sistemática, él se siente a salvo. La madre pasa de ser un entorno seguro a ser *mamá osa*.

Cuando el niño está más desarrollado, adquiere más autonomía y es más libre de deambular y explorar, pero su madre nunca está lejos y a la primera señal de peligro está allí protegiendo ferozmente a su vástago. El mensaje asociado a esta función es «te mantendré a salvo».

Más adelante, el niño es mandado al mundo con un conjunto de reglas y límites que son como una valla invisible que debe protegerlo de todo mal. Si no se le proporcionan estas reglas de una manera que pueda aceptar, o si las rechaza como una forma de rechazar el control parental, irá a la deriva, pues lo más probable será que su propio juicio sea insuficiente para brindarle protección. Para ejecutar plenamente su función protectora, la madre debe mostrarle al niño cuáles son los límites y enseñarle medidas de autoprotección.

Por supuesto, la madre puede ser sobreprotectora y no dejarle a su hijo el espacio que necesita para experimentar el mundo, o puede ejercer la protección de maneras que transmitan que no confía en las capacidades de su hijo o, tal vez, que ella misma desconfía del mundo. Para determinar si cumple bien la función de protectora no hay que fijarse solamente en *si* aporta protección; también es relevante *la manera* en que la aporta.

Ejercicio: Tu madre como protectora

- ¿Qué sientes cuando imaginas a tu madre como un entorno seguro?
- ¿De qué frustraciones y peligros no te protegió adecuadamente?
- ¿Puedes identificar maneras en las que te protegió?
- ¿Te enseñó medidas de autoprotección? ¿En qué tipo de situaciones?

- ¿Qué querrías que te hubiese enseñado en cuanto a autoprotección que no te enseñó?
- Su manera de protegerte ¿te parecía más bien reconfortante o asfixiante? ¿Tenías la sensación de que se preocupaba por ti?

La madre como hogar*

El mensaje asociado a esta función es «estoy aquí para ti». Cuando el niño lo asume realmente, incluso en la adultez tendrá a la madre como la persona a la que puede acudir siempre para recargarse u obtener consuelo o apoyo. Cuando el mundo te pega fuerte, cuando tu matrimonio se desintegra o cuando alguien hiere tus sentimientos, siempre puedes acudir a la madre. Ocurre algo similar en el período de desarrollo llamado *reacercamiento*, en que primero el niño se separa de su madre para aventurarse en el mundo; a partir de ahí va regresando a ella y separándose de ella, alternativamente (regresa a ella para reabastecerse psicológicamente).

Nuestra madre es nuestro primer hogar; más tarde es reemplazada (o parcialmente reemplazada, si sigue teniendo este rol) por otras relaciones y por lo que sea que identifiquemos como nuestro hogar (ya sea una comunidad, un país, un lugar o algún otro elemento).

Si la madre no está siempre disponible, si está ensimismada, si está enfrascada en sus propios asuntos, si tiene una actitud errática e inestable o si es incapaz de estar presente emocionalmente para

---

* N. del T.: En el original inglés, *home base*, que se traduce como 'cuartel general', 'base de operaciones', 'sede central' y denominaciones similares. La primera mitad de la denominación, *home* ('hogar'), da pie a la autora a jugar con el concepto del hogar. Al hablar de la «madre como hogar» estamos por supuesto en un ámbito psicológico; se la está concibiendo como principal persona de referencia en la vida, a la que acudir en supuestos como los que expone la autora.

su hijo, este no la experimenta como hogar. El regazo de su madre no está presente. En la adultez, ese niño puede tener dificultades para establecer la sensación de hogar.

Ejercicio: Tu madre como hogar

- Tanto en tu infancia como en tu adultez ha podido haber momentos en los que te dirigiste a tu madre en busca de ayuda. ¿Qué ocurrió?
- Si no te sientes a gusto acudiendo a tu madre, percibe qué sensaciones te produce esto en el cuerpo y qué mecanismos de autoprotección se activan en ti. ¿Qué dicen tus voces interiores?

Cuando la madre no asume cualquiera de las funciones esenciales presentadas, hay un vacío en el desarrollo del niño. Saber qué vacíos están presentes es el primer paso para llenarlos. Más adelante trataremos el tema de la compensación de determinadas carencias.

El trabajo con la materia de este capítulo puede haberte dejado un poco abatido. La inmensa mayoría de las personas que han recibido una crianza deficiente han conocido pocas de las facetas de la buena madre que se han expuesto o ninguna. ¡Pero no te exasperes! Ninguno de esos vacíos tiene por qué estar ahí para siempre. Ciertamente, será difícil que los llene la madre con la que creciste, pero podemos experimentar todas las funciones presentadas de otras maneras como adultos.

3.

El apego: nuestro primer fundamento

La primera tarea de carácter interpersonal que tenemos en la vida es vincularnos con nuestro cuidador principal, que, en la mayoría de los casos, es nuestra madre. Es esencial que hagamos esto para sobrevivir, ya que cuando somos bebés dependemos totalmente de alguien para satisfacer nuestras necesidades básicas. Para hacer referencia a este vínculo suele emplearse el término *apego*, y los comportamientos y «estilos» de apego se han investigado mucho. El apego tiene un impacto significativo en el desarrollo de nuestro cerebro, en nuestra salud mental y en las relaciones que tendremos en el futuro. La relación del niño con su madre no es lo único que impacta en todo ello, pero sí es la primera influencia y, casi siempre, la más importante. Por fortuna, también podemos conformar un apego seguro con nuestro padre, con nuestros abuelos, con niñeras y tutores, con trabajadoras y trabajadores de guardería y con otras personas que tengan un papel cuidador. En la adultez podemos construir el apego seguro con figuras maternas, terapeutas, amigos y la pareja, y cosechar, así, muchos de los beneficios que no pudimos recibir en la niñez.

¿Cómo nos apegamos y qué es el apego seguro?

El apego empieza con la primera relación de nuestra vida: la que tenemos con nuestra madre. Esta relación comienza pronto, incluso antes de nuestro nacimiento, pero ciertamente le dan forma las primeras horas, semanas y meses de vida. Pueden tener un gran impacto en ella las circunstancias del nacimiento, que incluyen lo preparados que están los padres para recibir al bebé y si lo desean más o menos, el estado mental y emocional de la madre en torno al nacimiento y los procedimientos empleados para facilitar o inducir el parto. (Hay estudios que muestran que las madres que dan a luz por cesárea necesitan más tiempo para conformar el apego con el bebé).* Se ha visto que los niveles hormonales de la madre también tienen un efecto; unos niveles de oxitocina más altos hacen que las madres tengan más comportamientos de apego.** Hay

---

* N. de la A.: Las cesáreas se han correlacionado con una brecha en el apego entre la madre y el bebé. Se ha descubierto que las madres que dan a luz por cesárea «tardan más en comenzar a interactuar con sus bebés, tienen reacciones menos positivas hacia ellos después del nacimiento e interactúan menos con ellos en casa. En un estudio, un mes después del parto por cesárea, las madres tenían mucho menos contacto visual con el bebé». Susan Kuchinskas, «The Mother/Baby Attachment Gap», recuperado de www.hugthemonkey.com/2006/10/the_motherbaby_.html el 25 de abril de 2008.

** N. de la A.: Esta afirmación tiene como base un estudio de los niveles maternos de oxitocina (también llamada la hormona del amor) durante el embarazo, que reveló que las madres que presentaban unos niveles más altos de esta hormona «miraban a su bebé más tiempo, lo tocaban cariñosamente, manifestaban expresiones positivas mientras interactuaban con su bebé y decían que comprobaban más a menudo cómo estaba el bebé que las madres que presentaron niveles más bajos de oxitocina durante el embarazo». Miranda Hitti (16 de octubre de 2007). «Hormone May Help Mom and Baby Bond: Pregnancy Levels of the Hormone Oxytocin May Influence Mother-Child Bonding». WebMD Medical News, recuperado de www.webmd.com/parenting/baby/news/20071016/hormone-may-help-baby-bond el 25 de abril de 2008.

muchos componentes diferentes que contribuyen a la calidad del apego entre madre e hijo.

El apego se construye a través de la sintonía y el cuidado. En la relación entre el bebé y la madre, deriva en gran medida de las necesidades del bebé (expresadas en lo que se denominan *comportamientos de apego*) y de las respuestas que da la madre a dichas necesidades. De hecho, el componente clave son las respuestas de la madre (la coherencia, la constancia y la calidad de estas).*

Las investigaciones indican que el apego no es solo el resultado de satisfacer las necesidades físicas inmediatas del bebé, sino también de la *calidad* de estas interacciones. El bebé mira a la madre, quien, a su vez, está mirando al bebé, y sucede algo entre ellos: una sonrisa, un movimiento que refleja un comportamiento del otro, un baile sincronizado que acontece muy por debajo del nivel de la conciencia.

Estos son los principales comportamientos de la persona cuidadora asociados con el apego seguro:

- Responder a las necesidades físicas y emocionales del niño con prontitud, sistemáticamente y de forma acertada.
- Responder con agrado a los intentos de cercanía del niño. La madre tiene que acoger al niño cuando este se acerca a ella; no debe darse la vuelta o recibirlo con frialdad. Debe mostrar que ella también quiere esa cercanía.
- Sintonizar con los estados emocionales del niño y mostrarse empática.

---

* N. de la A.: Esto no es tanto así en el caso de los bebés que tienen problemas sensoriales y neurológicos importantes que interfieren en su capacidad de mostrar comportamientos de apego. Pero con la intervención adecuada estas diferencias se pueden superar y, una vez más, los comportamientos de la madre vuelven a ser decisivos.

- Mirar al niño con amor. Un investigador ha afirmado que este es el elemento más fundamental para el desarrollo de la parte del cerebro responsable de los comportamientos sociales.[1]

Cuando sabemos que podemos dirigirnos a nuestra madre y que nuestras necesidades serán satisfechas y nuestros sentimientos serán comprendidos y bien recibidos, nos sentimos *seguros* en la relación. Aunque esto que acabo de manifestar atañe a niños más mayores. El patrón se establece durante el primer año de vida en gran medida, cuando nuestra capacidad de conocimiento se encuentra en un nivel mucho más primitivo. Nuestra madre está o no está cuando lloramos; se ocupa de nuestras necesidades o no lo hace. En el modelo del desarrollo del psicólogo Erik Erikson, el comportamiento de nuestra madre es determinante para el sentimiento de confianza o desconfianza básico que desarrollamos en el primer año de vida. Cuando el mundo (al que identificamos con la madre, generalmente) satisface nuestras necesidades de manera sistemática, confiamos en que tendremos lo que necesitamos y lo percibimos como un lugar seguro. Muchos llaman *apego seguro* a esta percepción.

Hay una cantidad significativa de evidencias que indican que si se crea el apego seguro durante estos primeros meses y no resulta interrumpido (por la pérdida, por separaciones excesivas para el niño o por una pérdida de sintonía), tenderá a mantenerse firme a lo largo de la infancia.

¿Por qué es tan importante el apego?

El vínculo de apego, que es el pegamento que une al niño y a una figura de apego, es fundamental para muchas áreas del desarrollo.

En primer lugar, afecta a la autoestima de una forma muy natural. «Las personas seguras de sí mismas aprenden a percibirse como fuertes, competentes, valiosas, dignas de amor y especiales gracias a que figuras de apego atentas las han valorado, las han amado y las han visto como especiales».[2] Obtienen una puntuación alta en todas las mediciones de la autoestima.[3]

En segundo lugar, el apego seguro nos proporciona lo que se llama una *base segura*, que significa exactamente lo que ya habrás adivinado: la seguridad necesaria para salir al mundo y explorarlo. Cuando no sentimos esta seguridad, estamos menos preparados para dejar el nido o incluso para mirar en nuestro interior, y por lo tanto vemos obstaculizado nuestro desarrollo.

La autora y terapeuta Susan Anderson explica cómo el apego seguro acaba por dar lugar a la independencia:

En la tierna infancia, necesitabas conectar para seguir adelante. Cuando eras un bebé, dependías de tu madre para que te proporcionase el alimento que necesitabas, y tu atención estaba centrada casi exclusivamente en esa relación. Cuando eras un niño pequeño, a medida que comenzaste a desarrollarte y funcionar de manera más independiente, tu madre pasó a ser un importante *objeto de fondo*. [...] Si algo interfirió en este desarrollo (si tu madre tuvo que ir al hospital y permaneció ahí mucho tiempo), tu capacidad de funcionar con independencia pudo verse retrasada.[4]

Anderson explica a continuación que cuando la necesidad de apego se ve frustrada, se vuelve primaria; cuando es satisfecha, se funde con el fondo. Tanto los niños como los adultos que gozan de un apego seguro no se obsesionan con que otras personas los vean o los apoyen y pueden concentrarse en satisfacer otras necesidades.

Además de proporcionar una base segura desde la cual explorar el mundo y prestar atención a otras cosas, el apego se correlaciona con varios efectos a largo plazo. Hay estudios que muestran que el niño con apego seguro presenta una mayor flexibilidad emocional, tiene más habilidades sociales y goza de más capacidades cognitivas;[5] también tiene más iniciativa.[6] Cuando cursan la enseñanza media,* estos niños gestionan mejor la frustración y las dificultades, y cuando empiezan a quedar rezagados aplican un mayor esfuerzo en lugar de derrumbarse como hacen los niños que manifiestan un apego inseguro.[7] Los niños cuyo apego es seguro se convierten en adultos bien adaptados que tienen la capacidad de crear vínculos seguros y de regular sus emociones, y mantienen una perspectiva positiva en la vida.[8]

En contraste, varios estudios indican que los diversos tipos de apego inseguro que existen pueden relacionarse con la rigidez emocional, las dificultades en las relaciones sociales, los déficits de atención, la dificultad de comprender el pensamiento de los demás y el riesgo ante situaciones estresantes.[9]

Esto último se debe a que la respuesta de estrés es menos saludable en las personas con apego inseguro. La respuesta de estrés tiene un papel en el grado en que estamos expuestos a padecer muchas enfermedades mentales y físicas. Esta respuesta es mediada por la hormona cortisol, y a los niños con apego inseguro les perjudica el hecho de que cantidades excesivas de esta hormona estén circulando por su cuerpo. Unos niveles altos de cortisol han sido relacionados con la depresión, la ansiedad, las tendencias suicidas, los trastornos alimentarios y el alcoholismo. El exceso de cortisol puede dañar las partes del cerebro responsables de recuperar

---

* N. del T.: En Estados Unidos, la enseñanza media equivale a sexto de primaria y primero y segundo de ESO; la cursan niños de entre once y catorce años.

información y pensar con claridad.[10] También se cree que el cortisol alto contribuye al insomnio.

Algunos investigadores han estudiado la manera en que las interacciones que están en la base del apego seguro afectan al desarrollo del cerebro y al funcionamiento cerebral.* El área del cerebro más implicada en los comportamientos sociales complejos (tanto es así que también se la conoce como el *cerebro social*) es especialmente sensible a estas interacciones tempranas. Lo que voy a decir va a parecer una simplificación excesiva, pero el caso es que estas interacciones empáticas que denotan sintonía hacen crecer realmente esta parte del cerebro, responsable de capacidades sociales importantes y de la inteligencia social.[11]

Tomándolo todo en consideración, desde el crecimiento de las neuronas hasta el sentimiento de autoestima, está claro que es muy importante que nuestro apego sea seguro. Algunos expertos consideran que es la más crucial de todas las necesidades que tenemos en la infancia.

¿Cómo puedes saber si gozabas de un apego seguro en la relación con tu madre?

Nunca sabrás con exactitud cómo fue la relación con tu madre en tus primeros años de vida, pero aquí tienes algunas pistas importantes:

- Momentos de esta relación temprana que permanecen como recuerdos.
- Lo que sientes actualmente acerca de tu relación con tu madre en ese período.

---

* N. de la A.: Los libros que tratan con detalle esta cuestión tienden a ser bastante técnicos. Entre los autores que se pueden consultar están Allan Schore, PhD, y Daniel J. Siegel, MD. La versión de la investigación más fácil de leer se puede encontrar en el libro *El amor maternal*, de Sue Gerhardt.

- Los patrones que se han manifestado en las relaciones que has mantenido a lo largo de tu vida, sobre todo tu capacidad de establecer vínculos fuertes con otras personas.

Este último punto es complejo, por lo que te llevará algún tiempo aclararte totalmente al respecto. Para empezar, exploremos la relación que tuviste con tu madre en la primera etapa de tu vida:

- ¿Tienes recuerdos de momentos de gran cercanía en que ella te sostenía cariñosamente, sonriendo y expresándote afecto? En caso afirmativo, ¿te parece que esos momentos eran la excepción o la regla?
- ¿Recuerdas haber acudido a tu madre en momentos de necesidad? ¿De qué tipos de necesidad se trataba? ¿Eran representativas de las necesidades típicas de la infancia? ¿Cómo respondió tu madre?
- Por lo que puedes recordar o por la sensación que tienes, ¿eran bien recibidos tus intentos de estar cerca de tu madre?
- ¿Qué has oído decir sobre ti de la etapa en que eras un bebé y un niño pequeño?

Quizá no puedas recordar mucho sobre tus relaciones tempranas, pero los sentimientos e impulsos suelen constituir pistas, residuos de interacciones que no es posible evocar conscientemente. Tienen algo que enseñarte. Escúchalos, si puedes.

¿Y si no gozaste de un apego seguro? ¿Cómo se manifestó este hecho?

Si no gozaste de un apego seguro, tienes mucha compañía. Los estudios al respecto indican que aproximadamente un tercio de los niños experimentan un apego inseguro, el cual tiende a transmitirse de una generación a la siguiente.* El porcentaje ronda el cincuenta por ciento en los hijos de madres deprimidas.[12]

Se han descrito varios «estilos» de apego inseguro. Diversos autores expertos en el tema utilizan términos diferentes para referirse a ellos, por lo que existe cierta confusión. He elegido los términos que me parecen más fáciles de recordar y descriptivos para cada estilo, y he incluido los términos equivalentes que han usado los investigadores más conocidos.

EL ESTILO AUTOSUFICIENTE

La mayor de las categorías del apego inseguro es un estilo que ha recibido varios nombres: *autosuficiencia compulsiva* (Bowlby), *apego evitativo* (Ainsworth) y *apego desdeñoso* (Main, refiriéndose a este estilo en los adultos).

Cuando la madre, de manera constante, rechaza al niño o no lo atiende y no está disponible emocionalmente, él se da por vencido, aprende que es inútil o peligroso necesitar en las relaciones y, en consecuencia, desconecta de sus necesidades y de sus sentimientos de apego. Esta es la esencia de este estilo.

Más concretamente, se ha visto que las madres de los niños que tienen este tipo de apego manifiestan estos comportamientos:

- Rechazan la necesidad de apego del bebé y los comportamientos que muestra este para tratar de establecer el vínculo.

---

* N. de la A.: Los estudios centrados en los niños de clase media muestran unas tasas de apego inseguro un poco más bajas, de alrededor del treinta por ciento, mientras que en los estudios centrados en el conjunto de los niños norteamericanos el porcentaje se acerca al treinta y ocho por ciento. Karen, *Becoming Attached*, pp. 220 y 224.

- Se muestran incómodas y hostiles hacia los signos de dependencia.
- No les gusta el contacto afectuoso directo.
- Muestran mayor aversión hacia los mimos y el contacto físico.
- Manifiestan menos emociones.[13]

Cuando la madre no muestra que le place sostener al bebé, este acaba por desactivar su deseo natural de recibir mimos. Entonces, cuando lo sostienen, tiende a aflojarse como un saco de patatas.

Los niños que tienen esta experiencia han «apagado su deseo». Por supuesto, no es posible acabar totalmente con el deseo; lo que hace el niño es desconectar de la conciencia de que lo tiene. El deseo queda relegado al inconsciente, donde permanece con un carácter muy primitivo y vinculado a un sentimiento de mucha urgencia.

Los niños que se encuentran en esta situación perciben que sus padres no quieren lidiar con sus necesidades y sentimientos y aprenden a esconder sus emociones. El mismo niño que se aflojaba como un saco de patatas cuando era un bebé es el niño en edad escolar que responde con una sola palabra cuando su madre le pregunta cómo le ha ido el día y mantiene las distancias. Este niño no acudirá a su madre en busca de ayuda. Incluso si ella quiso conectar en mayor medida con su hijo más adelante, este está en guardia ahora, oculto tras un muro.

Desconectar de los sentimientos tiene un precio. Si el cuidador no advierte los sentimientos del niño y no responde a estos, al niño le costará percibir sus propios sentimientos y nombrarlos; esta situación se extenderá a la edad adulta. A estos individuos tampoco se les dará bien comprender los aspectos sutiles de los sentimientos de los demás.[14] Como puedes imaginar, la falta de conciencia de los sentimientos y el hecho de no hablar de sentimientos hará que tengan problemas con las relaciones íntimas posteriores, en las que se mostrarán reservados y desconectados. Como ocurre con su deseo, sus sentimientos no desaparecen, sino que permanecen al acecho debajo de la conciencia.

Las personas que han adoptado este estilo de apego de forma predominante han desactivado su necesidad de apego y, como ha indicado una investigadora, son impermeables a las señales relacionadas con el apego.[15] Para ellas, es mejor que uno sea tan autosuficiente como sea posible. Abordan las relaciones protegidas tras una armadura en un grado significativo y tienden a no permitir mucha cercanía. Incluso mucho después de la primera infancia, les parece aterrador dejar que otras personas se acerquen lo suficiente como para desarrollar verdaderos sentimientos de apego; esta experiencia las acercaría demasiado al insoportable dolor derivado de haber sido rechazadas cuando eran bebés, etapa en que el individuo es completamente dependiente.

EL ESTILO PREOCUPADO

Una expresión diferente del apego inseguro es lo que tradicionalmente consideramos comportamientos inseguros, como aferrarse a alguien, necesitar palabras tranquilizadoras y querer siempre una mayor cercanía. En este patrón, el principal miedo es que la figura de apego se vaya; lo podríamos llamar *miedo al abandono*. Por supuesto, el tipo autosuficiente también teme el abandono, pero se protege no dejando que la relación le parezca tan importante como es en realidad para él o ella.

Este segundo estilo ha sido llamado *apego ansioso* (Bowlby), *búsqueda compulsiva de cuidado*, *apego ambivalente* (Ainsworth), *apego dependiente* y *apego preocupado*. Cada una de estas denominaciones refleja alguna característica importante del patrón. La dependencia y la búsqueda de cuidado son evidentes; la ambivalencia es una actitud un poco más compleja. Los niños que manifiestan este estilo de apego muestran tanto una necesidad elevada de cercanía como una actitud airada y de rechazo. En la técnica de la *situación extraña,*[*] muy usada por los investigadores, hay niños de un año que se muestran muy angustiados cuando la madre los deja solos, pero tienen dificultades para aceptar sus atenciones cuando trata de arreglar las cosas. Alternan entre un comportamiento muy exigente y pegajoso y la hostilidad. Y he elegido el término *preocupado* porque estos dos tipos de comportamiento revelan tal ansiedad en relación con lo disponibles que están los demás que esta domina la vida del niño (y, más tarde, del adulto en el que se convertirá).

Este estilo de apego se ha correlacionado con las madres que tienen un comportamiento de rechazo menos sistemático que las madres de los niños que presentan el apego autosuficiente, pero que no responden lo bastante como para inspirar un apego seguro. A veces están ahí y a veces no. A veces el niño experimenta que la madre es cariñosa y otras veces experimenta que, inexplicablemente, tiene una actitud de rechazo. El niño preocupado (y el adulto que llegará a ser) no sabe qué debe esperar.

Según la autora Diana Fosha, los estilos de apego inseguro constituyen estrategias de gestión, por parte del niño, de las emociones incómodas suscitadas por la falta de coherencia de su madre: «Su estilo de afrontamiento (observar a la madre como lo haría un halcón y aferrarse a ella para asegurarse de que no volverá a desaparecer) es su forma de manejar el miedo y el dolor asociados con la incoherencia».[16]

---

[*] N. del T.: Ver en este mismo capítulo, más adelante, el apartado «¿Cuál es tu estilo de apego?», en la página 86.

Por desgracia, las estrategias empleadas para asegurar el vínculo deseado suelen alejar a las personas. Al llegar a la adultez, el repertorio de estrategias es el siguiente:

- Gran necesidad de cercanía.
- Hipervigilancia en cuanto a las señales de apego.
- Cuestionamiento y puesta a prueba constante del compromiso de la otra persona.
- Poner el acento en la necesidad y la indefensión para lograr que el otro no se vaya.
- Castigar al otro por no proveer lo deseado.
- Enojo cuando la necesidad de apego no es satisfecha.

La soledad es inquietante para las personas que albergan el apego ansioso, sobre todo durante los períodos difíciles, y no se manejan bien cuando sus figuras de apego se van. En las relaciones que tienen llegado el momento, es probable que se sientan inseguras cuando la pareja las deja, y aún es más probable que sean celosas. Quienes están sujetos al estilo de apego ansioso están buscando siempre el amor.[17]

Los niños que manifiestan este estilo se muestran demasiado implicados con cuestiones relativas al apego como para dedicarse a explorar su mundo, y hay indicios de que los adultos que expresan este tipo de apego están tan preocupados por las relaciones que presentan un bajo rendimiento.[18]

Hay personas que muestran elementos de los dos patrones que he presentado hasta el momento: por ejemplo, alternan entre desconectar de los sentimientos y sumergirse en ellos de cabeza, o entre actuar con indiferencia y autosuficiencia y después caer en el patrón de la dependencia. Lo que es común en todas las modalidades de apego inseguro es la falta de confianza en que la otra persona estará emocionalmente disponible y en que se pueda contar con ella para que brinde apoyo.

EL ESTILO DEL CUIDADOR

Otro patrón identificado en la teoría del apego es el llamado *cuidado compulsivo*. Si seguimos este patrón negamos nuestras propias necesidades y nos centramos en las de la otra persona.* Ayudamos a los demás, quieran o no, con el objetivo de estar cerca de ellos. Este patrón está asociado con madres que no fueron capaces de proveer a sus hijos pero que aceptaron de buen grado que estos las cuidaran.[19]

La mayoría de los teóricos del apego modernos no incluyen este estilo. Algunas evidencias vinculan este estilo manifestado en la adultez con el estilo preocupado manifestado en la infancia,[20] lo cual tiene sentido intuitivamente, puesto que cuidar del otro es una manera de mantener la conexión.

EL ESTILO DESORGANIZADO

Algunos niños encajan en el patrón llamado *apego desorganizado* o *desorientado*. En este caso no se expresa un determinado patrón de manera constante. Los niños presentan comportamientos característicos de otro estilo de apego, o más de uno, en alternancia con momentos de miedo y confusión. Este es el patrón que se da en la mayoría de los niños víctimas de maltrato.

Por supuesto, los padres abusivos no solo son abusivos; a veces proporcionan los cuidados necesarios. Por lo tanto, son a la vez una fuente de miedo y una fuente de alivio, lo cual genera confusión, como es comprensible.[21]

---

* N. de la A.: Este patrón fue identificado por el pionero del apego John Bowlby.

Es probable que el comportamiento del niño sea variable. Puede estar confundido o ser aprensivo en presencia de ese padre o esa madre, a veces incluso pasmado. ¿Cómo puedes saber si es seguro ir con mamá si a veces te consuela y otras veces parece perder el control y te pega? ¿Y por qué está tan ausente a veces? (Los padres negligentes y abusivos a menudo son víctimas de traumas que no han recibido tratamiento).

El apego desorganizado también se suele encontrar en niños cuyos padres abusan del alcohol o las drogas o padecen depresión crónica.[22]

A menudo, estos niños asumen roles de cuidado hacia sus padres; en esencia, abandonan totalmente el rol de niño. Es una respuesta bastante inteligente, si pensamos en ello. Los niños que se encuentran en estas situaciones a menudo ven que no se puede confiar en los adultos o que no son muy competentes, por lo que probablemente sea más seguro asumir el papel de proveedor de cuidados.

Estos son algunos de los efectos asociados al apego desorganizado:

- Deficiencias marcadas en el funcionamiento emocional, social y cognitivo.[23]
- No ser capaz de autoapaciguarse.[24]
- Sentir que se es culpable por lo que se le ha hecho y que uno mismo no tiene valor.[25]
- Sentirse ajeno(a) al entorno.
- Estar alerta y ser desconfiado(a), evitar la intimidad.[26]
- Emplear la disociación, la distracción o la agresividad o el retraimiento como mecanismos de afrontamiento.[27]
- Un tamaño del cerebro menor y daños en las fibras que conectan los dos hemisferios cerebrales.[28]

Aunque el apego desorganizado es el más inseguro de los estilos de apego que se han identificado, no es lo mismo que el *trastorno de apego*, una denominación que hace referencia a una situación de ausencia de apego y más habitualmente al *trastorno de apego reactivo* (TAR). El niño que padece el TAR no desarrolla ninguna relación de apego con sus principales cuidadores ni le es fácil forjar relaciones con nadie. Este trastorno está asociado con una falta de atención grave en la primera etapa de la vida, con una situación de maltrato, con una separación abrupta respecto de los cuidadores antes de los tres años de edad y con el cambio frecuente de cuidadores.

¿Qué es el trauma relacionado con el apego?

Hay varios sucesos que tienen que ver con las figuras de apego que son traumáticos para un niño. Cuando es pequeño, que lo dejen solo es traumático.[29] Una separación que exceda lo que el niño pueda manejar es traumática. Las interrupciones significativas en la relación de apego o la pérdida de una figura de apego son hechos traumáticos. Los maltratos físicos o los abusos sexuales por parte de una figura de apego son traumáticos.

Ser abandonado, en la infancia, en momentos de necesidad urgente también es un hecho traumático y conduce a las denominadas *heridas de apego*. Un ejemplo lo constituye el hecho de decir a uno de los padres que el otro te está maltratando y que el padre al que le has comunicado la noticia no te crea, ignore lo que le has dicho o le reste importancia, y no te proteja. Recuerda que, en principio, la relación con las figuras de apego es la que debe llevar al niño a concluir que el mundo es un lugar seguro. El apego seguro se crea a partir de la satisfacción de las necesidades. No obtener protección o que te ignoren en una situación de emergencia se siente como un abandono y tal vez, incluso, como una violación.

El trauma es demoledor a todas las edades (consulta mi libro *Healing from Trauma* [Sanar del trauma]), pero cuando aparece combinado con una figura de apego, su impronta es casi imborrable.

Tal vez no estabas vinculado a tu madre con un apego seguro, pero ¿es realmente justo hacerla responsable de ello?

Aunque los niños vienen al mundo presentando diferencias significativas entre ellos, hay bastantes hechos que apoyan la idea de que el comportamiento del cuidador es determinante para la creación del apego seguro. Es especialmente revelador el hecho de que un bebé puede estar apegado de manera segura a uno de los padres y apegado de manera insegura a otro. Cuando ocurre esto, está claro que el bebé es capaz de desarrollar apego, siempre que reciba las respuestas apropiadas.

Hay evidencias de que asesorar a las madres y ayudarlas a responder mejor a sus hijos puede alterar el patrón de apego. En poco tiempo, los progresos en la respuesta sintonizada de la madre conducen a un apego cada vez más seguro en sus hijos.[30]

Hacer responsable a la madre del apego inseguro no es lo mismo que decir que sea de alguna manera una persona mala o indiferente. Puede haber muchos factores en juego. Por ejemplo, puede ser que ame a su bebé pero que le asuste o le suscite rechazo el hecho de que la necesiten. Desafortunadamente, esta circunstancia suele desembocar en un círculo vicioso, porque cuanto más se retrae la madre o evita ofrecer sus cuidados, con mayor claridad manifiesta sus necesidades el bebé, y este hecho, más la urgencia asociada a estas señales, resultan atemorizantes para la madre. Otros factores concomitantes son la incapacidad de interpretar las señales del bebé; estar preocupada, abrumada o deprimida; ser una persona insegura y a la que le afecta demasiado el rechazo, o haber sido objeto de una crianza con carencias de niña. Si la madre de la madre no fue capaz de ofrecerle cuidados cariñosos o de estar en sintonía con sus necesidades, o si estaba demasiado ocupada o era demasiado fría, ese fue el patrón que se grabó en ella, y lo repite sin darse cuenta. A menudo, a las personas les suscita un dolor profundo y les es difícil de tolerar el hecho de que otros individuos reciban lo que a ellas les faltó —estamos hablando de carencias que les suscitaron un gran dolor en el momento en que las sufrieron—, y las madres también están sujetas a este efecto.

Más adelante trataremos con mayor objetividad el tema de lo que le podría estar ocurriendo a tu madre, pero por ahora es mejor que la responsabilices a ella del carácter de vuestra relación temprana y del estilo de apego que adquiriste que no que te preguntes, de alguna manera, qué hiciste mal. Incluso si fuiste parte activa de lo ocurrido, como en la complicada situación en la que tanto la madre como el niño reflejan el alejamiento del otro, es la madre, como adulta, quien tiene la mayor responsabilidad de tomar conciencia y cambiar el patrón.

¿Estás a tiempo de desarrollar apegos seguros si solo lo has hecho parcialmente en el pasado? ¿De qué te serviría hacerlo?

Incluso si nunca has gozado de un apego seguro, nunca es demasiado tarde para forjar uno. El apego seguro presenta muchos beneficios:

- Te proporciona un ancla en el mundo, un lugar al que estás conectado(a).
- Te ayuda a tener un mejor concepto de la gente y una visión más optimista de la vida.

- Te ayuda a forjar una sensación de seguridad que siempre estará contigo.
- Te ofrece un lugar en el que descansar, en el que no estás solo(a) sino sostenido por otra persona.
- Te proporciona una base de buenos sentimientos que fortalece la autoestima y la confianza.
- Hace más probable que puedas plantear tus necesidades a otras personas en el futuro.
- Fortalece las rutas neuronales beneficiosas y estimula el desarrollo del cerebro.
- Incrementa tu capacidad de autorregulación (página 51).

Desarrollar el apego seguro con personas de confianza es importante para sanar las carencias derivadas de una crianza deficiente.

Cómo identificar figuras de apego

En la edad adulta, nuestra figura de apego suele ser nuestro compañero íntimo, pero también pueden ser figuras de apego un terapeuta u otra persona que brinde ayuda, los amigos íntimos o alguien que sustituya a la madre. Algunos niños tienen amigos imaginarios que tal vez satisfagan algunas de sus necesidades, y muchos individuos —tanto niños como adultos— encuentran alivio y conexión en sus mascotas.

Si no tienes claro quién podría ser ya una figura de apego para ti o podría llegar a serlo, puedes hacerte las preguntas siguientes:

- ¿A quién me gusta acudir cuando estoy seriamente disgustado(a)? ¿A quién puedo dirigirme en momentos de necesidad?

- ¿Quién se preocupa realmente por cómo me va? ¿Quién se preocupa por mí como persona y no por lo que le doy?
- Si me encontrase en un estado de dependencia casi completa, a causa de un accidente o una enfermedad importantes por ejemplo, ¿con quién me gustaría estar?
- ¿Quién está o estaría ahí para mí de manera constante?

¿Cuál es tu estilo de apego?

Si aún no te has identificado con un estilo de apego en particular, puedes encontrar interesante leer las declaraciones siguientes y ver con cuáles te identificas más. Advertirás que están más orientadas hacia los adultos y las relaciones estrechas que hacia la relación entre un bebé y su madre.* También me he limitado a ofrecer tres declaraciones para cada estilo. Se han creado instrumentos de evaluación bastante exhaustivos en el campo de la investigación, pero con esta pequeña muestra puedes hacerte una idea.

Estilo A:

- A menudo me preocupa que mi pareja no me quiera de veras o no quiera permanecer conmigo. Puedo obsesionarme y tener un comportamiento celoso a veces, incluso con amigos.
- En ocasiones mi deseo de cercanía asusta a los demás y los aleja.
- No entiendo cómo puede ser que los demás, al parecer, no vean mis necesidades. Si se preocuparan por mí, no dejarían que estuviera así.

---

* N. de la A.: Estas declaraciones proceden de una diversidad de escalas y descripciones, que incluyen una medición del estilo de apego adulto desarrollada por Hazan y Shaver (1987) que se encuentra en la obra *Attachment in Adulthood: Structure, Dynamics, and Change*, de Mario Mikulincer y Phillip R. Shaver.

Estilo B:

- No me gusta tener que depender de otros. Siento que es predisponerte a que te hieran.
- Prefiero no mostrar mi vulnerabilidad a los demás. De hecho, ¡preferiría no *sentirme* vulnerable!
- Me pongo nervioso(a) cuando alguien quiere tener una relación demasiado estrecha conmigo.

Estilo C:

- Me siento a gusto dependiendo de otras personas y con el hecho de que otras personas dependan de mí.
- Me resulta relativamente fácil tener una relación cercana con los demás.
- Confío en que ciertas personas estarán ahí (la mayoría de las veces) cuando las necesite.

Estilo D:

- Cultivo la cercanía con los demás satisfaciendo sus necesidades.
- Pienso que si cubro suficientemente las necesidades de los demás no me dejarán.
- No parece que haya espacio para las necesidades de ambos (las de la otra persona y las mías).

Por si tuvieses dudas: el estilo A es el preocupado, el B es el autosuficiente, el C el apego seguro y el D el cuidado compulsivo. Como el apego desorganizado se caracteriza por la ausencia de un estilo claro, es mucho más difícil que uno pueda identificarlo en sí mismo utilizando una herramienta como esta. Si aún no te identificas con un estilo de apego, en Internet hay cuestionarios de identificación del apego mucho más extensos y que contienen unos baremos que te permitirán ver con mayor claridad cuáles son tus estrategias de apego.

Hay muchas maneras de profundizar en mayor medida en los estilos de apego. A continuación voy a mencionar algunos elementos más cuya presencia en tu vida podrías evaluar.

Una pista interesante la proporciona la forma en que respondes a lo que percibes como un comportamiento de abandono. En algunas de las primeras investigaciones que se llevaron a cabo sobre los tipos de apego, la madre dejaba a su pequeño hijo solo en una habitación durante un rato y después volvía a entrar (esta es la estrategia conocida como *la situación extraña*). A los niños que manifestaban el estilo más defensivo y desapegado (el autosuficiente) era a los que más les costaba volver a conectar con su madre cuando regresaba. A menudo la ignoraban. En esencia, lo que comunicaban con su comportamiento era esto: «Ah, eres tú. No eres importante para mí». Y seguían con lo suyo. Los niños que expresaban el apego ambivalente (el estilo preocupado) tendían a protestar más cuando la madre se marchaba y se mostraban resentidos cuando volvía; manifestaban enfado o indefensión en este caso.

Date cuenta de cuál ha sido tu estilo en las situaciones en las que alguien a quien estabas apegado se marchó. ¿Te has sentido demasiado vulnerable como para expresarle a esta persona que la echabas de menos? ¿Te ha costado volver a experimentar calidez hacia ella a su regreso? ¿Estabas tan enfocado en la pérdida que te ha costado pasar por alto la ausencia cuando esta persona ha vuelto (como suele ocurrir en el apego preocupado o ambivalente)? ¿Has querido castigarla de alguna manera por haberse ido (actitud que tienden a tener principalmente aquellos que están sujetos al apego ambivalente o preocupado)? En las investigaciones a las que me he referido en el párrafo anterior, fue la respuesta de los niños pequeños al regreso de su madre, más que su reacción ante su marcha, el elemento más definitorio del estilo de apego que estaban manifestando.

Creo que nuestra sensación básica de seguridad o inseguridad también aparece reflejada en la respuesta que damos a la decepción o a las heridas que experimentamos en relación con las personas que son importantes para nosotros. ¿Qué ocurre en tu interior y qué actitud tienes cuando alguien te ha decepcionado? Por ejemplo, esperabas recibir una expresión de reconocimiento en relación con un evento importante en tu vida y el olvido de la otra persona fue total. ¿Te sentiste muy abatido(a), incluso si el descuido fue menor? ¿Retrajiste un poco tu corazón? ¿Quisiste castigar a la persona sutilmente? ¿Intentaste quitarle importancia al hecho y ocultaste tu decepción o pudiste manifestarla? El apego seguro nos vuelve más resilientes y nos permite ser más expresivos. Cabe esperar que los individuos más sujetos al estilo de apego autosuficiente escondan sus sentimientos de dolor y decepción (así como su deseo de cercanía) y es muy posible que quienes albergan el estilo preocupado pongan el acento en estos sentimientos, usando la culpabilización si es necesario, en un esfuerzo por forjar una relación más segura. (Me centro en estos dos tipos de inseguridad porque son los que más se han investigado y de los que más se ha hablado).

¿Es posible manifestar más de un estilo?

Es posible expresar características propias de dos estilos o más, sí. Por este motivo, más que ceñirte demasiado estrictamente a las categorías presentadas, puede resultarte más útil examinar varios espectros que pueden correlacionarse con ellas, como lo cómodo que te sientes con la dependencia y la manifestación de vulnerabilidad, la capacidad que tienes de expresar cercanía y aceptarla, la capacidad que tienes de gestionar tus sentimientos y tu sensación de seguridad y de ser una persona querida (todas estas son cuestiones en las que ahondaremos en próximos capítulos).

También puede resultarte útil pensar en las características expuestas como rasgos presentes en determinadas relaciones. De la misma manera que un niño puede expresar tipos de apego diferentes con cada uno de los dos padres, todos nosotros mostramos un repertorio de cualidades relacionadas con el apego en los diversos tipos de relaciones que tenemos como adultos. La utilidad que tiene examinar los estilos de apego es arrojar luz sobre estos elementos y detectar patrones. También es útil reflexionar sobre el hecho de que estos patrones se establecieron en el contexto de nuestras relaciones tempranas más significativas.

¿Afecta realmente tu relación con tu madre a las relaciones que tienes más adelante en la vida?

Tanto si no tuviste ninguna relación con tu madre como si tuviste una relación segura y feliz con ella o si tu experiencia se encuentra en algún punto entre estos dos extremos, es imposible que no hayas sido influido o influida por esta relación tan central.

Las experiencias que tuviste cuando eras un bebé y un niño pequeño determinan en gran medida cómo te ves y cómo ves a los demás, qué expectativas tienes en cuanto a las relaciones, qué sensaciones tienes respecto a ti mismo y qué hábitos defensivos (¡y saludables!) has aprendido.

Por ejemplo, si gozaste del apego seguro, aprendiste que era correcto que mostrases tus necesidades de cercanía o consuelo o que expresases tus necesidades en general; de hecho, este tipo de apego y sus manifestaciones han constituido la base de tus relaciones. Sin embargo, si tu madre (o la figura que hizo las veces de madre) rechazó sistemáticamente tus peticiones de afecto, apoyo y protección, aprendiste no solo a dejar de mostrar estas necesidades, sino también a dejar de ser consciente de ellas (según el estilo autosuficiente). Si el comportamiento de tu madre fue variable y a veces respondía positivamente y otras veces no, tal vez aprendiste que la única manera de asegurarte de ver satisfechas tus necesidades relacionadas con el apego es mantenerte enfocado en ellas, vigilar de cerca a las personas con las que mantienes una relación y no dejar de poner el acento en tus sentimientos y necesidades (según el estilo preocupado).

Tómate un momento, ahora, para reflexionar sobre tu situación.

- A partir de lo que has aprendido hasta este momento, ¿qué puedes ver en tu patrón de manifestación, o no, de necesidades que tienen que ver con el apego? ¿Qué relación guarda este patrón con tus experiencias como adolescente y persona adulta?
- ¿Qué tiene que ver todo ello con los patrones de apego que imaginas que manifestaste en la relación con tu madre durante tu infancia?

¿Qué grado de dificultad entraña cambiar los patrones de apego?

Lo más fácil es cambiar los patrones de apego inseguro en la infancia. Ya he mencionado que asesorar a las madres para que sintonicen mejor con sus bebés puede dar lugar a unos resultados positivos con gran rapidez. Cuanto más perdura un patrón en una relación en particular, más difícil es revertirlo.

Se cree que los niños con apego inseguro son relativamente receptivos al cambio a lo largo de sus primeros años de vida, aunque esto depende principalmente de la capacidad que tengan de forjar un apego seguro que les ayude a compensar el apego inseguro que experimentan en la relación con su madre. Este apego seguro puede proporcionar una alternativa al apego inseguro.[31] Las investigaciones al respecto han mostrado que el apego seguro al padre (o a otro cuidador secundario) es el factor más importante en la compensación, por parte del niño, del apego inseguro a la madre o en la superación de este apego inseguro.[32]

Se considera que, como adultos, lo tenemos un poco más difícil para cambiar nuestro patrón de apego fundamental, pero también es cierto que cuando somos mayores contamos con un nuevo conjunto de opciones. Somos más capaces de realizar el trabajo terapéutico que tiene que ver con llorar viejas heridas, destapar creencias básicas y establecer nuevas formas de ser. Contar con relaciones que fomenten unos patrones nuevos, más saludables, puede cambiar nuestras expectativas y actitudes y proporcionarnos una nueva base sobre la que trabajar. Hablaremos más sobre todo ello en capítulos posteriores.

Recuerda que estamos configurados para conformar relaciones de apego. La naturaleza lo quiso así.

4.

Más componentes básicos

E l apego es solo uno de los muchos componentes que hacen que seamos como somos. En este capítulo examinaremos por encima cómo es una relación segura y, después, otros elementos que ayudan al niño a construir su identidad.

Sentirse seguro y a salvo

Los niños experimentan la seguridad de un modo algo diferente que muchos adultos, si bien, como han indicado algunos, en los momentos de emergencia todos queremos tener contacto (incluso físico) con las personas que son más importantes para nosotros. Cuando están silbando las bombas, nos agarramos a quienes apreciamos más.

Para el niño pequeño, la seguridad está asociada a un entorno atento y sintonizado con sus necesidades. No se trata de una seguridad que tenga que ver con puertas cerradas con llave, sino con esta sensación: «Mami cuidará de mí; mami se acordará de mí. Soy muy valioso para ella y no se va a olvidar de mí». Si la madre está preocupada, distraída o molesta, y no proporciona esta atención, el niño se siente menos seguro. Cuando te encuentras en una situación de dependencia, la seguridad consiste en sentir que la persona de la que dependes es confiable.

Para captar la vulnerabilidad asociada a la dependencia, imagina que estás volando en un avión que solo tiene un piloto y descubres que está borracho. O te estás sometiendo a una operación quirúrgica y te das cuenta de que el cirujano no sabe lo que está haciendo. Para el niño pequeño, experimentar que su madre está emocionalmente ausente es como descubrir que el capitán del barco no es un ser humano en realidad, sino un maniquí.

Hay muchos elementos que contribuyen a la sensación de seguridad del niño: percibir que su madre es competente, sentir que su madre está en sintonía con él y sentirse sostenido. Una madre escribió lo siguiente en su diario desde la perspectiva de una niña interior muy pequeña:

Quiero que me sostengan en una manta rosa contando con apoyo a todo mi alrededor. Quiero sentirme sostenida de forma segura, contenida de forma segura. Quiero sentirme *segura*. Esta me parece una sensación nueva: estar envuelta en un lugar cálido y seguro con mucha protección a mi alrededor. [...] Si estuviera contenida de forma segura, no necesitaría sostenerme a mí misma en una sola pieza.

Esta última declaración es interesante, dado que el pediatra y psicoanalista D. W. Winnicott dijo que la madre «mantiene unidos los pedazos del niño». Ella es su pegamento, su contenedor. Cuando la madre está realmente ahí, sosteniendo amorosamente al niño, le está dando a este algo a lo que agarrarse. En última instancia, este algo es el corazón de su madre.

Vale la pena reiterar que esta sensación de seguridad proporcionada por la relación, esta base segura, es lo que hace que el niño se sienta seguro al explorar el mundo. Cuando tenemos un lugar seguro al que regresar, podemos irnos, del mismo modo que cuando somos sostenidos de manera segura, no necesitamos aferrarnos. Las investigaciones muestran que los bebés que expresan un apego seguro exploran cuando se sienten a salvo y buscan la conexión cuando no se sienten a salvo. Esta es nuestra programación innata.

Por otra parte, el hecho de no sentirse seguro predispone a la ansiedad. La ansiedad, que muchos expertos del campo de la salud mental consideran que es la base de las defensas no saludables y la raíz de los problemas psicológicos, empieza ahí. El origen de la ansiedad es el sentimiento de sentirse solo y sin apoyo en las situaciones que uno no puede gestionar por sí mismo y de tener unos cuidadores no disponibles o que no responden.[*]

Un hogar feliz

Para el niño, la relación segura con su madre es un primer receptáculo para su crecimiento y un hogar feliz es un segundo receptáculo, más grande. Es como plantar una planta de interior en una maceta con buena tierra y después tenerla en una habitación en la que la luz y la temperatura sean las correctas.

---

[*] N. de la A.: Como escribe Diana Fosha, «la ansiedad es una reacción frente a la no disponibilidad o la ausencia de respuesta del cuidador y está anclada en el sentimiento de estar solo frente al peligro psíquico». *Transforming Power of Affect*, 47. Unas páginas antes, en el mismo libro, encontramos este párrafo en torno a la misma idea: «De la misma manera que la sensación de seguridad tiene su origen en una relación de apego seguro con un cuidador disponible y que responde (Bowlby, 1988; Sandler, 1960), la ansiedad y los mecanismos de defensa a los que [...] da lugar la ansiedad tienen su origen en una relación de apego con un cuidador no disponible o que no responde», pp. 39-40.

Un hogar feliz es un lugar en el que uno se siente bien. Las personas se sienten amigables entre ellas y en paz consigo mismas. Los miembros reconocen que la familia es una unidad cooperativa en la que las necesidades y la satisfacción de todos son importantes, y el niño siente que sus necesidades ocupan el primer lugar de la lista. El hecho de saber esto hace que el niño sepa que tiene un lugar; le permite tener necesidades y ser él mismo.

En un hogar feliz no se producen crisis continuas que haya que resolver (o que te hagan preguntarte cómo vas a sobrellevarlo cuando eres demasiado pequeño como para resolver nada). Los miembros no están enfrascados en luchas de poder. No hay guerras silenciosas o no tan silenciosas entre ellos. En un hogar feliz no están todos conteniendo la respiración, sino que uno puede relajarse y ser él mismo.

En un hogar feliz puede haber un segundo padre o madre (no necesariamente del sexo opuesto), aunque esto no tiene por qué ser necesariamente así. La madre lo tiene mejor para ser feliz si cuenta con el apoyo de otros adultos importantes; pero la presencia de otros adultos no es de mucha ayuda cuando hay fricciones constantes con ellos. En un hogar feliz puede haber o no otros niños o mascotas. En un hogar impregnado de sentimientos de tensión y privación, el hecho de que haya más seres de los que cuidar resulta agotador para la madre, pero en un hogar feliz la madre parece tener suficiente para dar a todos sin sentirse resentida. ¡Parece que disfrute dando! (Esta afirmación les puede chocar a quienes han tenido una experiencia muy diferente).

Sentir que la madre es feliz es un gran regalo para el niño. Imagina por un momento una instantánea en la que se ve a la madre sonriendo o riendo. Está muy contenta por el hecho de estar ahí. Se siente feliz con el niño y con todas las otras personas que aparecen en la foto y no necesita que las cosas sean nada diferentes de como son en ese momento. ¡Está relajada! Cuando la madre está relajada y sonriente, el niño siente que el mundo está bien. Y cuando el mundo está bien, el mundo del niño está bien.

Pero cuando la madre está distraída, preocupada o deprimida, el niño no cuenta con el mismo tipo de apoyo, y le resulta más difícil relajarse y estar plenamente presente. No siente que sea del todo correcto mostrarse expansivo y expresivo cuando su madre está retraída o agotada. No hay un lugar en el que ser feliz, a menos que pongamos una cara contenta para tratar de animar a nuestra madre. Si nuestra madre es feliz, en cambio, no tenemos estas cargas, y podemos expresarnos tal como somos.

Cuando las cosas van mal ¡pueden arreglarse!

No es que no se presenten problemas en un hogar feliz y saludable, pero se procura solucionarlos en lugar de barrerlos debajo de la alfombra, donde se acumularían en enormes montículos. Los conflictos se resuelven y hay adultos competentes que pueden dar respuesta a una diversidad de necesidades.

Esto tiene una importancia fundamental en el ámbito de las relaciones. El niño tiene que saber que pueden darse sentimientos de enojo y peleas, pero que estos desencuentros pueden repararse. En el capítulo uno expliqué que la madre suficientemente buena está desencaminada a menudo, y que reparar una y otra vez las rupturas en las relaciones forma parte de la consolidación del vínculo y de la forja de la resiliencia. Esto es aplicable tanto al vínculo entre madre e hijo como a la relación con la pareja, la relación entre terapeuta y cliente o cualquier otra relación significativa. Tenemos que saber que la otra persona podrá gestionar los sentimientos desagradables derivados de la situación conflictiva y que no se marchará, y que podremos arreglar el problema juntos.

Esto es algo que aprendemos con la experiencia. Recuerdo lo impactada que quedé cuando en una sesión con mi terapeuta mi frustración y mi ira acabaron por estallar contra ella; lo siguiente que pensé fue que podía dar por terminada la relación. Al parecer, albergaba la creencia de que si expresaba mi ira destruiría nuestro vínculo para siempre. Sin embargo, la relación no se vino abajo; de hecho, salió reforzada. Pero no tenía ninguna referencia, ninguna experiencia previa que me permitiese saber que eso podía ser así. Nunca me había atrevido a expresar mi enojo en el entorno familiar y tenía una clara falta de experiencia en el proceso de la ruptura y la reparación.

El hecho de saber que las brechas se pueden reparar es otro aspecto del apego seguro y contribuye al sentimiento de resiliencia del niño.

El sentimiento de pertenencia

Hay muchos factores que contribuyen al sentimiento de pertenencia del niño. Por supuesto, están los factores externos, como compartir el mismo apellido, tener el mismo hogar y percibir similitudes con miembros de la familia, como pueden ser tener unos ojos, una nariz o una boca similares.

El apego seguro da lugar a un sentimiento de pertenencia profundo, porque nos ancla y nos proporciona un lugar dentro de la trama de la existencia. Este lugar es mayor que cualquier relación en concreto, pero la madre, al constituir nuestra primera relación, prepara el terreno. Más adelante, podemos sentir que pertenecemos al saber que somos parte de un equipo, una tribu, un vecindario, un club, una comunidad, una nación, un movimiento social... o al tener nuestra propia pareja y nuestros propios hijos. Cuando tenemos un sentimiento de pertenencia a varios de estos niveles, nos sentimos integrados, parte de algo.

Sentirse valorado y conocido también es relevante para el sentimiento de pertenencia. Si una familia afirma que perteneces a ella pero no sientes realmente que tus familiares te conocen o te ven tal como eres, te sentirás como un extraño en tu propia familia.

El yo en ciernes

El yo emergente de un bebé es muy influenciable, y una buena madre lo sabe. Por eso lo trata con el mayor cuidado y respeto, igual que hace con el vínculo creciente que hay entre ellos. Sus interacciones son como pasar una lanzadera de hilo de un lado a otro, tejiendo así una conexión entre sus corazones.

Estas interacciones son fundamentales para modelar el sentido del yo. El sentido del yo del bebé aún no es el de un individuo separado sino que está impregnado de las sensaciones que surgen en la relación con otro ser, en este caso la madre.

La madre es la facilitadora del desarrollo del yo en el niño, y es fundamental que apoye y aliente las cualidades que este empieza a manifestar. Para que el «verdadero yo» del niño tenga la oportunidad de arraigar, alguien tiene que verlo. Y el niño solo sabe que lo ven cuando otras personas demuestran ver sus sentimientos y experiencias y los reflejan y celebran. Si sus cualidades únicas no son reflejadas o apoyadas, no estarán disponibles para él como fundamento de su personalidad. Entonces, en lugar de arraigarse en su propia naturaleza, se adaptará a lo que piensa que esperan los demás y adoptará un falso yo. En el caso de algunas personas, este falso yo (que todos albergamos en algún grado) eclipsa tanto todo lo demás que no creen ser ninguna otra cosa.

Un lugar donde crecer

Para tener alguna oportunidad de manifestar nuestro verdadero yo, necesitamos un entorno en el que podamos llegar a ser nosotros mismos, un entorno que nos proporcione los ingredientes que necesitamos para desarrollarnos plenamente. De la misma manera que la carencia de minerales en el suelo perjudicará el crecimiento de una planta y hará que su aspecto sea diferente, la insuficiencia de nutrientes en el entorno en el que se desarrolle la primera fase de nuestra vida perjudicará nuestro desarrollo.

Estos nutrientes incluyen la aceptación incondicional («Te acepto tal como eres»), el respeto y la valoración, además del reflejo y la respuesta sintonizada de los que ya he hablado. Necesitamos ser valorados tal como somos y también por el simple hecho de que *somos* (existimos). Si no obtenemos esta valoración, sentimos que no estamos en nuestro lugar y que no pertenecemos a ese entorno. Esto hace que nos cueste abrazar la vida.

Aquello que es respetado y valorado en una familia en particular resulta reforzado. Aquí tienes un ejercicio para explorar esta cuestión.

- Echa un vistazo a la lista siguiente y advierte cuáles de estos elementos valoraba tu familia:

  » La inteligencia.
  » Dominar una actividad y tener éxito.
  » La dulzura.
  » La inocencia.
  » La delicadeza.
  » La sensibilidad.
  » La resistencia frente a la adversidad.
  » El humor y las payasadas.

» Ser duro.

» Ser cariñoso.

» Necesitar a otras personas.

» Estar seguro de sí mismo y, en ocasiones, ser engreído.

» Estar en el propio cuerpo de una manera sensual, disfrutando el contacto con el mundo.

» Ser atractivo.

» Ayudar a los demás.

» Expresar los sentimientos.

» La imaginación y la creatividad.

• Advierte ahora a cuáles de las características anteriores no se hacía caso, casi como si no existieran. ¿Cuáles eran objeto de burla o de menosprecio? ¿Qué puedes ver al respecto? ¿Qué ocurrió con esas características que no fueron valoradas en tu infancia?

Podemos darnos una nueva experiencia a nosotros mismos trabajando profundamente con la imaginación. Con este fin, elige una característica que no fuese apoyada y después imagina cómo alguien que te importa reconoce esta cualidad en ti y se alegra de veras de que la tengas. Imagina cómo esta persona te dice que esta es una de las cosas que más le gustan de ti. Advierte cómo te hace sentir su actitud. Deja que este sentimiento cale en ti; experiméntalo en tu cuerpo.

Muchas veces necesitamos trabajar con nuestro propio rechazo de las cualidades que no eran valoradas en nuestro entorno y luchar por el derecho a tener estas cualidades o comportarnos de estas maneras.

Está bien ser un niño

Piensa en las características inherentes al hecho de ser un niño muy pequeño:

- Ser dependiente.
- Tener necesidades.
- Tener una tolerancia limitada a la frustración, necesitar que las cosas estén bien para él.
- Ser inocente e ingenuo.
- No estar bien desarrollado y no dominar la ejecución de las actividades.
- Expresar las emociones enseguida y con autenticidad.
- Buscar cercanía y afecto.
- Ser dulce y delicado.

¿No son estas, acaso, características que encontramos en niños de todo el mundo, de todas las culturas y de toda condición, si no son objeto de censura?

Y ahora, la pregunta más significativa: ¿no son estas precisamente las cualidades que suelen ser ignoradas o rechazadas en las familias, hasta el punto de que no somos valorados por ser niños, sino por crecer hasta el punto de que dejamos de serlo?

Por supuesto, necesitamos que nuestros padres nos animen y valoren nuestra independencia y nuestro dominio cada vez mayores, pero demasiado a menudo el niño que ha recibido una crianza materna deficiente ha visto más apoyados estos aspectos del desarrollo que las características que presenta de forma innata como niño. A menudo hay más interés en que superemos las necesidades de la infancia temprana que en satisfacer estas necesidades.

El rechazo de estas cualidades más suaves por parte de los padres puede deberse a múltiples razones. Cuando ellos mismos estaban creciendo, es probable que tuvieran que superar esta misma etapa lo más rápido posible. Una mujer cuya dulzura no obtuvo apoyo cuando era una niña pequeña, por ejemplo, encontrará difícil acoger la dulzura de su hijo, pues esta roza su propia herida. Esto ocurre también con la dependencia, la sensibilidad y las otras cualidades suaves. Tal vez la madre perdió la inocencia debido a privaciones o abusos experimentados a una edad temprana y se culpó a sí misma por estar abierta e indefensa; a causa de ello percibe que la inocencia es peligrosa y se siente incómoda ante la vulnerabilidad de su hijo.

Puede haber casos en que un estrés excesivo o ciertas adversidades interfieran en la capacidad de la madre de apoyar estas cualidades suaves, pero más a menudo no las apoya debido a sus propias experiencias en la infancia. Además, si se esperó de ella que creciese rápido y dejase pronto atrás las necesidades y limitaciones asociadas a la infancia, es fácil que tenga expectativas poco realistas en cuanto a las capacidades de su hijo. Son estas madres las que suelen enojarse y tener comportamientos abusivos.

- Vuelve a echar un vistazo a las características innatas de los niños pequeños. ¿Cuáles crees que apoyaron tus padres?
- En caso de que esta pregunta sea aplicable a tu madre, ¿qué crees que hizo que tuviese dificultades para aceptar estas cualidades suaves?

Para desarrollarnos de una manera natural, necesitamos crecer a nuestro propio ritmo. De hecho, el crecimiento forzado y que obedece a presiones no suele ser saludable. Para llegar a superar la infancia con el tiempo, necesitamos que se apoye nuestra condición de niños.

El contacto físico

El toque nutritivo y cariñoso es un componente importante para el desarrollo del sentido del yo y también para que la persona sienta que su yo tiene valor. Se trata de una necesidad tan esencial que los bebés que no están expuestos al contacto físico suelen morir.

Tal vez has oído hablar del *síndrome de retraso del desarrollo* o *del crecimiento* (FTT, por sus siglas en inglés), que se descubrió hace años en orfanatos. Los bebés que estaban en moisés que se encontraban al final de las filas decaían y morían a un ritmo mucho mayor que los bebés que se encontraban próximos a la parte delantera de las filas, a pesar de que todos recibían alimento. Este síndrome pasó a afectar a muchos menos niños cuando los investigadores se dieron cuenta de que la diferencia residía en el hecho de que los bebés que se encontraban al fondo no eran tomados en brazos ni se les proporcionaba la misma atención que a los demás, por lo que adoptaron medidas para poner remedio a esta situación.

El toque nutritivo induce todo tipo de beneficios fisiológicos, como el impulso del desarrollo del sistema nervioso, la estimulación del sistema inmunitario y una menor presencia de las hormonas del estrés, pero vamos a centrarnos en los beneficios que presenta en los ámbitos emocional y psicológico.

Es a través del toque nutritivo como nos sentimos amados, consolados y protegidos. El tacto apropiado también nos ayuda a ubicarnos en el cuerpo. El niño al que no se proporciona contacto físico puede sentirse ajeno a su propio cuerpo y experimentar sensaciones de irrealidad.[1] La sensación de realidad proviene del enraizamiento en el cuerpo, y el tacto es uno de los elementos que inducen este enraizamiento. La falta de contacto físico y el contacto físico abusivo también pueden promover la disociación, que es una separación psíquica respecto del cuerpo.

Paradójicamente, la falta de contacto físico también puede conducir a la sensación de ser un prisionero dentro del propio cuerpo. Ashley Montagu escribe en *El tacto: la importancia de la piel en las relaciones humanas*: «En gran medida, es la estimulación de su piel a través del tacto lo que le permite al niño salir de su propia piel». Montagu explica que un niño que no ha recibido el tacto suficiente se queda encerrado dentro de su propia piel y experimenta el contacto físico normal como una amenaza.[2] Esta reacción se denomina *defensividad táctil*; puede manifestarse como insensibilidad o hipersensibilidad frente al tacto o como evitación del tacto.

Es habitual que los niños que no están lo suficientemente expuestos al contacto físico positivo se sientan intocables desde el plano inconsciente; es como si algo estuviese terriblemente mal en ellos. El contacto físico negativo suele manifestarse como un toque disciplinario áspero u hostil, que no le transmite al niño que se lo valore. Los niños pequeños no cuentan con el desarrollo cognitivo que les permita saber que los malos comportamientos y errores de los padres no tienen nada que ver con ellos. En general, cuanto más pequeño es el niño cuando se lo priva del contacto físico, más destructivos son los efectos.

Hay muchas razones por las que las madres pueden sentirse incómodas al tocar a sus hijos. Si no han estado expuestas al contacto físico amoroso suficiente, pueden presentar defensividad táctil y puede ser que no estén muy presentes en su cuerpo. Es posible que no estén familiarizadas con el toque nutritivo, que no forme parte de su repertorio. A causa del abuso o de otros factores, es posible que no se sientan a gusto con su propio cuerpo y con otros cuerpos, incluidos los de sus hijos. Es habitual que una madre que experimente vergüenza en relación con su cuerpo transmita este sentimiento a sus vástagos.

Aquí tienes algunas preguntas que te ayudarán a explorar este tema:

- ¿Qué tipo de contacto físico estuvo disponible para ti en tu infancia? (Tal vez tendrás que pensar en tu experiencia a distintas edades).
- Si tu madre no parecía estar a gusto con el contacto físico, ¿a qué crees que se debía?
- Si sientes que no estuviste expuesto(a) al contacto físico suficiente, ¿cómo te ha afectado esta circunstancia? ¿Anhelas el contacto y a veces tienes comportamientos más o menos arriesgados con el fin de obtenerlo? ¿Te sientes a gusto con distintos tipos de contacto físico?
- Si estuviste poco expuesto(a) al tacto, ¿qué opinas de esta experiencia? ¿Resuenas con la sensación de ser intocable?

El amor es tanto el mensaje como el medio

Podríamos decir que el contacto físico es el medio y el amor es el mensaje, pero el amor también es un medio, en el sentido de que es la mejor tierra en la que puede crecer el niño. Todo corazón es alimentado por el amor y se abre al aceptar el amor. El hecho de ser amado hace que uno sea más amoroso y también fomenta la resiliencia.

El toque físico no es la única vía de transmisión del amor; se comunica asimismo a través del tono de voz, la expresión facial, las reacciones, las palabras y la calidad del cuidado. Un niño puede sentir la «cantidad» de amor presente.

Cuando el amor está ahí, permea otros tipos de comportamientos relativos a la crianza, como la protección, el aliento, el apoyo y la orientación, y el niño los recibe mejor. La ausencia de amor hace que estos mismos comportamientos sean experimentados de una manera que puede hacer que tengan un efecto contraproducente en lugar de positivo. Por ejemplo, cuando no hay amor, el niño puede considerar restrictivos e injustos los límites destinados a ofrecerle protección. Cuando se establecen límites sin que el amor esté presente, puede percibir que detrás de estos límites está el puro afán de mandar. Cuando se pretende alentar al niño pero este no percibe amor en ese aliento, puede experimentarlo más como una medida de presión que de apoyo; incluso puede sentir que sus padres quieren que tenga éxito para su propio enaltecimiento (el de ellos). En resumen: si no hay amor, nada va bien, mientras que si hay amor incluso la más burda de las crianzas se puede perdonar.

Ahora que hemos hablado de los componentes básicos y de las muchas funciones esenciales asociadas a la buena madre, regresemos a la cuestión de qué ocurre cuando esos componentes no están presentes y cuando la madre no «cumple» con sus funciones.

SEGUNDA PARTE

Cuando la crianza materna falla

5.

¿Dónde estabas, mamá?

Los niños pequeños no cuentan con la perspectiva que les permita comprender todos los factores externos que influyen en el comportamiento humano. Creen, equivocadamente, que cuando una persona los hiere o los abandona ello tiene que deberse a algo que hicieron. Por lo tanto, concluyen que deben de ser malos o indignos de amor. El sentimiento de culpa no es siempre consciente, pero suele estar ahí en algún nivel. Lo hemos encontrado al final del poema con el que empezaba este libro, «¿Dónde estabas, mamá?», cuando la niña preguntaba: «¿Fue todo por culpa mía?».

El vacío en el lugar en el que tenía que haber estado la madre

El hecho de sentir que no somos importantes para nuestra madre deja un vacío en nosotros, que normalmente se experimenta en el corazón. Se suponía que ese espacio tenía que haberlo ocupado nuestra madre.

Un examen cuidadoso revela que este vacío se experimenta en tres niveles. El primer nivel es el más exterior, relacionado con la carencia externa. Aquí, la ausencia de la madre puede reflejarse de forma evidente en el hecho de que el niño no está (bien) vigilado, nutrido ni socializado. Esta ausencia es patente en los niños cuyo desarrollo es un poco más lento de lo que debería ser porque no han obtenido la atención y el apoyo requeridos para el correcto desarrollo del lenguaje, las habilidades motoras y las primeras habilidades académicas.

El segundo nivel es el vacío en el sentido del yo resultante de haber recibido una crianza deficiente. Si queremos ser precisos, podemos verlo como un conjunto de vacíos. Hay el vacío derivado de no sentirse querido, el vacío derivado de no ser reflejado —con la consecuencia de que la persona no se siente completamente real—, el vacío en la confianza derivado de una falta de aliento y elogios, el vacío derivado del sentimiento de no pertenecer a ninguna parte y el vacío derivado de sentir que no se cuenta con un hogar, entre otros.

Una adulta que recibió una crianza materna deficiente me explicó que la experiencia la había dejado con un gran anhelo de amor: «Cuando tienes un vacío en el corazón, nada basta para llenarlo», me dijo. Como fue un bebé prematuro, la pusieron en una incubadora y no obtuvo el contacto del que habría gozado en circunstancias normales. La repercusión fue un anhelo permanente de contacto físico amoroso y de cualquier tipo de atención de carácter positivo. A lo largo de la adolescencia, la juventud y los primeros años de la adultez, sintió una intensa necesidad de afecto y se enamoraba de todos aquellos que parecían reparar en ella.

A menudo, la consecuencia de este vacío es una soledad extrema. Una mujer recordó que a los cuatro años sintió una oleada de soledad y pensó: «Es el sentimiento de no tener una madre». Entonces, su lado racional replicó que sí tenía una madre, y se sintió confundida. Otras personas han descrito este vacío, por escrito, como un sentimiento de vacío, de existencia solitaria y de «soledad emocional».

El tercer nivel lo descubrimos cuando examinamos la manera en que nos criamos a nosotros mismos y encontramos los mismos déficits que manifestó nuestra madre. Vemos que no sabemos cómo apoyarnos o animarnos a nosotros mismos, cómo ser pacientes y cariñosos y cómo tener en cuenta nuestras necesidades y limitaciones. En este caso, hay un vacío en nuestra madre interior.

Este libro se ocupa de los tres niveles. Al exponer qué es lo que proporciona una buena madre y al preguntarte cómo fue tu experiencia en comparación, podrás ver qué capacidades se perdieron o quedaron infradesarrolladas. Los capítulos dedicados a la sanación (del nueve al catorce) tienen que ver con la manera de llenar estos vacíos.

Desde que somos muy pequeños comenzamos a formar recuerdos relativos a la presencia o la ausencia de nuestra madre. El primer recuerdo que tiene de su vida una de las mujeres que compartieron su experiencia es el de estar tumbada sobre una manta y alargar los brazos hasta que finalmente los dejó caer, pues no acudió nadie. Cuando un comportamiento nos parece completamente inútil, nos rendimos y nos venimos abajo en múltiples niveles.

Un ejercicio que se realiza a veces en talleres consiste en estar tumbado en el suelo, alargar los brazos y pedir ayuda. Si en la niñez la persona experimentó la misma falta de respuesta ante el intento de acceder a su madre o si recibió cualquier respuesta punitiva o de rechazo, es muy posible que en la actualidad no sea capaz de alargar los brazos y llamar. Un hallazgo muy revelador lo constituye el hecho de que incluso quienes no sufrieron grandes heridas en la infancia no pueden seguir extendiendo los brazos si la figura que hace de madre en el ejercicio no responde aunque solo sea unas pocas veces.

A lo largo de los años, muchas personas me han manifestado este mismo tipo de recuerdo. No es inusual experimentar rabia hacia esa madre que no vendrá y expresarla, tal vez golpeando la cuna y gritando. Apenas me encuentro con clientes que me dicen que sus esfuerzos lograron el resultado apetecido; lo más habitual es que sus gritos fuesen desatendidos y se diesen por vencidos. Pero esa rabia parece seguir existiendo, tal vez soterrada, y es fácil que se reactive en la adultez cuando, por ejemplo, un jefe se muestra igual de impermeable.

Rita, una mujer de mediana edad, estaba trabajando con sus heridas de la infancia resultantes de una ausencia maternal extrema cuando de pronto tuvo una visión en que se vio, siendo un bebé, sentada en el regazo de una mujer que no existía de cintura para arriba. La regañó mentalmente: «¿Cómo pudiste hacerle esto a un bebé?». La imagen es potente y muestra cómo siente el niño a la madre emocionalmente ausente: como alguien que no existe en realidad. El niño experimenta un *shock*, una amenaza a su supervivencia, y por lo tanto su sistema nervioso sufre un trauma.

La necesidad de que la madre esté presente físicamente

Los bebés y los niños pequeños tienen la necesidad absoluta de que haya un cuidador físicamente presente. Un bebé no puede sobrevivir si no hay nadie que cuide de él. Las ausencias demasiado tempranas, demasiado largas o demasiado frecuentes dejarán heridas profundas.

No pretendo argumentar que las mujeres deben ser amas de casa. Muchas mujeres no tienen más remedio que trabajar para proveer a la familia, y a otras el hecho de trabajar las enriquece y llena de maneras importantes que potencian sus capacidades como madres. Hay estudios que han mostrado que la satisfacción de la madre es una de las variables clave que determinan cómo les va a sus hijos. Una madre que permanece en casa porque es lo que «se supone» que debe hacer, aunque esto la haga sentir deprimida y malhumorada, no es una buena influencia.[1] También hay hallazgos que indican que los cuidados de alta calidad pueden influir positivamente en el desarrollo de los niños a partir de los dos años.[2] El mayor motivo de preocupación es que los niños no puedan contar con su madre durante períodos prolongados durante su primer año de vida, que es cuando son menos capaces de tolerar la separación. La extensión de la jornada laboral es otro factor; a las madres les cuesta mostrarse sensibles y sintonizadas cuando están ausentes durante diez o doce horas al día.

Sea cual sea el grado de disponibilidad física necesario, que varía según el niño, es más relevante la calidad que la cantidad. Me he encontrado con casos en que incluso unos grados de ausencia física extraordinarios pueden perdonarse cuando el niño está vinculado a la madre o el padre y se siente amado. Esto no quiere decir que no se pague un precio cuando se produce una ausencia física significativa, pero este precio parece ser menor que el que han pagado muchas personas cuya madre estaba en casa la mayor parte del tiempo. La ausencia permanente debida a la muerte es un asunto completamente diferente y tiene impactos de muchos tipos.

Por supuesto, la edad del niño es un factor significativo. Los niños de más edad cuentan con más recursos para tolerar la ausencia de su madre. Si recibieron unos cuidados adecuados cuando eran más pequeños, han tenido más posibilidades de interiorizar la imagen de una madre amorosa y han avanzado más en el desarrollo de un sentido del yo sólido.

Los niños e incluso los adolescentes deberían participar en las conversaciones centradas en la ausencia planificada de su madre.

Incluso los niños mayores tienen necesidades, y es apropiado que la madre que va a irse trate con ellos los asuntos que tienen que ver con la satisfacción de estas necesidades. Las madres que dejan a sus hijos durante varias semanas o meses seguidos (con otros adultos) sin que se produzcan estas conversaciones son las mismas que no estaban en sintonía con las necesidades emocionales de sus hijos en etapas más tempranas. Las madres negligentes en el aspecto emocional suelen ver a sus hijos como más independientes de como son en realidad.

¿Qué sucede cuando la madre no está presente en el plano emocional?

El doctor Daniel Stern, autor de varios libros sobre la relación entre la madre y su bebé, indica que un bebé está muy sintonizado con la presencia o la ausencia energéticas de su madre. La madre es el centro del mundo del bebé y este está muy en sintonía con el ámbito emocional de ella.

Un bebé se siente muy angustiado cuando no puede sentir que su madre esté presente emocionalmente. Stern explica que el bebé percibe que su madre está «flotando mentalmente por otro lugar. A algún lugar al que él no quiere ir. Al estar identificado con ella, siente que el embotamiento emocional de ella se apodera de él».[3] Esencialmente, el bebé de una mujer disociada puede seguirla hasta el estado de disociación y puede ser que asuma la sensación de rigidez y entumecimiento de su madre.

Un patrón de disociación puede ser el resultado de la impronta de los estados disociativos de nuestra madre o de nuestra propia respuesta al abandono. Como manifestó una adulta perspicaz adoptando la perspectiva de su yo infantil, «la presencia de mamá me estimula. Cuando ella se va, yo también me voy y pierdo el contacto conmigo misma».

Comprensiblemente, a un niño le resulta más difícil estar presente si no cuenta con su madre como ancla. A menudo el niño se culpa a sí mismo por la «partida» de ella y concluye que es una carga.

Los investigadores han identificado dos patrones de respuesta en los niños cuya madre está ausente emocionalmente. Uno consiste en dar la espalda a la madre, es decir, en evitar el contacto con ella con el fin de permanecer en un estado más agradable. No es sorprendente que los hijos de madres poco expresivas emocionalmente tiendan a desarrollar el estilo de apego autosuficiente.[4] Sencillamente, es demasiado doloroso apegarse a alguien que no está realmente ahí para uno. El otro patrón, en palabras de Stern, consiste en «realizar esfuerzos extraordinarios para hechizar a la madre, para arrastrarla, para actuar como un antidepresivo para ella».[5] ¡Difícilmente es esta una tarea para un bebé!

Por lo tanto, las opciones parecen ser seguir a la madre hasta el agujero negro de la ausencia de emociones, cortar en algún grado la conexión para evitar el abismo o ir al rescate de la madre. Tómate un momento para considerar cuál de estos comportamientos pudiste tener, si es que manifestaste alguno de ellos, en caso de que tu madre estuviese ausente emocionalmente. (Tal vez tuviste los tres comportamientos en distintos momentos).

Esta angustia frente a la inexpresividad emocional de la madre se puso de manifiesto en el *experimento de la cara inmóvil*, con el que se quiso investigar cómo responden los bebés a la ausencia de expresión de su madre. En el experimento se indicó a madres jóvenes que pusiesen de pronto una cara inexpresiva y no se moviesen mientras miraban a su bebé. La escena duraba solamente tres minutos, en los que ocurrieron muchas cosas:

El patrón sistemático del comportamiento del bebé en la situación de la cara inmóvil son intentos repetidos de suscitar una respuesta en la madre, a lo cual sigue una expresión sombría, la desviación de la atención respecto de la madre y, finalmente, el retraimiento. Todo esto ocurre en menos de tres minutos.[6]

Los investigadores explican que los bebés caen en un estado de autoprotección en el que, más adelante, recurren a técnicas para aliviarse a sí mismos. Este patrón se ha observado también en niños hospitalizados. Los bebés dependen de la estimulación que obtienen de la presencia energética y emocional de su madre para conectar con el mundo.

En los experimentos de la cara inmóvil, los bebés, que gozaban del apego seguro, volvieron a mostrarse animados con su madre y retornaron a la interacción íntima con ella una vez que esta volvió a mostrarse expresiva. Ahora bien, ¿qué ocurre cuando la madre se muestra a menudo distante, ausente o inexpresiva o si el apego del niño no es seguro? ¿Qué ocurre si la propia madre da miedo a veces? ¿Y si el niño ha experimentado otro trauma, como puede ser un trauma médico, maltrato físico o abusos sexuales? ¿Es igual de fácil reengancharse en estos casos?

Citando un estudio, la autora Sue Gerhardt concluye: «Para un bebé, la más dolorosa de todas las experiencias parece ser no ser capaz de obtener la atención de la madre».[7] Esta circunstancia parece ser incluso más insoportable que el maltrato. Después de todo, la madre constituye el vínculo del bebé con el mundo y es la que más puede satisfacer sus necesidades, suponiendo que sea el cuidador principal.

Un tipo de madre emocionalmente ausente que es bastante habitual es la mujer deprimida. Las madres deprimidas interaccionan menos con sus hijos, y sus bebés muestran menos sentimientos positivos, presentan algún tipo de apego inseguro en la siguiente fase de su desarrollo y no se desempeñan muy bien con las tareas cognitivas.[8] (Recuerda que el cerebro se activa y desarrolla en gran medida a través de la interacción social). Además, el estrés hace que el sistema gastrointestinal y el sistema nervioso autónomo estén más sensibles y que el niño no pueda o no quiera interactuar socialmente con algún adulto que trate de establecer contacto con él.[9] Estos niños suelen convertirse en adultos que no están acostumbrados al contacto cálido y amoroso y que necesitan aprender a proveerse de lo que deberían haber tenido cuando eran bebés.

El rostro de la madre deprimida es demasiado similar al rostro inmóvil del experimento mencionado. La ausencia de señales no verbales hace que el niño no obtenga apoyo ni dirección. Incluso algo tan simple como una sonrisa tiene el tremendo poder de animar al infante a dar sus primeros pasos, de transmitir seguridad y aceptación y de implicar al niño en la relación. ¿Por qué otros medios podría saber el niño pequeño que su madre está bien? De manera similar, una mirada de sorpresa o desaprobación lo ayuda a orientarse en su entorno. Las respuestas de la madre constituyen una ayuda importante para manejarse en el mundo.

La madre emocionalmente ausente no está presente para desempeñar muchos de los roles que asume la buena madre, pero tal vez lo más importante es que su corazón no está disponible para el niño. No establece un vínculo emocional con su hijo. Otros tipos de madre pueden cumplir mal las funciones de la buena madre, como proporcionar orientación, ánimo y protección, pero algunas de ellas crean un vínculo de todos modos. La madre necesitada, por ejemplo, crea una conexión muy influida por sus necesidades, más que por las del niño. Y la madre demasiado controladora suele estar vinculada al niño y, a la vez, demasiado identificada con él.

¿Por qué estaba tan ausente emocionalmente mi madre?

Estos son algunos hechos que explican, muchas veces, la ausencia emocional de la madre:

- Estuvo de duelo durante un período prolongado.
- Tenía demasiados niños a los que atender.
- Estaba mentalmente inestable o deprimida.
- Hubo unas circunstancias que os separaron (una guerra, un desastre natural, una calamidad económica, la cárcel…).
- Comenzasteis con mal pie y no os vinculasteis bien. Ella sentía la labor de crianza como un trabajo, y esto hizo que experimentase un conflicto interno o vergüenza.
- Ella tenía heridas de tipo narcisista y estaba demasiado ocupada atendiendo sus propias necesidades.
- No sabía cómo ejercer la crianza y evitaba el contacto por un sentimiento de culpa e insuficiencia.
- Estaba ocupada cuidando de otra persona (un padre enfermo, el cónyuge…).
- Estaba abrumada por tareas prácticas, como una mudanza tras otra.
- Era adicta al alcohol o las drogas.
- Tenía dos o más empleos con el fin de que pudieses seguir viviendo bajo un techo.
- Era una mujer que quería hacer carrera, lo cual requería toda su energía.
- Estaba cursando unos estudios interminables.
- Estaba demasiado ocupada con sus relaciones románticas y sexuales.
- Ella misma era una niña.
- Estaba desgastada, exhausta o enferma.
- No quería estar ahí. Tal vez ni siquiera quería tener un hijo.

- Nunca tuvo un vínculo con su madre y no contaba con un punto de referencia para ser una madre atenta e implicada.
- Tenía miedo de mostrar su amor, temerosa de establecer un vínculo con nadie.
- Pensaba que tenías lo que necesitabas y otras personas le habían dicho que no hiciese demasiado, para no hacer de ti una criatura consentida.
- Dedicaba toda su energía a tratar de protegerse de un cónyuge o compañero iracundo o abusivo.
- La medicación que tomaba la anestesiaba emocionalmente.
- Había desconectado de sus emociones para protegerse del dolor no resuelto asociado a su propia infancia.

Cómo interpreta el niño la ausencia de su madre

Si reducimos los motivos expuestos a tres mensajes básicos, el niño expuesto a una crianza deficiente oye una de estas tres declaraciones, o más de una:

- No tengo para dar.
- Pides/tomas demasiado. Tus necesidades son excesivas.
- En realidad no me importas.

Cuando el niño percibe que su madre no tiene para dar, suele experimentar un tipo de compasión en algún lugar de su interior. Farah, por ejemplo, me dijo: «Podía sentir que mi madre sufría y era infeliz, por lo que trataba de no pedir mucho». Sabedora de que su madre estaba demasiado estresada, Farah redujo al mínimo sus necesidades. Curiosamente, su madre comentó, mucho después, que Farah se había separado de ella prematuramente. ¿Cómo puedes permanecer conectado a alguien que rara vez está ahí? Farah dijo que el mensaje que recibió por parte de su madre fue «no te apoyes en mí», y ella se limitó a complacerla.

En cierta manera, al niño le resulta más fácil lidiar con una madre que no tiene amor o atención por dar que con esta otra situación: que su madre no tenga eso para él pero sí para alguna otra persona. Esto es mucho más duro para el niño, a quien le resulta extremadamente difícil no tomárselo personalmente: ¿qué puede percibir sino rechazo?

Para el niño tampoco es lo mismo una madre que trabaje en dos empleos y regrese a casa agotada que una madre que esté ocupada hablando por teléfono y riendo con sus amigas. En este segundo caso, el mensaje es «estoy demasiado ocupada para atenderte *a ti*». Cuando nuestra madre podría hacer más pero no está motivada al respecto, acabamos por creer que no le importamos. Si después transmite la impresión de que está agobiada cuando nos responde, sentiremos que de alguna manera somos una carga excesiva.

Podría resultarte útil dedicar algún tiempo a reflexionar sobre cómo te sentiste, de niño, respecto a la falta de disponibilidad de tu madre. Si has cultivado una relación con tu niño interior (trataremos este tema en el capítulo once), escucha con atención para intentar captar cómo se sentía este niño. Si no puedes ir a ese espacio, quédate donde estás y permítete reflexionar sobre cómo puedes haber interpretado la indisponibilidad de tu madre. Te sugiero que escribas estas impresiones y las revises después de haber leído los siguientes capítulos, o mucho más adelante, y te preguntes qué evaluación más objetiva puedes realizar en ese momento.

Cuando la madre es la única persona que está ahí

Desafortunadamente, hay momentos en los que una madre con carencias es la única persona que hay en el hogar, o que está siempre en el hogar, para cuidar del niño. La ausencia de un padre (o una segunda figura materna) hace las cosas aún más difíciles para los niños que son objeto de una crianza deficiente. No hay nadie más a quien acudir para que proporcione los cuidados, y conservar el frágil vínculo con la madre es aún más esencial.

Se suele creer que una de las funciones del padre es ayudar al niño a separarse de la madre. Mientras que la madre representa el nido y la relación temprana caracterizada por la fusión, pues el bebé aún no se conoce a sí mismo como alguien separado de su madre, el padre representa el mundo que hay más allá de la madre y facilita que el niño empiece a relacionarse con él. Tanto si la relación con su madre es satisfactoria como si no lo es, al niño le resulta difícil dejar de orbitar a su alrededor si ella es el único progenitor que hay.

Ser hijo único puede no ser muy problemático si la madre es competente y está en sintonía con él, pero un hijo único lo pasará muy mal si está al cuidado de una madre o un padre que no goce del debido equilibrio.

Por qué hay niños que sufren más

Hay muchas razones por las que los hijos criados por los mismos padres pueden tener experiencias muy distintas. Cada uno ha nacido en un momento diferente de la vida de la madre, cada uno puede encontrarse con determinados períodos difíciles en que ocurren ciertas cosas en el ámbito familiar y en el entorno inmediato, y cada uno tiene un carácter diferente. Los estudios han confirmado lo que todos los padres observadores saben: que hay niños más difíciles y más fáciles de llevar que otros. Los niños que nacen con un temperamento más sensible se tambalean ante determinados sucesos que los hermanos menos sensibles apenas advierten. Por lo tanto, un motivo por el que niños criados por los mismos padres tienen unas experiencias tan distintas es que cada uno tiene una configuración fisiológica única y su propia experiencia en cuanto a los vínculos, además de que cada uno atraviesa unas circunstancias vitales diferentes.

Otro motivo es que los padres no tratan igual a todos los hijos. Aunque nuestro primer impulso pueda ser defender el mismo tipo de trato, la cuestión tiene sus matices. Los padres no deberían poner las cosas más difíciles a un niño que a otro y no deberían mostrar favoritismos, en efecto, pero sí deben mostrar que advierten las necesidades y capacidades diferentes de cada hijo y responder en consonancia. Cuando se viste igual a los hermanos, se los apunta a las mismas actividades o se les dan los mismos juguetes, por ejemplo, su individualidad queda anulada o nunca tiene la oportunidad de desarrollarse.

Se podría decir que los buenos padres no tratan igual a sus hijos por buenas razones —son sensibles a las diferencias que hay entre ellos— mientras que los malos padres no tratan igual a sus hijos debido a sus propios sesgos. Pueden favorecer al niño que es más fácil de llevar, o que es del sexo que prefieren, o a aquel del que pueden presumir (el niño es su representante). Los padres narcisistas pueden favorecer al niño que no los eclipsará.

Hay razones por las que la madre no ofrece el mismo trato que permanecen envueltas en el misterio. A veces la madre es más solícita con un hijo menos sensible y que la requiere menos que con un hijo sensible debido a que no confía en que sabrá dar la respuesta correcta a este último. O el niño se parece mucho a ella y proyecta en él su propia sombra o su propio autorrechazo. O uno de sus hijos le recuerda a alguien con quien ha tenido una relación problemática (su propia madre, tal vez).

En algunos casos, todo lo que ocurre es que la madre se queda sin energía. A menudo se implica más con el primer hijo, pero si

¿Dónde estabas, mamá?

tiene tres hijos o más puede ser que se esté limitando a ejecutar los movimientos y lidiar con la situación lo mejor que puede cuando llega el último. ¡Imagina lo que tiene que ser que haya nueve o diez niños en casa! En las familias muy numerosas, es habitual que los niños mayores asuman responsabilidades parentales para con los más pequeños y hagan de madre. Por supuesto, el bebé que se encuentra en esta situación no sabe que su madre está agotada; todo lo que sabe es que no está ahí.

En otras ocasiones, el hijo más rechazado es el mayor. He observado que esto ocurre sobre todo en los casos en que el embarazo no es deseado; la madre está resentida por el hecho de haberse visto arrastrada hacia la maternidad y de encontrarse atada a una pareja a la que habría dejado o bien porque su pareja la dejó a ella cuando supo del embarazo. Cuando un niño no es querido, lo sabe. Estoy convencida de que muchos niños lo saben cuando aún se encuentran en el útero.

Desafortunadamente, tanto los padres como los hermanos pueden convertir a uno de los niños en el chivo expiatorio. Cuando es un hermano el maltratador, ello suele ser indicativo de dos cosas: la primera, que el niño que tiene este comportamiento no ha recibido una buena crianza. La segunda, que los padres no están llevando bien la responsabilidad de controlar que sus hijos son tratados con respeto y no reciben daño. Ser objeto de maltrato por parte de algún hermano además de serlo por parte de los padres hace que la carga que se ha de llevar sea aún más pesada.

El rechazo mutuo

Nunca he visto el caso de un niño (actualmente adulto, la mayoría de las veces) que se haya apartado de una madre que ha estado siempre pendiente de él.* Los estudios sobre el apego indican que cuando un niño actúa contra el impulso instintivo de apegarse a su madre ello se debe a que percibe con claridad que esta no está disponible. Mi tesis básica es que los niños se apartan de su madre de resultas de la decepción y el daño emocional, como medida de autodefensa. Se alejan porque es demasiado doloroso dirigirse a otra persona y ser ignorado.

Las madres, como seres humanos imperfectos que son, pueden reaccionar frente a sus percepciones y miedos relativos a que sus hijos no las quieran o las rechacen. Es decir, pueden apartarse a causa de sus propias heridas. Madre e hijo pueden llegar a hacerse de espejo mutuamente y rechazarse entre sí; ambos erigen muros en respuesta a los muros o la falta de disponibilidad del otro.

Durante un año el periódico de mi localidad hizo el seguimiento de la historia de una adolescente que planeó, junto con su novio, dar muerte a la madre de ella. Él perpetró el asesinato. Ambos presentaban signos de sociopatía grave; no mostraban remordimientos ni emociones. Fue incómodo para mí contemplar cómo una chica pudo mostrarse tan fría con su propia madre, si bien soy consciente de que muchas personas –tal vez la mayoría de las personas– que fueron objeto de una crianza materna deficiente albergan rabia en su interior. Un psicólogo** declaró que la chica había desconectado de sus sentimientos con el fin de poder lidiar con la grave desatención, los malos tratos verbales y físicos ocasionales que había padecido a lo largo de un período de muchos años a manos de una madre colérica y alcohólica. Los profesionales que

---

* N. de la A.: No trabajo en el campo de la intervención temprana, donde puede haber algunas excepciones. En los casos en que el bebé tiene un trastorno neurológico o sensorial, la madre y el bebé suelen necesitar intervenciones para ayudar al bebé a apegarse.

** N. del T.: Tal vez *una psicóloga*; no es posible discernir el género a partir del texto original.

la evaluaron dijeron que su grado de madurez era el de una niña de ocho años. Según los informes, la misma niña había tenido un desarrollo positivo anteriormente, cuando vivía con una tía en un entorno familiar acogedor. Esta historia constituye un ejemplo trágico del gran daño que puede derivarse de una relación entre padre e hijo tóxica en que los sentimientos más normales de afecto degeneran en un reflejo mutuo de la insensibilidad defensiva y los comportamientos descontrolados.

Gracias a Dios, en la mayoría de los casos no se llega a estos extremos, si bien el reflejo mutuo es evidente. Por ejemplo, las madres que cuidaron de sus hijos por obligación son cuidadas con un sentido de la obligación similar por sus hijos adultos cuando son ancianas. Ambas partes tienen que cambiar para superar el punto muerto. Una parte tendrá que ofrecer algo nuevo y la otra tendrá que responder positivamente a su vez. Examinaremos el asunto complejo de cambiar una dinámica instaurada en el último capítulo. Ahora, abordaremos el tema de cómo se vive con una madre que no está presente emocionalmente.

6.

Vivir con una madre emocionalmente ausente

En el ámbito colectivo, contamos con imágenes relativas a lo que es vivir con una «buena madre» que se ocupa bien de sus hijos y lo que es vivir con una «mala madre», con una «bruja». Pero no tenemos una imagen de la madre que parece apta externamente si bien está ausente en el plano emocional. Por lo general, esta madre satisface las necesidades físicas de sus hijos, pero no presenta muchas de las facetas de la buena madre que se exponían en el capítulo dos. Vamos a examinar detenidamente esta cuestión.

¿Quién era esa mujer enmascarada?

Quienes tenemos cierta edad recordamos la serie de televisión *El llanero solitario*. Al final de cada capítulo, siempre había alguien que preguntaba quién era ese hombre enmascarado. El héroe era un personaje unidimensional al que nunca se veía sin su máscara.

De la misma manera, muchos niños expuestos a una crianza materna deficiente nunca llegan a ver totalmente a su madre. A veces esta se oculta en su habitación. A veces se esconde tras un rostro inmóvil, inexpresivo. A veces se «pone la cara» y sale. En los casos más extremos, es una figura de cartón para el hijo.

Parte del proceso de sanación consiste en quitarle la máscara a la madre, es decir, en observar la historia de su vida y las fuerzas que dieron forma a su personalidad. (Los dos primeros ejercicios del capítulo catorce te pueden ayudar a hacerlo).

A veces, las mujeres enmascaradas cuentan con una protección extra por parte del marido. Estoy pensando en una madre de seis hijos cuyo esposo les decía siempre a los niños: «No molestéis a vuestra madre». Cuando quise saber más al respecto, no vi claro que la madre necesitase esa protección adicional, pero le daba una excusa para no asumir activamente su papel de madre. En estos casos, la madre es más una muñeca en una vitrina que alguien a quien puedes tocar y oler y con quien puedes interactuar.

El contexto cultural también es relevante. Antes de la década de 1970 especialmente, la mayoría de las mujeres no percibían que no ser madre fuese una opción. Lo que se esperaba de las mujeres era que se casasen y formasen una familia, tanto si se sentían inclinadas a ello como si no. El resultado, tanto entonces como ahora, es que hay mujeres que pasan a ser madres sin estar preparadas para esta tarea. Son, como dijo una mujer, «madres reticentes». Se habrían sentido más a gusto tomando algún otro camino, como el del éxito profesional o el diletantismo social. Ocuparse de niños «no es lo suyo», sencillamente.

Los hombres podían librarse de estas situaciones. Cuando yo era una niña no esperábamos mucho de los padres más allá de que proveyesen de recursos económicos a la familia. Si no se les daba bien ejercer de padres, esta cuestión era mucho menos visible, porque ellos solo ocupaban una pequeña parte del cuadro. Con la gran expansión de la implicación de los padres en los últimos años, muchos de los niños de hoy recordarán que sus padres les proporcionaron cuidados básicos y alimento emocional y físico, además de que cumplieron con muchas de las otras funciones de la buena madre expuestas en el capítulo dos. Esto les da a los jóvenes la oportunidad de conocer más dimensiones de su padre y es menos probable que más adelante se pregunten quién era ese hombre enmascarado. La buena crianza por parte del padre siempre ha ayudado a compensar los vacíos provocados por la madre ausente emocionalmente.

Poco que obtener de la madre

Al echar una ojeada a mi lista de funciones maternales, muchas de las personas a las que he entrevistado, además de lectores y clientes, me han dicho que su madre no cumplió ninguna. Parece que cuando la madre se ausenta no hay donde encontrarla. En este capítulo voy a exponer tanto lo que descubrí en mi etapa de investigadora como aquello con lo que me he encontrado en mi práctica clínica. Empezaré por presentar una visión general.

Ocasionalmente, la madre proporciona tan poco en cuanto a la estructura básica que cuando sus hijos crecen no saben nada acerca de establecer un hogar o seguir unos ritmos diarios. ¿Debería haber muebles para sentarse en una sala de estar? ¿Una familia puede sentarse junta alrededor de una mesa para cenar? ¿Deben acostarse a una determinada hora los niños? ¡Todo son novedades! No hay una estructura básica para organizar la vida diaria.

Las interacciones que sirven para construir el andamiaje que permitirá desarrollar un sentido del yo saludable tampoco están presentes o son menos que óptimas, lo cual conduce a la serie de problemas que veremos en el próximo capítulo. Un elemento clave para el desarrollo del yo lo proporciona el reflejo (ver el apartado «La madre como espejo», en la página 55); desafortunadamente, las madres emocionalmente ausentes rara vez lo ofrecen.

Estas madres no están educadas en el manejo de las emociones y, por lo general, no las toleran. No saben cómo lidiar con las lágrimas de sus hijos, y a veces profieren palabras agresivas como estas: «¡Deja de llorar o te daré una buena razón por la que hacerlo!». Otras veces no se avergüenza directamente al niño por mostrar sus sentimientos sino que sus emociones son ignoradas y reciben aprobación por contener cualquier sentimiento de tristeza o que denote «debilidad».

Cuando los elogios y el aliento están presentes, suelen estar ahí por algo específico. El niño es elogiado por lo que valora la madre (los logros escolares, principalmente), pero rara vez se lo felicita y elogia como persona. La madre inmadura o narcisista no suele percibir ni valorar aquello que está fuera del ámbito de sí misma. Estas madres recompensan a sus hijos cuando las reflejan a ellas o cuando se ajustan a la idea que ellas tienen de cómo tienen que ser, pero no apoyan activamente su idiosincrasia.

Normalmente, los hijos de estas madres distantes recuerdan que les dedicaban más cuidados cuando estaban enfermos, si bien muchos no tienen recuerdos de que los tocaran o sostuvieran con ternura en estas ocasiones tampoco; otros recuerdan un contacto físico frío, meramente funcional. Para algunos, la madre no era más que un rostro preocupado en el umbral de la puerta.

En comparación con la crianza materna ideal de la que hemos hablado, los niños expuestos a una crianza materna deficiente recibieron bien poco. Había poco que obtener de estas madres, como cuando nos encontramos con que una alacena está vacía.

Falta de orientación

Otro elemento clave del que no gozan casi en absoluto quienes reciben una crianza materna insatisfactoria es orientación. Una de las funciones de la buena madre es enseñar al niño a afrontar tareas difíciles que en cierta medida están más allá de lo que puede abordar con las habilidades que ha adquirido hasta el momento. La buena madre ayuda al niño a evaluar qué es lo que puede manejar, qué es lo que puede ser un poco excesivo para él y cómo desistir de ese empeño. La buena madre procura que la tarea sea acorde a las capacidades del niño. Cuando no recibimos esta orientación ni hemos obtenido la experiencia pertinente por otros medios, es habitual que no sepamos cómo manejarnos en la vida. Una forma de responder a ello puede ser derrumbarnos frente a una tarea difícil y no intentar abordarla; otra respuesta puede ser sumergirnos en algo sin contar con la preparación necesaria o sin tener en cuenta nuestras limitaciones.

Imagina cómo una madre competente ayuda a su hijo a determinar qué llevarse a un campamento de verano o a cuántos cursos apuntarse en la escuela para no ir agobiado. La buena madre enseña al niño a atemperar las dificultades teniendo en cuenta sus necesidades y limitaciones (como el cansancio, el estrés y el hambre). Cuando queremos abarcar más de lo que podemos, la buena madre nos dice: «Esto es demasiado, cariño. Vamos a hacerlo un poco más fácil».

Lo que estoy exponiendo es una combinación de las facetas de la madre como mentora (que proporciona una ayuda mesurada) y la madre como moduladora (que se asegura de que el niño no acabe abrumado). Cuando nuestra madre cumple lo suficiente con estas funciones en la crianza que nos brinda o cuando aprendemos a hacer de madre para nosotros mismos, nos preguntamos qué es lo que podremos manejar a continuación y qué sería demasiado para nosotros. Y reconocemos qué es lo que necesitamos para poder dar un paso de mayor envergadura.

Una mujer manifestó que su madre le había enseñado algunas cosas, como la manera de hacer ensaladas y lavar los platos, pero que no le había enseñado nada sobre la manera de «vivir la vida»: cómo tener una conversación o relacionarse con los demás, cómo gestionar las emociones y otras cuestiones importantes. Parece que estas madres no asumen el rol de mentoras, o por lo menos se sienten muy inseguras en este papel.

Un hombre explicó que parecía que a su madre no le importaba escuchar y dar su opinión en ocasiones, pero parecía reticente a implicarse de otra manera, tal vez por miedo a entrometerse. Nunca invitó a sus hijos a acudir a ella para exponerle sus problemas o necesidades. Pero es responsabilidad de la madre establecer esta base; no se puede esperar que los niños intuyan cuándo está bien pedirle ayuda.

Conexiones perdidas

Una de las preguntas que hacía en mis entrevistas era esta: «Si pudieses darle a tu madre una cualidad que no estaba ahí, ¿cuál sería?». Muy a menudo, la respuesta tenía que ver con la capacidad de establecer una conexión emocional. Generalmente, era la conexión con estas personas como hijos e hijas la que faltaba, pero algunos entrevistados reconocieron que su madre no parecía establecer conexiones emocionales con nadie.

La mayoría de las veces, los adultos que recibieron una crianza deficiente no tienen recuerdos de momentos de especial cercanía con su madre. No recuerdan que los sostuviera entre sus brazos, los mirara con ojos amorosos o los acogiera emocionalmente en momentos importantes. Ser acogido emocionalmente significa que otra persona toca tu experiencia de tal manera que sabes que la comprende. Esa persona sabe por lo que estás pasando y lo que eso significa para ti. En general, recibimos esta acogida a través de unas respuestas que revelan empatía o que nos reflejan. No es posible que los demás conozcan nuestra experiencia con precisión, pero queremos que al menos intenten comprenderla. Queremos que nuestra experiencia les importe. Cuando nos ignoran, cuando quitan importancia a lo que nos ocurre o cuando nos dicen que sentimos algo diferente de lo que sentimos en realidad, tenemos la impresión de estar separados y solos.

Carol narró un incidente que vivió a los seis años. Su vida estuvo realmente en peligro durante unos instantes, y salió airosa de la situación. Cuando le contó a su madre lo sucedido, esta no reconoció el peligro y actuó como si el relato fuera inverosímil, por lo que se perdió un momento muy importante en la vida de Carol. Fue un momento en el que no le habría costado nada dar un mensaje propio de la buena madre, de este tipo: «¡Qué lista y valiente has sido! Me alegro mucho de que sigas aquí». Carol podría haberse sentido valiosa y amada, pero la actitud de su madre la dejó con la sensación de que no podía confiar en que estuviese ahí para ella.

Estas madres que no conectan no son buenas comunicadoras. No solo se pierden oportunidades como la mencionada, sino que además no responden a las propuestas de conexión. Una mujer explicó que, siendo adolescente, puso una carta en la que decía cosas de sí misma bajo la almohada de su madre esperando que esto desencadenase algún grado de comunicación, pero la madre no la mencionó nunca.

A las personas que se han sentido queridas puede sorprenderles mucho enterarse de que hay gente que no recuerda haber experimentado ni un solo momento de cercanía y conexión en toda su infancia, pero yo he visto esta situación una cantidad de veces espantosa. Lo que hace que sea tan difícil de imaginar es que se contrapone directamente a la imagen que tenemos, como sociedad, de lo que se supone que es una madre.

La madre mecánica

La imagen que nos transmite la madre emocionalmente ausente es la de una mujer que no parece ser totalmente humana. Un hombre dijo que sus padres eran como estatuas desde su punto de vista; no le parecían verdaderos seres humanos. Otras personas dijeron que no pudieron encontrar un corazón humano en esas figuras y que sentían que de alguna manera su madre no era real.

Alma me dijo que recordaba la figura de su madre, recordaba que estaba ahí, pero no recordaba haber interactuado con ella ni una sola vez. Sentía que su madre no la consideraba una persona; era como si no existiera. Se sentía más en casa en el árbol del patio trasero que con ella. Creo que tal actitud por parte de su madre podría deberse a que esta no tenía ninguna sensación de realidad en sus interacciones.

Muchas de estas madres tenían la cabeza en otra parte; vivían en su propio mundo. Esto no quiere decir que se encontrasen en este estado de por vida, pero tal vez sí durante unos años. Sospecho que este estado tiene que ver con algún trauma no resuelto o con un período de duelo o depresión.

Ciertamente, si una madre está ausente en el plano emocional le resultará imposible sintonizar con las necesidades de su hijo, tanto con una necesidad específica como con sus necesidades en general. Antes he mencionado algunos de los aspectos inherentes al hecho de ser un niño: no estar bien desarrollado y no dominar la ejecución de las actividades, contar con unas capacidades limitadas, ser dependiente, necesitar mucho afecto y que te sostengan en brazos y necesitar protección y orientación, entre otras cosas. Me di cuenta de que estas «madres mecánicas» no estaban en absoluto en contacto con el ámbito experiencial del niño. Estos padres (tanto la madre como el padre, normalmente) parecían encontrarse más a gusto viendo a sus hijos como pequeños adultos que respondiendo a ellos como niños. No les permitían ser ruidosos, estar eufóricos o ser desordenados, y sus intentos de gozar de cercanía eran rechazados de manera bastante sistemática.

A veces la madre está «fuera de servicio» de una forma muy evidente. Más sutiles, pero también dañinos, son los casos en los que la madre parece ser la madre deseable; hace muchas de las cosas externas que cree que debe hacer una madre, pero desde la perspectiva de sus hijos no está realmente presente ni sintonizada con ellos. Algunas de estas madres pueden incluso pensar que están felizmente asentadas en la crianza materna. El problema es la manera en que entienden la crianza. Se centran en asegurarse de que los niños estén vestidos y vayan a la escuela y de que los conflictos familiares permanezcan fuera de la vista.

En muchos hogares hay presión para mantener la ilusión de una familia feliz. En un caso, el padre les decía una y otra vez a sus hijos que tenían una madre maravillosa. Esta madre pasaba la mayor parte del tiempo en su dormitorio y se obligaba a salir para participar en las celebraciones festivas significativas, momentos en los que era especialmente importante dar esa imagen.

Los hijos de estas madres suelen crecer pensando que son amados pero no *sintiéndose* amados. Se sienten confundidos, especialmente, si la madre hace algún esfuerzo por centrarse en ellos en determinados momentos, como cuando va a una reunión de padres y maestros o cuando organiza, de vez en cuando, una fiesta de cumpleaños. Como los niños no tienen ningún otro lugar al que ir y dependen de sus padres, es habitual que expulsen de su conciencia cualquier sentimiento de no ser amados. Estos sentimientos se manifiestan más adelante, cuando el adulto está en terapia o tiene problemas de autoestima o con las relaciones.

Algunas de las madres de las personas a las que entrevisté que presentaban estas características aprendieron a conectar más adelante en la vida, si bien la mayoría no lo hicieron. Una madre le dijo por primera vez a su hija «te quiero» cuando esta era ya una persona de mediana edad tras leer en un escrito de *Dear Abby** que esto es algo que las madres deberían decir a sus hijos.

Como era de esperar, estas madres emocionalmente distantes no tenían mucho contacto físico con sus hijos, lo cual hizo que estos anhelasen mucho este contacto o que, al contrario, desarrollasen aversión al tacto. A menudo, en lo que respecta a estas madres que evitaban el contacto físico, el tacto pasa a tener un papel en la relación cuando la madre ha envejecido y el hijo, ya sanado, impulsa una interacción más cálida. Hay madres que empiezan a mostrarse más cercanas cuando han enviudado, están solas y necesitan más apoyo. Habitualmente, la madre mecánica no se vuelve humana hasta que tiene una edad avanzada.

¿Alguien está mirando? ¿A alguien le importa?

Muchos de estos padres muestran una falta de implicación extrema. Tanto la madre como el padre están desaparecidos en combate.

Una de las maneras en que se manifiesta esta actitud es una falta de supervisión evidente. Me han hablado de niños que deambulaban solos fuera de casa con dos años, más a menudo con tres o cuatro años. Regresaban solos, andando, de la escuela o de la tienda de la esquina, y a menudo los enviaban a hacer solos determinadas

---

* N. del T.: *Dear Abby* es una columna de consejos estadounidense que se publica en muchos periódicos.

cosas a una edad que la mayoría de las personas consideraríamos, hoy, completamente inapropiada; incluso lo veríamos como peligroso. Cuando el dentista de un niño de ocho años* llamó a la madre de este, ella pensó que el niño debía de haberse portado mal. No imaginó que mandar solo al dentista a un niño de esa edad podía resultar abrumador para él.

A algunos padres no comprometidos no parece importarles qué están haciendo sus hijos o no parece que quieran saber acerca de sus actividades. Cuando un chico adolescente le decía a su madre adónde iba a ir o qué iba a hacer, ella respondía: «No me importa».

A los chicos y chicas puede gustarles contar con la libertad de no tener que responder ante nadie, sobre todo en la adolescencia, pero esto tiene un coste. Es habitual que los niños y adolescentes no hayan desarrollado aún el juicio que conduce a efectuar elecciones inteligentes, y el hecho de que su comportamiento no se tenga que ceñir a unos parámetros les transmite la impresión de que a nadie le importa realmente lo que les ocurra. Cuando Bobby se cayó de la bicicleta y tuvieron que ponerle puntos, su madre lo castigó durante un corto tiempo; solo lo dejaba salir al patio trasero. Se dio cuenta de que este comportamiento de su madre le proporcionaba un grado de felicidad, porque por primera vez sentía que lo estaba cuidando.

En muchos de estos hogares prácticamente no hay conversaciones en el seno de la familia. Se da una cantidad mínima de comunicación, de carácter funcional, pero no se habla de las actividades o los amigos del niño. Esta situación contrasta con la que promueven los padres que hablan con sus hijos prácticamente de cada aspecto de la vida de estos y que conocen los buenos y malos

---

* N. del T.: También pudo tratarse de una niña; no es posible determinar el género a partir del original.

momentos que atraviesan, así como sus miedos y esperanzas; estos padres los apoyan cuando no confían lo bastante en sí mismos y celebran incluso sus éxitos más pequeños.

La falta de implicación que se expone en este apartado es negligencia. No es una negligencia física que conlleve que los niños pasen hambre o no tengan un techo, pero sí es una negligencia emocional. Y los daños provocados por esta falta de implicación y de nutrición emocional son significativos. Hogares sin juguetes, niños a los que nunca se trata como tales, niños que son unos extraños para sus padres... Todas estas son deficiencias importantes.

Vivir con una madre desconectada, sobre todo si el padre también está desconectado o ausente, es como vivir solo como hijo.

- ¿En qué áreas de tu vida estaba presente tu madre y en cuáles ausente?
- Si había un padre en el hogar, ¿tenía estos mismos comportamientos o manifestaba otro patrón?

Sin idea alguna

Tengo la impresión de que estas madres emocionalmente ausentes eran singularmente irreflexivas; no tenían ni idea de cuál era su papel en los problemas tempranos o posteriores de sus hijos.

Cuando una mujer de mediana edad le contó a su madre, recientemente, lo difícil que había sido su infancia, ella respondió: «Si hubiésemos sabido lo desgraciada que eras de niña, podríamos haberte medicado». Si bien esta respuesta puede revelar una ligera intención de apoyo y cuidado y refleja la orientación de nuestra cultura dominante hacia los problemas de salud mental, pasa totalmente por alto el hecho de que tal vez lo que necesitaba la hija eran más muestras de amor (o cualquiera de los otros comportamientos característicos de la buena madre). Creo que estas madres no se dan cuenta de ello porque piensan que aman a sus hijos, si bien no saben cómo mostrar este amor de una manera que les llegue realmente a sus vástagos.

Ningún lugar al que acudir en busca de ayuda

Todos sabemos que a veces ocurren cosas malas en el mundo, por lo que para que este nos parezca un lugar en el que queremos estar, tenemos que creer que hay lugares a los que podemos acudir en busca de ayuda.

En el apartado «La madre como hogar» (página 65) presenté la madre como el «lugar» al que siempre podemos acudir en busca de refugio, ayuda y consuelo. Está claro que esto no es así para las personas expuestas a una crianza materna deficiente. Ninguna de las personas a las que entrevisté pudo recordar momentos en los que acudiese a su madre en busca de ayuda y recibiese una respuesta satisfactoria. La mayoría aprendieron a no pedir nada a una edad temprana. Un hombre recordó que, siendo niño, cada vez que acudía a su madre para pedirle algo, esta replicaba: «¿Para qué lo quieres?». Los hijos de las madres que tienen estas actitudes suelen sentir que el hecho de pedir ayuda los meterá en problemas. Tienen la sensación de que su madre no quiere que la molesten.

Advertí, como patrón preocupante, que había madres incapaces de responder a llamadas directas de ayuda incluso cuando los niños ya habían dejado de serlo. Una cantidad considerable de personas a las que entrevisté, de entre las que habían recibido una crianza materna deficiente, llegaron a un punto, en los primeros años de la adultez, en el que pasaron a tener problemas de salud mental y a necesitar ayuda a este respecto. Naomi estaba visitando a su madre cuando la llamó por teléfono su psiquiatra. Cuando

Naomi hubo colgado y le dijo a su madre que estaba muy deprimida y necesitaba ayuda, ella replicó: «Tú no necesitas ayuda. Todo lo que necesitas es un baño caliente». Otra madre, cuando su hijo de veintidós años le dijo que estaba visitando a un psiquiatra, salió de la habitación sin decir una palabra.

Margaret les preguntó a sus padres si podía irse a vivir con ellos cuando su joven marido fue hospitalizado y su situación era terriblemente inestable y estresante. Los padres rechazaron la petición, lo cual condujo a años de tensa distancia entre ellos y a que Margaret decidiera no volver a pedirles ayuda nunca más.

Otra mujer le preguntó a su madre, muy capaz en apariencia, si podía contar con ella en caso de necesitarlo realmente. La respuesta de la madre fue que tenía que pensarlo. Por supuesto, esta madre nunca le comunicó el resultado de su reflexión. Esta actitud era opuesta a la de los suegros de la mujer, cuya respuesta ante cualquier tipo de necesidad era un «aquí estamos» incondicional.

Por lo tanto, y por desgracia, hay madres que quitan importancia a los problemas de sus hijos, madres que niegan la existencia de problemas significativos que están justo delante de sus narices, madres que avergüenzan y culpan a sus hijos por el hecho de tener problemas y madres que muestran una indiferencia espantosa. Y el panorama es aún más complicado, pues incluso hay madres que se muestran indignadas cuando sus hijos *no* acuden a ellas con sus problemas, como veremos a continuación.

Cuando la madre de Sharon, que tenía quince años en ese momento, descubrió que su hija se había sometido a un aborto sin comentárselo, se encaró con ella. Tal vez se sintió herida, tal vez injuriada; el caso es que se mostró airada. Lo que no mostró fue preocupación por su hija. No preguntó cómo ni por qué había sucedido eso; tampoco quiso saber por qué Sharon no se sintió cómoda comentándoselo. En cualquier caso, era evidente que estaba molesta por el hecho de que Sharon no había acudido a ella. Pero en lugar de ser una ocasión en la que su hija se sintiese por fin un poco apoyada, solo se sintió regañada por su madre.

La base para que los niños sepan que pueden acudir a su madre con sus problemas y necesidades queda establecida a una edad temprana; también queda establecida a una edad temprana la sensación de que la madre no quiere saber nada de todo ello, o no tiene tiempo ni energía para atenderlo, o no va a ofrecer mucha ayuda. Cuando un niño pasa a ser adolescente, tratar de llegar a él en los momentos en que sufre un estrés significativo es una medida insuficiente y demasiado tardía.

- ¿Acudiste a tu madre en busca de ayuda en momentos de necesidad? ¿Cómo respondió? ¿Cómo afectó a vuestra relación su respuesta?
- ¿Acudirías a ella en busca de ayuda en la actualidad (si aún está viva)? En caso de que no, ¿por qué?

Si la madre no constituye un hogar en sí misma —es decir, si no es un «lugar» seguro al que poder regresar—, la persona se sentirá, probablemente, huérfana de madre.

Sentirse un niño huérfano de madre

Las personas que han recibido una crianza materna deficiente suelen tener la sensación de que no tienen madre, aunque sí la tengan, lo cual complica el panorama. La sensación es la de estar huérfano de madre, aunque la realidad es que ahí hay alguien que, según el mundo, es la madre de uno. Conciliar el sentimiento de orfandad con la realidad es uno de los retos que afronta el adulto que fue criado de manera insatisfactoria por su madre. Ignorar este sentimiento equivale a mantener abandonado a ese niño. En gran medida, la sanación pasa por aprender a responder a este sentimiento.

Dos denominaciones utilizadas para designar este sentir son *complejo de huérfano* y *arquetipo del huérfano*. La persona siente que no tiene padres y que no la quieren; se siente sola en el mundo. A menudo, reprime este sentimiento y lo relega a las profundidades de sí misma, porque es muy doloroso; un niño sin padres y que no recibe amor podría morir. Una mujer adulta describió así su apertura a experimentar este sentimiento, que llevaba mucho tiempo reprimido: «Podría morir por falta de amor».

Al escribir sobre el arquetipo del huérfano, la analista junguiana Rose-Emily Rothenberg percibe un sentimiento penetrante de falta de valía y la sensación de necesitar apoyo. «[El huérfano] siente que es "el herido" y necesita todos los cuidados que pueda obtener».[1] Esta autora habla de un patrón de aferramiento a lo que sea y quien sea que represente la protección y la seguridad que brinda la buena madre; este aferramiento va acompañado de dependencia.

Una forma en que se manifiesta este patrón es una especie de hambre de amor que hace que las personas permanezcan en relaciones abusivas o insatisfactorias, porque la sensación de necesidad es tan extrema que no pueden dejar la relación. Al no contar con un punto de referencia interno de lo que es ser bien amado, estas personas sienten, normalmente, que lo que tienen es mejor que no tener nada. Otros encuentran más fácil seguir sin amor que acercarse a esa herida, pues ya están habituados a ello.

Esta necesidad de alimento emocional va más allá de la relación de pareja y puede manifestarse como algo tan sutil como encontrar difícil apartarse de cualquiera que haya ofrecido algún tipo de atención positiva. Durante años sentí que si alguien había hecho algo bueno por mí, estaba vinculada a esa persona. Poco a poco me fui dando cuenta de que ofrecer alimento emocional no es algo tan insólito y fui tomando conciencia de que podía decidir, respecto a cada relación, si mantenerla o no. Un acto de bondad no es un contrato de por vida.

Otros individuos que padecen hambre emocional se vuelcan en la comida, en un intento de que la nutrición física compense la falta de nutrición emocional. Pero como el alimento físico nunca ofrece ni puede ofrecer esta compensación, la satisfacción nunca es total. Una mujer que sabe que acude a la comida para saciar su hambre emocional o para aliviar el estrés manifestó que el hambre emocional podía estar detrás de la epidemia de obesidad. De hecho, muchas de las personas que han recibido una crianza materna deficiente padecen o han padecido trastornos alimentarios, entre ellos la ingesta compulsiva.

Aquí tienes algunas preguntas que te ayudarán a explorar esta cuestión:

- ¿Alguna vez te has sentido como si fueses huérfano(a) de madre?
- ¿Cómo se manifiesta tu hambre de amor?
- ¿Cómo podrías satisfacer tu hambre de amor, apoyo y protección?

Sin ancla

La sensación de estar conectados a alguna parte constituye un ancla importante en nuestra vida. Sin ella podemos sentirnos desconectados y perdidos, no arraigados al mundo. Algunos lo comparan con estar flotando en el espacio, como un astronauta al que se le haya roto la cuerda que lo mantenía unido a una estructura. Otros con ir a la deriva en el mar, como un objeto flotante. Es habitual que esta sensación se mantenga toda la vida, a menos que la persona se esfuerce conscientemente por cambiar la situación.

Sin una madre acogedora que nos haya servido de ancla, puede ser que ni siquiera hayamos aterrizado plenamente en esta dimensión (lo cual se conoce como *defensa esquizoide* en los círculos psicológicos). Es probable que no habitemos plenamente nuestro cuerpo y que nos sintamos un poco más extraterrestres que humanos. Es posible que no dejemos de ir a la deriva por la vida, sin formar nunca parte de ninguna comunidad y sin conectar nunca con nadie de una manera sólida.

Cuando un bebé es amamantado por una madre que no está verdaderamente presente, no tiene nada a lo que anclarse y también deja de estar conectado a su propio cuerpo. (Recuerda que, como comentaba anteriormente, el niño puede seguir a la madre hasta un estado de disociación). Cuando uno no está conectado con su cuerpo, no sabe cuándo tiene hambre y cuándo está saciado. Uno no sabe qué quiere o necesita su cuerpo, ya que no está realmente ahí. Esta situación contribuye a que se produzcan trastornos alimentarios y también a que la persona tenga accidentes y sufra enfermedades.

Sin madre no hay yo

Cuando estuve buscando ideas para el título de este libro, tomé en consideración jugar con las palabras del título de un libro muy conocido de Nancy Friday: *Mi madre/Yo misma*. En el nivel más básico, la cuestión es simple: *No Mother, No Self* ('no hay madre, no hay yo').

La relación que tenemos con nuestra madre tiene un gran impacto en la manera en que experimentamos nuestro yo cuando somos niños. Un niño que tiene un padre o una madre abusivos suele interiorizar el rechazo y la crítica y está lleno de dudas, a la vez que es presa de sentimientos de insuficiencia y vergüenza. Por lo general, tiene un sentido del yo, pero este yo está dañado. Si la madre o el padre son negligentes o se muestran planos o ausentes en el terreno emocional, sobre todo desde la primera etapa de la vida del niño, es posible que este no reciba la suficiente retroalimentación para que su frágil yo se cohesione, lo que lo deja con la sensación de no tener un yo.

El espacio en blanco genera espacio en blanco, la ausencia genera ausencia. Sin madre no hay yo.

Tal vez el lado positivo de esta situación es que a diferencia de quienes están identificados con su madre y no consiguen distinguirse de ella como individuos, de forma que son su sombra durante toda su vida, las personas que no tienen esta conexión cuentan con mayor libertad para moldear un yo a su manera, siempre que lleven a cabo el trabajo psicológico necesario.

En el próximo capítulo examinaremos los impactos derivados de tener una madre emocionalmente ausente, tanto si se muestra negligente sin pretenderlo como si se comporta de una manera más intimidatoria.

7.

La negligencia emocional y el maltrato emocional en la infancia

En el capítulo anterior hemos examinado cómo se vive con una madre emocionalmente ausente. Ahora vamos a dar un paso más e investigaremos cuándo la negligencia emocional se convierte en maltrato emocional y qué relación hay exactamente entre la negligencia y el maltrato.

¿Qué es la negligencia emocional?

La negligencia emocional es el hecho de no proporcionarle al niño lo que fundadamente necesita para desarrollarse emocionalmente y para constituir un sentido del yo saludable. Todo lo que se ha expuesto en el capítulo previo, «Vivir con una madre emocionalmente ausente», hace referencia a este tipo de negligencia.

En la primera edición de este libro [en inglés] distinguí entre los «pecados de omisión» y los «pecados de comisión», y la negligencia se inscribía dentro de la primera categoría. La psicóloga Jonice Webb, que también trabaja en esta área, emplea las mismas denominaciones y dice al respecto:

> El maltrato emocional es algo que un padre* le hace a un niño; es una acción. La negligencia emocional es lo opuesto; es una falta de acción. Es un padre que ignora al niño frente a un padre que maltrata al niño.[1]

Este es un contraste claro y simple, que a menudo es suficiente para efectuar la distinción. Pero en la vida no siempre todo es blanco o negro. Por ejemplo, si tu madre no te da de comer, este es un pecado de omisión, pero también puede verse como una privación activa y un castigo que solo pueden considerarse un pecado de comisión. ¿Puede aplicarse esto al ámbito emocional también? Si tu madre evita hacerte caso cuando estás tumbado al otro lado de la puerta de su dormitorio llorando histéricamente, ¿es su falta de respuesta algo que está haciendo o que está dejando de hacer? Necesitamos contar con un segundo criterio para evaluar este tipo de situaciones. Necesitamos saber cuál es *el motivo* de la acción o la falta de acción. ¿Es intencionado o no intencionado el sufrimiento provocado?

La *negligencia no intencionada* es el hecho de no proporcionar un cuidado a causa de la ignorancia o la inadvertencia. Podemos descuidar nuestra salud, nuestra economía, nuestro hogar y también a nuestros hijos. La negligencia no intencionada no es el resultado de una intención maliciosa, pero puede tener consecuencias nefastas. Puede ser que la madre no sepa que hay que mostrar afecto a los niños y que hay que escucharlos.

---

* N. del T.: En este párrafo, como en otros lugares del libro que tienes en las manos, hay que entender *padre* en sentido genérico; la autora emplea el término *parent*, que no distingue entre el padre y la madre.

¿Existe un tipo de negligencia que no sea dañina a propósito pero que tampoco pueda justificarse como accidental? ¿Y si la madre solo se siente demasiado cansada como para levantarse y atender al bebé que está llorando? ¿Y si está demasiado ocupada haciendo planes de tipo social como para detenerse y escucharte, incluso si acabas de experimentar la mayor pérdida de tu vida al haber muerto tu mejor amigo? ¿Qué prioridades no está atendiendo debidamente?

Es difícil distinguir totalmente entre la negligencia emocional y el maltrato emocional en la infancia. La línea tiene tonos grises y no es fácil saber dónde se encuentra.

¿En qué se diferencia el maltrato emocional? ¿Pueden estar presentes ambos tipos de maltrato?

El maltrato no es accidental ni el resultado de no advertir una situación. Es hacer algo (o no hacer nada) sabiendo que eso va a provocar un dolor emocional.

El emocional a menudo toma la forma de burlas, reprimendas, culpabilización y humillaciones. No solo tiene lugar cuando la madre está enfadada, sino que también puede manifestarse en los tonos empleados en las conversaciones cotidianas, que pueden incluir un tono jocoso delante de los amigos del niño.

Suele manifestarse por medio de palabras crueles y críticas, pero también puede expresarse a través de comportamientos no verbales. Negarse a hablar con el niño (de nuevo, la frontera difusa entre la acción y la inacción); las miradas de odio; los comportamientos que socavan el sentido del yo, de la autoeficacia y del autorrespeto, o sabotear el éxito del niño: todos estos comportamientos son de maltrato emocional.

La palabra *emocional* deja claro que no estamos hablando de daño físico sino de daño emocional, aunque las formas de expresarlo pueden incluir actos materiales. Por ejemplo, he oído hablar de niñas púberes que pasan una tremenda vergüenza cuando se las obliga a llevar ropa sucia, rota, que no les queda bien o que no es apropiada. El maltrato emocional puede incluir menospreciar el género del niño o exponerlo a propósito a situaciones aterradoras o abrumadoras.

Las amenazas de abandono son expresiones de maltrato emocional. Comentarios como «te llevaré al orfanato» o «me iré si sigues haciendo esto» transmiten que no se puede contar con la continuidad de la presencia de la madre. Estas amenazas son aterradoras para el niño pequeño, para quien la madre es sinónimo de supervivencia. También se controla a niños de más edad con estas amenazas (pues controlarlos es su propósito); refuerzan su apego inseguro y su inseguridad en general. La amenaza de abandono físico es una expresión de abandono emocional. Es lo mismo que decir: «No puedes contar conmigo». Como se trata de una acción deliberada y traumatizante, es un tipo de maltrato.

Una madre cruel conoce los puntos débiles de sus hijos y a veces los explota. Sabe cómo hacer que el niño experimente vergüenza. La vergüenza es una de las emociones más dolorosas que puede sentir cualquier persona. Es la sensación de ser defectuoso, estar desencaminado o ser malo en un nivel fundamental. Avergonzar a alguien es humillarlo o hacerle sentir que es malo (no solo culpable de un determinado comportamiento) y es un tipo de maltrato emocional.

He observado que cuando se produce este tipo de maltrato en la infancia también se da la negligencia emocional; en cambio, la negligencia emocional no siempre va de la mano del maltrato emocional. Las madres emocionalmente ausentes del tipo más controlado no albergan la mezquindad que manifiestan las madres emocionalmente abusivas y no tienen la intención de lastimar a sus hijos. Son negligentes desde el punto de vista emocional, pero no maltratadoras. Lo que posibilita que las madres emocionalmente abusivas sean crueles es, en parte, la falta de conexión y empatía que sienten hacia sus hijos; esta desconexión también las lleva a ser negligentes en el aspecto emocional. En ambos casos, estas madres no están sintonizadas con sus hijos en el plano emocional o no saben cuáles son los ingredientes de la buena crianza.

Es más fácil (pero nunca cómodo) reconocer que a la madre monstruosa le falta algo que encontrar el fallo en la madre agradable pero desorientada.

¿Hasta qué punto son malos la negligencia emocional y el maltrato emocional?

Tanto la negligencia emocional como el maltrato emocional son muy dañinos. A no ser que se adopte una postura de negación absoluta, no hay forma de poder decir que no son tan malos. *Son muy malos*, aunque por lo general hace falta algo de tiempo para admitirlo plenamente.

No es poco habitual que las personas que han sobrevivido a la negligencia emocional o al maltrato emocional quiten importancia a lo que han vivido con declaraciones como esta: «Al menos no me pegaban. No tengo tanto de lo que quejarme». Pero un estudio publicado por la Asociación Estadounidense de Psicología manifestaba lo siguiente: «Los niños víctimas del maltrato emocional o la negligencia emocional se enfrentan a unos problemas de salud mental similares a los de los niños víctimas de malos tratos físicos o abusos sexuales; a veces, a unos problemas de salud mental incluso peores».[2] Los autores del estudio hallaron que los niños que habían recibido maltrato psicológico padecían ansiedad, depresión, baja autoestima y síntomas de estrés postraumático, y tenían tendencias suicidas, en la misma medida que los niños víctimas de maltrato físico o abuso sexual, por lo menos.

La negligencia extrema a una edad temprana pone en peligro la continuidad de la vida misma. Un bebé al que se priva de las interacciones tempranas no cuenta con la estructura o la estimulación cerebral que necesita para ingresar completamente en el mundo humano. Mientras que la negligencia extrema puede hacer que el niño se quede flotando por encima de la vida, desconectado de su cuerpo y preguntándose si tan siquiera existe, el maltrato emocional es demoledor de una manera diferente. El sentimiento de ser despreciado, incluso odiado, por la persona de la que dependes es difícil de imaginar. Si tu madre se inscribe en la categoría de las brujas, es posible que sintieses que tu vida podría apagarse en cualquier momento. La negligencia emocional y el maltrato emocional extremos socavan completamente los pilares de la vida saludable. (Esto no significa que la persona no podrá vivir nunca de forma saludable, si bien tendrá que construir unos pilares nuevos).

El grado en que sean dañinos estos comportamientos emocionales depende de una serie de factores. En el apartado «Por qué hay niños que sufren más» (página 123) hablo de las diferencias individuales que hacen que algunas personas sean más vulnerables o más resilientes; este es un factor que explica por qué sufrimos en mayor o menor medida cuando experimentamos este tipo de heridas a una edad temprana.

Otro factor importante es la cantidad de malos tratos emocionales o negligencias emocionales padecidos. Cuanto más se repite un trato recibido, más profundamente cala en el niño. Aunque el maltrato ocasional ciertamente hace que el niño no se sienta seguro, los malos tratos continuos provocan que no tenga tiempo de conseguir la estabilidad antes de que la situación se produzca de nuevo. Como ocurre con la negligencia, la madre que está emocionalmente ausente durante un período de tiempo, por ejemplo hacia el final de la infancia de su hijo o durante una hospitalización, provoca menos daños que la madre que estuvo constantemente ausente durante toda la infancia del hijo o durante la primera etapa de la vida de este.

Un tercer factor son los otros elementos presentes en el entorno: ¿hay otras personas que ayuden a compensar los comportamientos dañinos de la madre? ¿Hay otra figura parental? ¿Tiene un papel amortiguador o de apoyo esta figura, o no presta ninguna ayuda? Oigo a menudo historias de madres coléricas casadas con hombres derrumbados que no son abusivos pero que se muestran negligentes en el sentido de que no protegen a sus hijos de los malos tratos infligidos por la madre. ¿Ocurre que la madre, tal vez por celos, dificulta o impide que sus hijos desarrollen vínculos de afecto con otros adultos? Las madres inseguras hacen esto a menudo.

¿Hay hermanos en la casa? A veces alguno de los niños conoce el mundo singular en el que vive su hermano y es un puerto al que arribar cuando hay tormenta (aunque los dos sean vulnerables y carezcan de poder); otras veces el hermano es uno de los maltratadores. Cuando un hermano comete actos de violencia, ello siempre es indicativo de que hay problemas importantes en el sistema familiar. Cuando los hijos no son tratados igualitariamente y cuando se otorgan roles de manera injusta, ello puede dificultar que los hermanos conformen una alianza entre iguales. A veces es la madre la que enfrenta a los hermanos entre sí. Otras veces, por su propia supervivencia, los hermanos encuentran una manera de mantenerse fuera de peligro, ya sea escondiéndose en su dormitorio o escapando de la casa. De vez en cuando oigo hablar de un niño que ha aprendido a distanciarse de todo sumergiéndose en un libro o un juego por ejemplo en medio del caos imperante en la familia. Cuando los hermanos desaparecen de esta manera, el sentimiento de soledad y abandono puede incrementarse.

Ahora que hemos visto lo única que es la situación de cada persona, procedamos a examinar diversos impactos que tienen tanto la negligencia emocional como el maltrato emocional.

Efectos de la negligencia emocional padecida en la infancia

Abordaremos la negligencia en primer lugar; veremos los efectos que tiene a largo plazo. Los problemas experimentados por las personas que han sido objeto de una crianza materna deficiente no resultan sorprendentes; tienen que ver, claramente, con el hecho de que la madre no asume las funciones de la buena madre. Aquí tienes quince problemas que se dan habitualmente:

1. VACÍOS EN EL SENTIMIENTO DE VALÍA Y LA AUTOESTIMA

Las personas objeto de una crianza materna deficiente no se sienten valoradas y, sobre todo, sienten que nadie se fija en ellas. Nadie las refleja y reciben muy poco apoyo o aliento. Casi en todos los casos, no se sienten amadas (aunque puedan creer, en el plano intelectual, que sus madres las quieren).

La explicación más habitual que alberga un niño en su mente respecto a toda esta situación es «no importo» o «algo tiene que estar mal en mí». No está presente el pilar central alrededor del cual se construye un sentido del yo saludable.

2. EL SENTIMIENTO DE NO RECIBIR EL APOYO SUFICIENTE

El hecho de no haber recibido mucho apoyo en la niñez hace que las personas que recibieron una crianza materna deficiente tengan un sentido del yo menos firme y que no sepan apoyarse tanto a sí mismas, dado que no contaron con una buena madre que pudieran interiorizar. Esta sensación de falta de apoyo es habitual que se manifieste como inseguridad y como dificultad para seguir adelante. Cuando las cosas se ponen difíciles, la persona puede derrumbarse. Incluso encontrarse en el extremo avanzado de una curva de aprendizaje normal puede ser abrumador para ella, ya que puede sentir que no está a la altura del desafío.

Hay personas que se han vuelto especialmente autosuficientes que no perciben esta carencia, porque han aprendido a forzarse a seguir adelante solas; sin embargo, sometidas a una determinada presión, las defensas se vienen abajo y la necesidad de apoyo queda al descubierto.

3. DIFICULTAD PARA ACEPTAR LAS PROPIAS NECESIDADES Y DEFENDER QUE SEAN SATISFECHAS

En general, *necesidad* es una palabra tabú para las personas expuestas a una crianza materna deficiente, porque las necesidades están asociadas al recuerdo doloroso de tener unas necesidades que no fueron satisfechas o a la percepción de una madre que se alejaba de uno a causa de sus propias necesidades. Las necesidades suelen ser motivo de vergüenza y algo que uno considera conveniente ocultar. La persona puede creer, aunque tal vez no sea muy consciente de ello, que sus necesidades son una carga.

Uno no puede defender sus necesidades a menos que sienta que tiene cierto derecho a tenerlas y que espere, en alguna medida, que alguien las satisfará. Al no haber tenido una madre presente emocionalmente en el contexto de la satisfacción de sus necesidades, le resulta casi imposible pedir ayuda.

4. LA SENSACIÓN DE SENTIRSE INSUFICIENTEMENTE NUTRIDO Y CON HAMBRE EMOCIONAL

Muchas de las personas que estuvieron expuestas a una crianza materna insatisfactoria sienten que aún están tratando de compensar el afecto que no recibieron en la infancia. (Consulta el apartado «Sentirse un niño huérfano de madre», en la página 143). En la edad adulta, puede ser que experimenten el estilo de apego más preocupado: el que consiste en estar buscando, todavía, el apego emocional. Es un caso diferente del de los adultos que han intentado desconectar de su necesidad de amor y han renunciado a la esperanza de gozar de intimidad emocional. A veces se produce una oscilación entre sentir una ligera necesidad de estar cerca de alguien, o ninguna, y sentirse muy hambriento de amor, lo cual, en el lenguaje del apego, tiene que ver con el apego desorganizado que tal vez esté experimentando la persona (consulta la página 80 para leer acerca de este tipo de apego).

5. DIFICULTAD PARA RECIBIR EL AMOR DE LOS DEMÁS Y MANTENER RELACIONES ÍNTIMAS

Aunque las personas que han experimentado una crianza materna deficiente suelen sentirse hambrientas de amor, esto no hace que les resulte fácil recibirlo, ya que a menudo hay una gran tensión y una coraza protectora impidiéndole el paso. Tener intimidad con alguien requiere ser vulnerable y mostrar los propios sentimientos y necesidades. Quienes están sujetos a un apego más autosuficiente o evitativo tienen especiales dificultades con este tema.

Las personas que han sido objeto de una crianza materna deficiente también cuentan con unos puntos de referencia limitados en cuanto a las relaciones cercanas y esperan menos ver satisfechas sus necesidades. Es difícil confiar en que alguien va a estar realmente ahí para uno cuando esto no fue así en el caso de esa primera relación, la que tuvo un mayor impacto en el propio desarrollo. Muchas personas sienten también (a veces en un nivel inconsciente) que no merecen recibir amor; creen que si lo merecieran su madre habría estado allí para ellas.

Los individuos que tienen más bien un apego dependiente tal vez no solo asusten y ahuyenten a otras personas al aferrarse a ellas, sino que también es posible que se enojen si su pareja no les proporciona el amor perfecto que aún están buscando. Este enojo aleja a los demás, y se recrea así el patrón de la pérdida original.

6. SOLEDAD Y SENTIMIENTOS DE FALTA DE PERTENENCIA

Existe una especie de complejo del forastero cuyo origen es no sentirse un miembro valorado de la familia. La persona puede anhelar ser parte de algo —algún grupo o comunidad— pero tiene sensaciones contradictorias y de incomodidad en relación con volver a encontrarse en este tipo de situación. Muchos se preguntan si hay un lugar para ellos en este mundo. No sentirse querido en la infancia prepara el terreno para la soledad crónica.

7. NO SABER CÓMO PROCESAR LOS SENTIMIENTOS

Cuando hay un abanico de emociones que no se expresan libremente en el hogar del niño (o cuando solo las expresa uno de los padres cuando pierde el control) y cuando la madre no ha ayudado al niño a regular o comunicar sus sentimientos, se crea un vacío en una parte importante de la vida. Para muchas personas, aprender a identificar sus sentimientos en lugar de exteriorizarlos por medio de comportamientos adictivos ha sido una tarea terapéutica de primer orden. Los individuos que han mantenido sus sentimientos bajo control tienen que aprender a permitir que surjan y fluyan.

8. UNA SENSACIÓN DE ESCASEZ EN TODOS LOS ÁMBITOS

No todas las personas expuestas a una crianza materna deficiente tienen interiorizada una sensación de escasez, pero algunas sí. La privación puede estar tan profundamente grabada en la conciencia que puede haberse convertido en un filtro a través del cual se experimenta la vida. Uno puede sentir que nunca hay suficiente dinero, amor y alegría.

A menudo a esta percepción se le suma la incomodidad a la hora de recibir. Si la madre tenía una psicología tacaña y no daba generosamente, es fácil que una parte de la psique del hijo cuente con este mismo filtro y no le resulte fácil dar ni recibir. De esta manera, el hijo asume el legado de la escasez.

9. LA SENSACIÓN DE QUE TODO ES DIFÍCIL

La vida les parece dura a muchas de las personas que recibieron una crianza materna deficiente. Tienen dificultades con los medios de subsistencia, con las relaciones y para sentirse bien sin más. Esta sensación de dificultad es un nivel diferente del síndrome de retraso del desarrollo que se identificó en orfanatos.

10. DEPRESIÓN

Muchas personas inician el proceso terapéutico cuando buscan ayuda para combatir la depresión. La depresión tiene mucho que ver con la pérdida, las privaciones, la insatisfacción de necesidades, no haber recibido el amor suficiente, una autoestima maltrecha, el dolor y la decepción no digeridos, el duelo y la falta de apoyo. La depresión también es indicativa de déficits de crianza significativos, sobre todo cuando comienza a estar presente en la infancia o cuando más de un niño de la familia está deprimido o manifiesta tendencias suicidas en algún momento de su vida.

11. COMPORTAMIENTOS ADICTIVOS

La adicción es una respuesta habitual a un dolor que no ha sido metabolizado. Tiene que ver con ser incapaz de calmarse a uno mismo y de regular las propias emociones o con la aceleración y reacción del cuerpo frente a alguna señal que actúa en el plano inconsciente. Incapaz de procesar estas emociones y sensaciones molestas, la persona aprende a apartarlas a través de un comportamiento adictivo; normalmente se trata de un comportamiento que proporciona algún tipo de alivio o efecto narcotizador.

Las adicciones de tipo alimentario son especialmente frecuentes entre aquellos que recibieron una crianza materna deficiente en el plano emocional. La comida se ha asociado con el amor maternal, por lo que es fácil comprender que la persona pueda emplearla para aliviarse y para tapar el vacío que dejó una crianza materna con carencias. Por supuesto, es fácil que la ingesta motivada por la satisfacción de unas necesidades emocionales no cubiertas conduzca a los excesos alimentarios y la obesidad.

12. SENTIRSE SIN PODER

No sentirse empoderado es el resultado natural de varios elementos de esta lista, los tres primeros especialmente. Sin un sentimiento positivo de autoestima, un apoyo interior fuerte o una postura saludable en cuanto al derecho a tener necesidades y satisfacerlas, es difícil sentirse empoderado o empoderada. Además, si la madre no defendió al niño en los años previos a la escolarización, si no lo acompañó en la adquisición de habilidades y si no elogió sus progresos al respecto, será difícil que esta persona crea en sus propias capacidades.

De hecho, la adquisición de autoempoderamiento comienza a verse afectada en una etapa incluso más temprana. La primera tarea del bebé es conseguir que su madre acuda. Cuando esta no responde a su llanto, el bebé siente en lo profundo que lo que hace es inútil. Por lo tanto, una madre que no responda en la medida necesaria puede perjudicar mucho el sentimiento de la persona de que es capaz de afectar a su entorno.

13. NO SENTIRSE A SALVO

Es habitual que los niños expuestos a una crianza materna deficiente tengan que valerse por sí mismos, muchas veces en situaciones que no son seguras para ellos. Cuando la madre no está ahí para proteger al niño, el sistema nervioso de este puede volverse hipervigilante para compensar esta situación. Y desactivar esta hipervigilancia no es tarea fácil.

El apego inseguro también conduce a un sentimiento de menor seguridad, puesto que el apego es el principal medio por el que el niño pequeño aprende a sentirse a salvo. Si la persona no ha interiorizado la presencia cálida y aliviadora de la buena madre, no cuenta con un repertorio de sentimientos de seguridad.

14. PERFECCIONISMO Y AUTOCRÍTICA

Cuando la madre ofrece muy pocas muestras de amor o muy pocos elogios, es fácil que el niño lleve muy lejos sus intentos de complacerla, según lo que él piensa que son sus deseos. Se evalúa cuidadosamente a sí mismo y se pone alto el listón. Piensa que si es lo bastante bueno obtendrá por fin el amor de su madre y se aferra a esta esperanza hasta bien entrada la edad adulta.

Esta inclinación a ganarse el amor y el respeto siendo lo suficientemente bueno conduce a los grandes logros que cabría esperar, pero también al bajo rendimiento o el fracaso. Las personas que necesitan hacer todo bien no se dan permiso para fallar o probar cosas nuevas que requieran una curva de aprendizaje, por lo que a menudo se detienen antes de comenzar.

15. DIFICULTAD PARA ENCONTRAR LA PROPIA VOZ Y SEGUIR LA PROPIA PASIÓN

Si la persona que debía proteger y animar al niño, hacerle de espejo y mostrarle su aceptación incondicional no lo hizo, es mucho más difícil que pueda encontrar su propia voz y expresar su verdadera naturaleza. La negligencia es terreno abonado para que la persona no encuentre su yo y desperdicie su vida.

Efectos del maltrato emocional: los anteriores más otros

Los padres que maltratan emocionalmente a sus hijos rara vez están al tanto de sus necesidades y responden a ellas, por lo que los efectos de la negligencia emocional afectan también a aquellos cuyas madres podían ser calificadas de *maltratadoras emocionales*. La depresión y la adicción son incluso más probables en este caso, y por supuesto el sentimiento de seguridad de la persona tiene que ser reparado en profundidad. Quienes han sido víctimas de este tipo de maltrato se enfrentan a otros problemas además de los mencionados hasta aquí, probablemente:

16. ANSIEDAD ELEVADA

La ansiedad es la sensación de que algo no está del todo bien, a menudo acompañada del presentimiento de que algo malo va a suceder. Es fácil entender que las personas que sufrieron ataques emocionales en la infancia tengan mucha ansiedad. Según mi experiencia, el hecho de albergar muchas emociones no procesadas también se correlaciona con la ansiedad. Aquello que no solucionamos queda atrapado en el interior y genera inquietud.

La ansiedad se manifiesta de muchas maneras. A veces se desborda en forma de ataque de pánico o conforma fobias o patrones obsesivo-compulsivos. Es habitual que la ansiedad perjudique al sueño. Tengo clientes que tienen miedo de dormirse o que temen que morirán mientras están durmiendo. La ansiedad también puede estar implicada en comportamientos nerviosos como tirarse del pelo, preocuparse en exceso, ser demasiado prudente o ser una persona irritable y sin paciencia. Sentirse ansioso y en guardia dificulta la relajación, con la consecuencia de que el cuerpo se ve privado de gran parte de lo que necesita para mantener una buena salud.

17. EVITACIÓN MUY ARRAIGADA

Si no se te da bien regular tus emociones, como les ocurre a muchas personas que fueron víctimas del maltrato emocional o la negligencia emocional, tienes mucho interés en evitar que se activen emociones en ti. Esto puede llevarte a no aventurarte en la vida y también a evitar ir hacia dentro. La consecuencia es que experimentas un pequeño abanico de emociones solamente; es posible que vivas en tu cabeza principalmente. La necesidad de evitación también puede alimentar adicciones.

18. ENAJENACIÓN RESPECTO DEL CUERPO

A menudo, los niños víctimas de malos tratos emocionales han experimentado tanta humillación corporal y han sido objeto de una desatención física tan grave que se sienten incluso más separados de su cuerpo que los niños expuestos a una crianza cuyos déficits no fueron intencionados. Una mayor insensibilización, una mayor vergüenza y la existencia de traumas no procesados en el cuerpo hacen que resulte aún más difícil habitar este. El resultado de todas estas actitudes interiorizadas y esta desconexión es que el cuerpo puede no parecer real, sino más bien un conjunto de partes inanimadas. La persona puede sentir que no es completamente humana.

19. DETERIORO DE LA SALUD

El hecho de no ocupar plenamente el cuerpo hace que a este le resulte más difícil seguir adelante, pues se encuentra separado de la matriz energética que le proporciona instrucciones. En un terreno más práctico, si uno no está presente en su cuerpo no responderá a las necesidades de este (descanso, hidratación, alimento, movimiento, etc.).

Un grado de estrés elevado también perjudica al organismo físico. Los sucesos adversos en la infancia se correlacionan fuertemente con más enfermedades en la adultez, como reveló una investigación a gran escala, el Estudio sobre Experiencias Adversas en la Infancia (estudio ACE, por sus siglas en inglés).[3] El sistema inmunitario y el sistema nervioso, junto con todos los demás, fueron sobrecargados en una etapa en la que se estaban desarrollando y necesitaban apoyo. Por lo tanto, más adelante no pueden funcionar con la misma eficacia que los sistemas cuyo desarrollo no se vio perjudicado.

Los expertos en la somatización del trauma saben que «el cuerpo lleva la carga» de los traumas. (Incluso hay un libro, de Robert Scaer, que lleva este título exactamente).[*] Hasta aquí me he referido al hecho probable de que el cuerpo lleva la carga cuando la persona no lo habita totalmente y no está plenamente sintonizada con él y cuando este padece contratiempos en su desarrollo temprano, lo cual pone en riesgo sistemas importantes. Pero hay otra manera en que el cuerpo lleva la carga a la vez que trata de exteriorizarla, y consiste en expresar por medio de síntomas físicos aquello que aún no se ha resuelto en el plano psicológico. Por ejemplo, las penas del corazón se traducen en dolores cardíacos si no se trabajan, y la retención forzosa de un secreto o la represión

---

[*] N. del T.: *The Body Bears the Burden* [El cuerpo lleva la carga]. No está publicado en castellano, al menos en el momento de realizar esta traducción.

de la expresión individual pueden dar lugar a trastornos de la voz. A veces hay unos procesos fisiológicos de enfermedad evidentes asociados a estas manifestaciones, mientras que en otras ocasiones no hay una base fisiológica detectable, lo cual no es óbice para que los síntomas estén ahí, provocando algún tipo de disfunción real (es lo que se denomina, técnicamente, *trastorno de síntomas somáticos*).

Por todas estas razones, la salud se resiente cuando la persona lleva la carga de los traumas no resueltos padecidos en las primeras etapas de la vida.

20. DIFICULTAD PARA CONFIAR EN LOS DEMÁS

Si padeciste maltrato emocional en la infancia, puede ser que como adulto esperes que te hieran, te utilicen, te manipulen y te dejen tirado. Es posible que te sientas demasiado vulnerable como para derribar los muros que levantaste para protegerte. Te parece raro que los demás actúen verdaderamente interesados en ti, y te cuesta confiar en que ese interés va a durar o no esté asociado a alguna otra motivación. También temes que si estableces una relación de apego con alguien esa persona se irá. Es habitual que las relaciones sean sinónimo de dolor para quienes han sufrido malos tratos.

Es posible que estés tratando de protegerte de este dolor de varias maneras. Una de ellas es no permitir que otras personas accedan a ti. Otra es estar atento o atenta a los posibles peligros de forma constante y, a veces, basarte en los juicios que haces de los demás para mantener las distancias. Puede ser que saques tu lista de argumentos críticos hacia tu pareja cuando empiezas a sentirte vulnerable y temes volverte demasiado dependiente de ella, por ejemplo.

El proceso de aprender a confiar puede ser largo.

21. SER UTILIZADO Y SENTIRSE INFELIZ EN LAS RELACIONES

Por supuesto, el hecho de haber recibido malos tratos en la primera relación (la que se tiene con la madre o el padre) hace que el individuo esté más expuesto a establecer relaciones con personas que actúan de una forma similar o lo hacen sentir de una manera similar. Puede haber aprendido a mostrarse complaciente para mitigar la agresividad del otro; tal vez incluso se ha insensibilizado en cierto grado frente a esta agresividad. Aquellos que permanecen en relaciones abusivas fueron víctimas de malos tratos en la infancia, normalmente.

Otro patrón que es fácil que se desarrolle es el del cuidado de los demás: la persona, convertida en una especie de felpudo, da demasiado a algunos, los «tomadores», o fomenta que haya quienes se conviertan en tomadores dándoles todo y no esperando nada a cambio. Si reconoces este patrón en ti, te pones a ti mismo o a ti misma en una situación incómoda para satisfacer las exigencias desproporcionadas de los demás y siempre pones tus propias necesidades en último lugar. Esto sucede porque has aprendido a esperar solo migajas. Debido a que deseas desesperadamente una relación y no esperas una mayor paridad, puedes terminar siendo el sostén de personas que necesitan que las escuchen.

22. LÍMITES INTERNOS

A veces perpetuamos la privación que experimentamos en la infancia. He visto que esto puede traducirse en la sensación de que «no nos está permitido» sentir ciertas emociones, tomar decisiones o triunfar. Una mujer me dijo que no le estaba permitido sentir alegría. (Esperaríamos que no se nos permitiese mostrar ira, pero ¿alegría?). Otra dijo que no tenía «derecho» a realizar los cambios que le apetecían en el entorno hogareño. A adultos muy competentes puede paralizarlos el sentimiento de que no pueden hacer aquello que sus padres desaprobarían. Otra mujer dijo que no le estaba permitido tener hijos durante la veintena y al principio de la treintena; en consecuencia, pasaron años y necesitó muchos tratamientos antes de que pudiese quedarse embarazada, lo cual asocia a este sentimiento de que se supone que no debía quedarse embarazada a ciertas edades.

Muchas personas aprenden a una edad temprana que no les está permitido triunfar o superar a su madre. Una mujer me dijo que tenía que guardar silencio sobre sus éxitos en la escuela y en el trabajo para que su madre no los menospreciase. ¡Qué triste es tener que ocultar los éxitos en lugar de celebrarlos en compañía! En este caso, la madre le decía muy claramente que nunca sería lo bastante buena. No paraba de decirle que se hiciese secretaria; sin embargo, llegó a ser una profesora universitaria muy cualificada.

Incluso cuando la persona se esfuerza para superar barreras y alcanzar el éxito, quedan otros aspectos por superar. Uno es el sentimiento de no ser lo bastante bueno, incluso un fraude; otro es la tendencia a descartar los propios logros, como hacía la madre. Tal vez la persona lo hace de una manera diferente, como puede ser hacer que sus logros permanezcan invisibles o autosaboteándose sutilmente. Muchos de los que sobrevivieron a este tipo de infancia llevan mucho más la cuenta de sus fracasos que de sus éxitos y evitan tener una imagen más empoderada de sí mismos.

23. PERPETRADORES INTERNOS

Si bien todos tenemos un crítico interior que asoma de vez en cuando, las personas que fueron objeto de críticas crueles en la infancia suelen albergar un crítico que se muestra brutal sin que haya necesidad de ello. Hay quienes creen que el crítico interior está motivado por la intención positiva de protegernos de alguna manera (si bien lo hace de una forma muy poco diestra), pero quienes han padecido maltrato se encuentran con una de dos situaciones: o bien tienen un crítico que ha enloquecido, o bien alojan un perpetrador interno que intenta hacerles daño. Este perpetrador suele expresar los mismos juicios que manifestaba la madre abusiva: «Eres una inútil/estás gordo/eres una holgazana/eres estúpido y esto debería quedar al descubierto».

Vivir con un perpetrador interno o con un crítico descontrolado es como estar en el infierno. Uno nunca está a salvo de sus ataques.

24. UN YO DERRUMBADO

Cuando una persona experimenta rechazo en la infancia, tiende a interiorizar este rechazo, y en consecuencia vive en desacuerdo consigo misma, no se siente merecedora y tal vez no se esfuerce mucho. Quizá no sepa que tiene derecho a que la traten con respeto, a que cuiden bien de ella, a cuidar bien de sí misma y a prosperar.

Hay personas que han sido tratadas con aversión que acaban por sentir que son intocables, venenosas para los demás. Si uno siente que es esencialmente vil y repugnante, está claro que no va a dar un paso al frente para pedir nada. Una vida moldeada por el rechazo es a menudo una vida muy contraída y que presenta los aspectos autodestructivos que se exponen en el siguiente punto.

Además, si los padres eran controladores y tomaban todas las decisiones, la persona puede sentir que no tiene derecho a tomar decisiones por sí misma. Me viene a la memoria una mujer de mediana edad para la que el hecho de considerar que podía decidir cómo llevar el pelo era un pensamiento radical. Esta mujer no había entrado plenamente en la adultez.

Este bloqueo constituye una extensión de la falta de empoderamiento que experimentan en la actualidad muchas personas que no recibieron la debida atención en la infancia.

25. HACERSE DAÑO A UNO MISMO

Los comportamientos dañinos con uno mismo pueden ir desde un autosabotaje sutil y no cuidarse bien hasta actos autolesivos como pueden ser hacerse cortes o quemaduras en el cuerpo e incluso suicidarse. El daño a uno mismo puede entenderse de varias maneras:

- Como la continuación del maltrato de un perpetrador, ahora interiorizado.
- Como el resultado de culpabilizarse por los actos de maltrato de los que se ha sido objeto.
- Como un intento burdo, por parte de un controlador interno, de hacer que la persona se comporte bien.
- Como una expresión de vergüenza y, a la vez, un intento de gestionarla.
- Como una expresión de autodesprecio que puede tener dos orígenes: o el odio que la persona absorbió del exterior o el odio creado por la propia rabia reprimida y dirigido contra uno mismo.
- Como un intento desesperado de sentir algo o de no sentir nada.

Si te estás haciendo daño, te recomiendo que trabajes con un profesional para protegerte y cambiar este comportamiento.

26. DISOCIACIÓN FRECUENTE O PERMANENTE

Como escribí en *Healing from Trauma*, la disociación se da cuando la persona no está íntegramente aquí. Suele consistir en una desconexión respecto del cuerpo, los sentimientos o el entorno. Todos tenemos pequeñas experiencias de disociación, como cuando nos distraemos y hacemos algo en piloto automático, sin estar presentes con aquello y sin dedicarle nuestra atención consciente. Para quienes han vivido situaciones traumáticas, esta disociación es más frecuente y más inquietante.

La disociación suele presentarse de repente. Con este mecanismo se interrumpen circuitos en un sistema nervioso saturado. La disociación es una respuesta de emergencia que solo es parcialmente útil para manejar la sensación de estar abrumado, ya que el estado de disociación en sí le parece peligroso a la persona, que tiene la sensación de que se le ha ido la cabeza. Si el estado de disociación es importante, el individuo se siente tan desorientado e incapaz de concentrarse que no se da cuenta de que tiene que guardar la leche en la nevera.

La disociación es una respuesta aprendida al estrés y a las situaciones amenazadoras. No obedece a una decisión consciente, sino que es una huida involuntaria. La disociación puede durar unos minutos o unos días, pero algunas personas pasan la mayor parte de su existencia en un estado de disociación grave en el que permanecen insensibles a aspectos significativos de su vida (habitualmente sus sentimientos, su cuerpo o su entorno).

Partes de la psique pueden disociarse y desconectarse de otras partes hasta el punto de dar lugar a un trastorno disociativo. (Consulta la página 189 para obtener más información sobre los trastornos disociativos). Esto sucede cuando hay pedazos del yo que contienen fragmentos de experiencia pero funcionan como si estuvieran encapsulados; hay una especie de barrera separadora que no les permite ser permeables a las experiencias de las otras partes de la psique. (Puedes leer más al respecto en el apartado dedicado al trabajo con las partes, en el la página 242).

Una mujer me contó que recordaba un sentimiento de infancia relacionado con la ausencia de su madre (*¿dónde está mamá?*) seguido de una fuerte sensación de escisión; desde ese momento no volvió a sentir que su yo fuese real. Sollozó cuando le dije que había llegado la hora de regresar, es decir, de volver a su cuerpo y a esta vida.

—Pero ese dolor insoportable estará aquí —protestó.

—Era insoportable entonces, pero ahora puede ser diferente —le aseguré—. Estoy aquí para ayudarte a sostenerlo.

27. AMNESIA

No recordar sucesos significativos o determinados episodios de la infancia es habitual cuando hay un trauma psicológico. La amnesia disociativa no es lo mismo que la amnesia provocada por lesiones craneales u otros factores fisiológicos, sino que consiste en no tener recuerdos de aquello que sería demasiado doloroso recordar. Una estructura defensiva alojada en la psique determina que eso es demasiado para que la persona lo pueda manejar y lo «hace desaparecer». Se trata del mecanismo de defensa llamado *represión*.

Tal vez estamos más familiarizados con este fenómeno en los casos de abuso sexual en la infancia, especialmente cuando este tiene lugar en el hogar, pero el caso es que puede producirse con cualquier recuerdo que sea demasiado difícil de conservar debido a su impacto emocional. Cosas terribles que nos hayan dicho o determinados tipos de amenazas pueden hacer que sintamos que no es posible continuar con la vida diaria, por lo que es una cuestión de supervivencia que retiremos eso de la mente.

28. NO TENER CLARO QUÉ ES REAL

La percepción de que podemos distinguir lo verdadero de lo falso es importante para confiar en nuestra propia experiencia. Si fuiste víctima de maltrato emocional recurrente a corta edad (especialmente si esos malos tratos fueron negados o si se te culpó de ellos) y no tenías ningún lugar seguro al que ir, por lo que tuviste que retirarte a un mundo interior, pudiste acabar por tener la sensación de no estar seguro de lo que ocurrió en realidad. Tal vez te preguntes si eso ocurrió de verdad o si lo imaginaste o soñaste. Sobre todo si tu madre negó gran parte de tu experiencia y además, tal vez, afirmó siempre su versión alternativa, puede ser que tu sentido de la realidad sea poco sólido.

Estas dudas acerca de la realidad también pueden presentarse con la fragmentación de la que hablaba anteriormente. De hecho, la mujer de ese ejemplo no tenía asumido que existía por sí misma. Siempre había sentido que necesitaba que alguien la controlara, que alguien observara sus progresos, que alguien la viera; si no contaba con estos observadores, sentía que no existía (que no era real).

Cuando ha tenido lugar una disociación continua, es una ardua tarea estar *aquí y ahora* plenamente presente. Llegar a ser «real» puede ser un objetivo terapéutico de primer orden.

29. ¿POR QUÉ SOY TAN SENSIBLE?

Un niño con padres emocionalmente abusivos que no se siente a salvo acaba por ser una persona hipersensible a las críticas, al rechazo y al abandono. Esta persona está siempre alerta para detectar cualquier situación de peligro. Esta hipervigilancia más unos límites personales débiles (débiles porque no llegó a desarrollarlos plenamente o porque los comportamientos invasivos de otros individuos los hicieron añicos) pueden contribuir a una situación en la que la persona puede sentir las emociones y las motivaciones de los demás. Cuando esto sucede a menudo y sin la participación de su conciencia y su voluntad, tenemos lo que se suele llamar una *persona hiperempática*. Es decir, el individuo es demasiado empático. Uno de los problemas derivados de la empatía excesiva es que la persona suele creer que esas experiencias le pertenecen. Entonces se pregunta por qué está tan enojada o deprimida, o por qué tiene ese dolor de espalda, en lugar de ver que eso es algo que ha tomado de otro debido a que sus límites son penetrables.

Un porcentaje elevado de mis clientes son hiperempáticos, y creo que no es por casualidad. He expuesto la situación en términos psicológicos aquí, pero puede haber otros factores implicados, como el hecho de tener, como punto de partida, un sistema nervioso y una fisiología más sensibles: el individuo puede ser una *persona altamente sensible* o PAS.

Quienes han sobrevivido a traumas tienen muchas características en común con las PAS. Ocurre lo mismo con las personas que padecen trastornos de la atención. Aquellos que se encuentran en el extremo superior del espectro autista y los que tienen lesiones cerebrales también presentan algunas de estas características. No siempre sabemos por qué sucede algo; distintos modelos plantean unas causas diferentes. No pasa necesariamente que a la persona le ocurra todo lo que aquí se ha expuesto, sino que las características se superponen.

A continuación, adentrémonos más en este territorio en el que no todo está muy claro y exploremos la cuestión de qué le pasa a la madre emocionalmente ausente.

8.

¿Qué le pasa a mamá?

Vamos a dejar esa pregunta horrible y lacerante de «¿qué hay de malo en mí?» (que hace que mamá no me valore) para hacernos otra: «¿Qué le pasa a mamá?». ¡Me alegro de que por fin lo preguntes! El hecho es que a la madre que está emocionalmente ausente, incluso si es una persona genial en todos los demás aspectos, le falta algo, y que la madre que ejerce el maltrato emocional tiene carencias aún mayores. En este capítulo exploraremos ambos casos. Empezaremos viendo las razones habituales por las que la madre está perdida en combate y después pasaremos a abordar los factores que suelen estar más presentes en la crianza materna abusiva.

No sabe hacerlo mejor

La primera razón, y tal vez la más habitual, por la que la madre proporciona tan poco en su labor de crianza es que realmente no sabe hacerlo mejor. De niña, recibió una crianza que no es muy diferente de la que está ofreciendo. Este es el legado intergeneracional que pretendes cambiar como lectora o lector de este libro.

He visto que esto ocurre a menudo con las madres que crecieron en una familia con muchos miembros que apenas disponía de los recursos necesarios para salir adelante. O las madres de estas futuras madres estaban ocupadas con la mera supervivencia, tal vez como inmigrantes recientes. La forma de contemplar la crianza ha cambiado en el curso de las últimas generaciones, pero las personas que son objeto de una crianza materna deficiente suelen tener unos padres apegados a una visión desfasada de la paternidad y la maternidad, consistente en que todo lo que deben hacer un padre y una madre es cubrir las necesidades físicas del niño. Estos padres no saben nada sobre las variadas facetas de la buena madre de las que hablo en este libro.

Una madre emocionalmente ausente pudo haber recibido una crianza deficiente por cualquiera de las otras razones que se exponen en esta obra y tal vez no sabía qué necesitaban sus hijos. O tal vez perdió a su madre en la infancia, o su madre estaba enferma, por lo que no contó con puntos de referencia de lo que es una madre implicada, capaz y dispuesta a dar.

Ha desconectado de sus emociones

Una madre puede haber desconectado de sus emociones por varios motivos. Dos de las razones más habituales son la depresión y los traumas no resueltos, si bien hay otras que pueden haber hecho de ella una mujer reservada e inaccesible, como haber tenido unos padres agresivos o impermeables a la conexión emocional. El hecho de estar desconectado de las propias emociones es habitual en la cultura estadounidense, algo que se ve agravado por la falta de equilibrio entre la vida laboral y la vida personal y familiar.

El trauma no tratado es un fenómeno colectivo. Guerras, desastres, agresiones sexuales y malos tratos son solo unos cuantos de los diversos elementos que pueden originar un trauma. Cuando entrevisté a personas para obtener material para este libro, descubrí que las madres de muchas de ellas eran supervivientes de situaciones traumáticas que no habían recibido tratamiento o hijas de personas que habían sobrevivido al trauma. Algunas arrastraban heridas del Holocausto. Muchas habían experimentado la pérdida trágica de un familiar y no la habían superado con el paso del tiempo. El hecho de no superar la adversidad es un factor mucho más relevante que la adversidad en sí; las investigaciones al respecto indican que la capacidad de la mujer de forjar un apego seguro con su hijo tiene más que ver con su capacidad de lidiar con los sucesos dolorosos desde el punto de vista emocional que con las situaciones traumáticas o las pérdidas que haya experimentado.[1]

Otra razón por la que la madre pudo estar desconectada emocionalmente es que estaba deprimida. Hay muchas posibilidades de que esa depresión no estuviese diagnosticada ni se estuviese tratando, lo cual constituyó una tragedia para todas las personas afectadas por dicha depresión. Hay muchos factores físicos que contribuyen a la depresión, como diversos problemas de salud, déficits nutricionales e incluso los medicamentos creados para tratar esta afección u otras. En este libro hemos visto que la depresión es una consecuencia habitual de no obtener lo necesario para establecer una buena base para la propia vida y de haber estado expuesto a una crianza con carencias. Suscribo una visión bastante antigua de la depresión según la cual consiste en tapar (literalmente, deprimir, hundir o presionar hacia abajo) sentimientos a los que no estamos dispuestos a enfrentarnos o con los que no sabemos lidiar. El resultado es el aplanamiento que suele ser característico de la depresión. Es difícil que la persona deprimida se sienta motivada, que se preocupe por algo o que experimente cualquier grado de satisfacción o alegría.

Se da la paradoja de que muchas personas deprimidas viven en medio de una niebla que no les permite sentir con claridad sus emociones, mientras que otras se encuentran inmersas en sentimientos dolorosos y lloran gran parte del tiempo. La depresión no es un asunto simple. Hay muchos factores concomitantes, muchos tipos de depresión y muchas ideas diferentes sobre sus causas.

Independientemente de lo que sea que cause la depresión, el hecho es que las madres deprimidas tienden a estar retraídas. No tienen la energía ni la fuerza emocional, tal vez ni siquiera la claridad mental, que les permita implicarse de forma activa y sensible en la labor de crianza. Muchas mujeres deprimidas pasan gran parte de su vida en su dormitorio, ajenas a la vida familiar.

No llegó a madurar

Las descripciones de muchas de las madres más disfuncionales revelan un desarrollo emocional, social e incluso cognitivo menor de lo que cabría esperar. Una mujer de estas características puede haber aprendido a socializar y a mostrarse encantadora, pero por debajo de estas interacciones es como una adolescente o incluso una niña pequeña. Algunas de estas madres fueron tratadas como pequeñas princesas cuando eran niñas y en consecuencia nunca aprendieron a asumir responsabilidades. Lo más probable es que fuesen criadas por unos padres emocionalmente inmaduros, por lo que nunca llegaron a madurar.

A veces, la madre inmadura es atendida por su marido, que le otorga una asignación y se hace cargo de las tareas domésticas y de crianza. O las tareas de la maternidad se transfieren a los niños mayores. Niños de tres y cuatro años son los encargados de acostar a sus hermanos menores, bañarlos, alimentarlos y lavar los platos (a pesar de que a esa edad aún no son lo bastante altos como para utilizar el fregadero de la cocina).

A las madres inmaduras se las suele describir como superficiales, vanidosas, mezquinas, fáciles de ofender, manipuladoras y propensas a hacerse las víctimas. Esta inmadurez emocional puede volverse incluso más acentuada en las madres ancianas, que necesitan más atención que antes. Pueden hacerse las víctimas y enrabietarse con los miembros de la familia que las atienden o con cualquier cuidador que puedan necesitar.

En *Hijos adultos de padres emocionalmente inmaduros*,* la autora y psicoterapeuta Lindsay Gibson dedica un espacio considerable a examinar unas treinta características que definen la inmadurez emocional.[2] Seguro que coinciden en gran medida con lo que has experimentado como hijo de un padre o una madre abusivos o negligentes en el ámbito emocional: unos padres que no pueden manejar sus propios sentimientos ni los de nadie, que expresan sus emociones sin ser muy conscientes de ello, que culpan a los demás y no asumen nunca la responsabilidad, que no responden con empatía pero esperan que sus hijos atiendan sus necesidades y tengan en cuenta sus sentimientos, que viven preocupados por ellos mismos, que son de mentalidad cerrada y no respetan las diferencias, que son incoherentes y que no reparan las rupturas en las relaciones sino que esperan que hagas como si no hubiera pasado nada y regreses a la normalidad sin más. ¿Te resulta familiar?

¿Por qué no puede dar la madre?

En mi práctica terapéutica con adultos que experimentaron una crianza deficiente, oigo historias desgarradoras de padres que no

---

* N. del T.: Publicado por Editorial Sirio, 2016.

pueden dar. He oído la historia de una niña pequeña sentada en un coche frío y oscuro mientras sus padres bebían en el bar de la localidad; la historia de una mujer cuyos padres no pueden felicitarla por su éxito; la historia de un regalo de cumpleaños tan miserable, patético e impertinente que al recibirlo la sensación que tienes es más bien la de que te han quitado algo.

¿Cómo puede ser tan mezquina y aguafiestas la madre? Las explicaciones pueden ser varias:

- Puede ser que albergue resentimientos, aunque sea en el plano inconsciente. (He visto varias veces esta dinámica cuando el niño no fue deseado).
- Siente amenazadas sus propias necesidades narcisistas por las necesidades de otra persona y no puede dejarlas de lado el tiempo suficiente como para mostrarse realmente generosa.
- En su infancia pudo haber recibido una crianza muy deficiente o pudo haber vivido una situación de pobreza desesperada y ahora acalla su dolor no dándole a su hijo lo que ella no tuvo.
- Hay algunas madres que se sienten tan inseguras y temen tanto el rechazo que no se manifiestan de ninguna manera significativa.

Puede generar confusión, incluso un gran desconcierto, que una madre fría tenga de pronto otro comportamiento. Una de mis clientas me trajo una carta de su madre en la que manifestaba efusivamente que amaba mucho a su hija. Sin embargo, ella no recordaba ni una sola expresión, ni un solo indicio, de este amor más allá de la carta en cuestión. Lo que más había experimentado era el resentimiento de su madre. ¿Mostraba la carta un amor verdadero que había sido tapado por la inseguridad? ¿Era la fantasía compensatoria de una madre que no podía reconocer o manejar sus sentimientos negativos? ¿Era una manipulación o un lavado de imagen? No es tanto lo que las personas dicen como lo que hacen a lo largo del tiempo lo que revela cómo son.

¿Padece una enfermedad mental?

EL LÉXICO DE LA PSICOLOGÍA

Podemos hablar de los déficits que presenta la madre como tal utilizando términos habituales como *insensible, emocionalmente desconectada, ensimismada, mezquina* o *loca*, o denominaciones del campo de la psicopatología, como *personalidad narcisista, trastorno límite de la personalidad*, etc.

Puede ser esclarecedor identificar a la madre (o a cualquier otra persona) con un determinado trastorno, pero también es importante tener en cuenta que los trastornos son conjuntos de síntomas, y que estos mismos síntomas se encuentran en más de un trastorno. Tiene que haber la cantidad suficiente de ellos y tienen que estar presentes en un grado suficiente para que puedan constituir un trastorno. También pueden ser manifestaciones subclínicas: nos pueden recordar un trastorno, pero no se cumplen los criterios que permitirían diagnosticarlo. Y las cosas pueden ser aún más complicadas: las personas pueden tener más de un «trastorno». Recordemos, además, que los criterios con los que se identifican las enfermedades mentales están expuestos a cambios: los puntos de vista se modifican, los procesos políticos dan un giro, y de pronto tenemos una nueva enfermedad o desaparece alguna.

Si la terminología del campo de la psicología te permite reconocer mejor aquello por lo que estás pasando o te ayuda a comprender mejor a tu madre, está bien. Pero ten en cuenta que podemos estar hablando exactamente de los mismos fenómenos, muy reales, utilizando palabras más simples, como *mezquina*, *aniñada* o *emocionalmente ausente*. Y puede haber mucho sufrimiento y muchas distorsiones en una mente que no encajen con los patrones establecidos.

Las madres más carentes de amor presentan, sistemáticamente, uno de dos trastornos psiquiátricos: el narcisismo y el trastorno límite de la personalidad. El hecho de abordarlos nos resultará útil a la hora de examinar problemas comunes utilizando un lenguaje más cotidiano.

NARCISISMO

Puesto que se suele hablar del narcisismo en el contexto de los comportamientos patológicos, muchas personas no son conscientes de que constituye una etapa normal dentro del desarrollo humano. En este apartado vamos a hablar del narcisismo patológico, «extremo».[*]

El narcisismo surge de una herida infligida al sentimiento de valía de una persona que la hace sentir tan poco merecedora que construye una «imagen tapadera» según la cual su valía es exagerada. La defensa de esta autoimagen inestable conduce a muchos comportamientos extremadamente defensivos; la persona suele lanzar ataques inclementes para desacreditar a cualquiera que esté amenazando esa imagen. El narcisista vengativo hará lo que sea para destruirte si te las has arreglado para activar su vergüenza subyacente.

Estas son algunas características que suelen presentar los narcisistas extremos:

- Todo tiene que ver con ellos.
- Ansían admiración y atención.

---

[*] N. del T.: La autora se está refiriendo al *trastorno de personalidad narcisista*.

- Nunca están equivocados (a sus ojos). (¡No dejes que vean esto en tus ojos también!).
- Son superiores y superlativos en todos los aspectos.
- Tienen emociones superficiales y carecen de empatía.

Puesto que la madre narcisista hace que todo gire en torno a sí misma, se atribuye los éxitos de su hijo, entendiendo como tales todo aquello que cree que la hace quedar bien. Pero como tiene que defender su autoimagen a toda costa, culpa directamente a los demás de todo aquello que va mal. También puede descargar su vergüenza subyacente en uno de sus hijos, lo cual es motivo suficiente para que lo trate mal.

El sentimiento básico que arraiga en el hijo de la madre narcisista es que no debe de ser suficientemente bueno, de resultas de sus críticas y de la necesidad que tiene de eclipsarlo siempre. ¿Cómo podría florecer y triunfar sabiendo que su madre lo castigaría por ello o que intentaría arrebatarle sus logros, a menudo debido a un comportamiento pasivo-agresivo?

La madre narcisista puede manifestar volatilidad emocional, como los otros tipos de madres a las que les pasa algo, y puede expresar lo que se ha denominado *rabia narcisista* cuando se siente más amenazada. Puede gritar calificativos horribles y lanzar acusaciones descabelladas. O puede caer en el victimismo si nada más funciona. El hijo de una madre o un padre extremadamente narcisista aprende a aceptar la culpabilización (injusta) que esta o este profiere, a reprimir sus necesidades y a convertirse en un buen «espejo de admiración».

Las madres narcisistas generan desconcierto, porque a diferencia de las madres más desconectadas emocionalmente pueden ser atentas y prestar apoyo cuando no se sienten amenazadas, y sobre todo cuando los niños son pequeños. Suelen volverse competitivas cuando sus hijas se van haciendo mayores, lo cual puede manifestarse por ejemplo como críticas muy desagradables al aspecto de su hija, comportamientos de flirteo con el novio de su hija y muestras de complicidad con los amigos de esta.

Cuando alguien niega tu propia realidad, el efecto es muy desestabilizador, y las madres narcisistas, las que padecen el trastorno límite de la personalidad y las disociadas pueden responder diciendo que eso no ocurrió; incluso pueden mentir. A menos que el hijo confíe en sus propias percepciones, puede empezar a dudar de su propia realidad, lo cual socava profundamente su sentido del yo.

TRASTORNO LÍMITE DE LA PERSONALIDAD

Como las madres narcisistas, las madres que padecen el trastorno límite de la personalidad se sienten fácilmente traicionadas y atacadas cuando los demás no validan sus sentimientos y percepciones. Rechazan, castigan y vilipendian a la persona que, a sus ojos, les ha fallado.[3]

Estas son las principales características que presentan quienes padecen el trastorno límite de la personalidad:

- Una ira intensa e irracional.
- Volatilidad emocional.
- Impulsividad, a menudo con comportamientos que pueden ser perjudiciales para uno mismo, como gastar en exceso, la promiscuidad, trastornos alimentarios y abuso de sustancias, conducción temeraria e incluso autolesión.
- Una sensación permanente de vacío y de que la propia identidad es inestable.
- Un miedo desesperado al abandono.
- Dificultad para conservar las relaciones; a menudo se alterna entre idealizar a la otra persona y minusvalorarla.

Las madres que padecen el trastorno límite de la personalidad son proclives a reaccionar de maneras exageradas y pueden ser impredecibles; a veces se comportan de manera cariñosa y otras veces tienen ataques de rabia descontrolados. Una dinámica especialmente difícil que suelen protagonizar estas madres es la tendencia a convertir a uno de sus hijos en el niño dorado, que no puede hacer nada mal, mientras que, a sus ojos, el otro niño no puede hacer nada bien. El niño que sirve de chivo expiatorio carga con el autodesprecio y la vergüenza que su madre ha descargado en él.

Christine Ann Lawson explica en su libro *Understanding The Borderline Mother* [Comprender a la madre con trastorno límite de la personalidad] que estas madres no respetan los límites, utilizan el miedo y la culpa para controlar a sus hijos, los manipulan («Si me quisieras, harías tal cosa»), exigen que sus hijos se pongan de su lado y muchas veces los castigan por manifestar sus propios puntos de vista y expresar sus propios sentimientos.[4]

Lawson presenta cuatro tipos de madres con trastorno límite de la personalidad a partir de un tono emocional predominante. Estos cuatro tipos son la niña abandonada –una víctima que rechaza siempre la ayuda y tiene una baja autoestima que lo impregna todo–, la ermitaña –que es esencialmente una niña asustada que se esconde del mundo–, la reina –que está ansiosa de que la reflejen (un comportamiento narcisista) y es egocéntrica y exigente– y la bruja –que es iracunda y sádica (obtiene placer del sufrimiento de los demás) y exige tener un poder absoluto–. Si alguna de estas descripciones te resulta familiar, te recomiendo encarecidamente que leas el libro de Lawson.

La sensación que tiene la persona que vive con alguien que padece el trastorno límite de la personalidad es que tiene que andar siempre con pies de plomo. Nunca se sabe cuándo esa persona estallará en un ataque de rabia, cuándo pensará que se la ha querido ofender o cuándo se derrumbará presa de la autocompasión. Esto hace que el niño no pueda vivir con una sensación de normalidad o de estar a salvo.

¡Cuidado con la ira de la madre!

Incluso la más santa de las madres pierde los estribos a veces, pero cuando la ira de la madre es excesiva o la lleva a ejercer malos tratos físicos, hay algo que va mal. Hay varios tipos de enfermedades mentales que pueden hacer que una persona sea incapaz de regular la ira, por lo que cuando se enoja nunca está un poco airada solamente, sino que se muestra furiosa. Como hemos visto, tanto la madre narcisista como la que padece el trastorno límite de la personalidad se enojan rápidamente porque su sentido del yo no está bien anclado, por lo que se tambalea.

El trastorno límite de la personalidad y el trastorno de personalidad narcisista no son los únicos asociados con la ira extrema. Las madres que padecen el trastorno bipolar también pueden tener ataques de rabia. En su libro de memorias *Mom, Mania, and Me* [Mamá, la manía y yo], Diane Dweller describe a una madre que se trastornaba y gastaba imprudentemente, conducía peligrosamente y era un terror para Diane, a quien sometía a maltrato verbal y físico.[5] Antes se llamaba *depresión maníaca* al trastorno bipolar. Los episodios depresivos alternan con momentos de mucha energía e hiperactividad, los pensamientos a veces van tan rápido que la persona no es capaz de expresarlos de manera coherente, puede ser incapaz de dormir o, en el ejemplo de la madre de Diane, conduce demasiado rápido y gasta impulsivamente. En los momentos en que no son presa de un episodio maníaco, las madres bipolares pueden parecer personas más normales y tener comportamientos más normales. La impulsividad y los malos tratos de los que habla

186

Diane también pueden encontrarse en las madres que tienen el trastorno límite de la personalidad. Por supuesto, es habitual que una persona dada presente varias afecciones; por ejemplo, alguien podría padecer el trastorno de estrés postraumático (TEPT), el trastorno límite de la personalidad y depresión o el trastorno de déficit de atención.

A toda persona incapaz de regular sus emociones le costará mucho, probablemente, mantener la ira dentro de unos límites razonables. Las madres que alojan un trauma no resuelto, las que padecen el TEPT por ejemplo, también se encuentran en esta situación. Una madre joven que tiene el TEPT, con la que estoy trabajando, descubrió que el hecho de hacer frente a su trauma (abusos sexuales reprimidos) hacía que inmediatamente se mostrase menos inestable e iracunda con sus hijos. Las madres que padecen esquizofrenia y trastornos disociativos (abordaremos ambos muy pronto) también pueden tener comportamientos coléricos impredecibles.

La madre mezquina

La mezquindad también constituye un tipo de maltrato emocional. Con sus palabras y sus actos, la madre mezquina procura lastimar y hundir a su hijo a propósito y desproveerlo de cualquier buen sentimiento que pueda albergar. Las madres mezquinas suelen ser críticas y rara vez expresan algún elogio. Los comentarios de este tipo de madre no solo manifiestan insensibilidad, sino también crueldad.

¿Cómo puede una persona acabar siendo una madre mezquina? En ocasiones hay factores fisiológicos implicados, como un tumor cerebral o la bipolaridad, pero lo más habitual es que la mezquindad derive de las heridas psicológicas que se albergan. La madre mezquina puede envidiar a sus hijos (a sus hijas especialmente) y puede ser que esté compitiendo con ellos (con ellas), o puede ser que esté descargando los sentimientos negativos que tiene hacia sí misma. También es posible que esté exteriorizando sus propias miserias. La madre mezquina no está sana; hay muchas posibilidades de que padezca el trastorno límite de la personalidad o narcisismo.

Las madres «locas»

Hace mucho tiempo que la gente emplea el término *loco(a)* para referirse a comportamientos que no tienen sentido. Por supuesto, se trata de una palabra que se emplea de forma demasiado genérica, habitualmente con un sentido degradante. En términos psicológicos, estar *loco* es tener un trastorno tan grave que puede calificarse de psicosis. Cuando alguien está psicótico, no está operando en la realidad consensuada.

Las personas psicóticas tal vez vean cosas que no están ahí, sienten que están bajo la influencia de objetos inanimados o voces castigadoras (que son más que un crítico interno), suelen estar paranoicas y pueden creer cosas que no se corresponden con los hechos.

Quienes padecen una depresión grave pueden volverse psicóticos. Las personas también pueden caer en la psicosis si toman medicamentos o drogas que no les sientan bien, como efecto secundario de un problema de salud o incluso debido a la falta de sueño. El trastorno más asociado con la psicosis es la esquizofrenia.

La esquizofrenia es una enfermedad incapacitante. Es como si la configuración mental estuviese desactivada y la persona no pudiese organizar sus pensamientos, mantener sus intenciones, conectar unos aspectos de la vida con otros, articular sus ideas o experiencias o mantener las relaciones. Las madres aquejadas de esquizofrenia tienden a ser hospitalizadas por esta enfermedad —a menudo varias veces– en mayor medida que los otros tipos de madres disfuncionales (excepto, tal vez, las aquejadas de depresión mayor). En general son incapaces de conservar un empleo y, por lo tanto, dependen de la pareja en el terreno económico y para gozar de cualquier tipo de estabilidad. Si no tienen pareja o a alguien que se ocupe de ellas, tal vez no sean capaces de conservar un techo sobre su cabeza.

Es posible que las madres esquizofrénicas solo se muestren psicóticas una pequeña parte del tiempo, pero su relación con la realidad es tan inestable que por lo general no se manejan muy bien, y es justo decir que nunca han prosperado realmente. No les pueden proporcionar estabilidad a sus hijos, y es probable que su humor cambiante y sus reacciones injustificadas asusten a estos.

El hecho de tener una madre tan poco operativa y que presta tan poco apoyo hace que el sentimiento de confianza y la sensación de normalidad de los hijos queden profundamente afectados. Al no haber estado expuestos a unas rutinas normales en la infancia, una vez que son adultos puede muy bien ser que les cueste encontrar la cantidad correcta de estructuración para la vida diaria y que caigan en cualquiera de los dos extremos del continuo; es decir, en el intento de encontrar una manera de vivir, o bien viven sin ninguna rutina o disciplina, o bien se aferran a determinadas reglas y estructuras.

Las transformaciones de la madre

Los niños necesitan coherencia. La sensación de que su cuidador puede volverse en contra de ellos repentinamente hace que su sistema nervioso esté siempre en alerta máxima, la consecuencia de lo cual es una hipervigilancia y una ansiedad constantes.

Teniendo en cuenta lo que dije de la madre que padece el trastorno límite de la personalidad, es evidente que esta madre no se manifiesta siempre de la misma manera; unas veces se muestra dulce y otras veces monstruosa. Esto también puede ocurrir con las madres bipolares y con las que padecen trastornos disociativos, de los que me voy a ocupar ahora mismo.

El yo de todos nosotros es multifacético, pero cuando se padece un trastorno disociativo estas facetas están más encapsuladas y menos en contacto entre ellas. En el *trastorno de identidad disociativo* (TID), antes conocido como *trastorno de personalidad múltiple*, muchas de las partes del yo no saben que las otras existen, y requiere un esfuerzo que se comuniquen y coordinen entre sí. A veces puede manifestarse una «personalidad diferente», como reflejan las muchas películas que se han hecho sobre este tema. Lo que no es tan sabido es que las distintas partes no suelen ser tan evidentes como las presenta Hollywood. De hecho, es habitual que los terapeutas tarden años en determinar que un paciente dado padece el TID. El asunto es, entonces, incluso más desconcertante para los niños, que no entienden cómo es posible que su madre no tenga ningún recuerdo de una conversación o un suceso importantes o que pueda actuar de maneras radicalmente diferentes en distintos momentos. En estas circunstancias, el hecho de que la madre tenga comportamientos tan contrastados da lugar a un entorno muy inestable, y el niño puede acabar por fragmentarse de una manera similar para poder lidiar con dicho entorno.

A diferencia de las personas que padecen esquizofrenia, enfermedad que se confunde a menudo con los trastornos disociativos, muchos de los que sufren estos últimos son muy funcionales; un alto porcentaje de ellos tienen títulos superiores. Por lo tanto, el hecho de que la madre sea médica o jueza no implica necesariamente que tenga una personalidad equilibrada.

Por supuesto, todos mostramos lados distintos de nosotros mismos a veces y tenemos lapsus de memoria, por lo que es importante que no nos apresuremos a decir que tal persona tiene tal enfermedad o trastorno. Pero cuando alguien manifiesta unos cambios radicales del tipo doctor Jekyll y míster Hyde, ello indica que no está muy integrado, por no decir otra cosa, y tendrá un efecto atemorizante y desorientador para los niños, al encontrarse estos en una posición vulnerable.

Madres que no saben relacionarse

A veces, la madre no solo carece de sintonía con el niño sino que también carece de ella en la mayoría de las relaciones, porque no puede leer a las personas. Ocasionalmente, el origen de ello es un entorno en el que socializó poco, mientras que otras veces la causa es una determinada configuración cerebral.

El síndrome de Asperger es el extremo funcional del espectro autista. En 2013 este síndrome dejó de ser considerado un trastorno con entidad propia, pero la denominación sigue resultando útil para hablar sobre un complejo en particular. Las personas que presentan este síndrome tienen por lo menos una inteligencia y unas habilidades verbales normales (incluso pueden ser brillantes a su manera), pero presentan carencias importantes en una serie de capacidades que ayudan a estar en sintonía con los demás en las relaciones y a gozar de inteligencia social.

Estas son algunas características que presentan las personas que tienen el síndrome de Asperger; tal vez se puedan identificar en algunas madres emocionalmente ausentes:

- Falta de contacto visual y de conversaciones bidireccionales.
- Capacidad limitada de interpretar las señales no verbales, como los gestos y las expresiones faciales; por lo tanto, la

persona puede malinterpretar lo que los demás sienten y quieren o estar confundida al respecto.

- Incapacidad de seguir el hilo de las conversaciones cuando estas se salen del terreno de los hechos y los contenidos son más metafóricos o no literales; falta de sentido del humor y no saber captar la intención que hay detrás de las bromas o las expresiones irónicas.
- Dificultad para comprender el punto de vista de los demás o por qué los demás hacen lo que hacen.
- Dificultad para comprender por qué el propio comportamiento es inapropiado en una situación dada, al no captarse el contexto relacional.

Como es manifiesto, es muy fácil que este patrón se interprete como egoísmo o insensibilidad. Puede ser útil para comprender a la madre advertir si presenta la totalidad del síndrome.

Lo que la madre no puede permitirse ver

Hay otra situación, bastante singular, en la que la madre puede estar emocionalmente alejada de su hijo: cuando no puede permitirse ver que este es objeto de abusos por parte de alguien cercano a ella. En la mayoría de los casos, esto sucede cuando el marido o la pareja abusa sexualmente del hijo.

Hay varias razones de mucho calado por las que la madre pueda no querer ver lo que está ocurriendo. Una razón evidente es la protección de su relación principal: ¿quién querría creer que su compañero está abusando de su hijo? La madre puede sentir que depende de su compañero y que sería incapaz de sobrevivir sin él; en consecuencia, puede ser incapaz de ver lo inaceptable. Para permitirse tomar conciencia del abuso, tiene que importarle más el hijo que el compañero, y esto, por desgracia, no siempre es así.

Muy a menudo, el cónyuge que no comete los abusos vivió unos hechos de los que se está protegiendo. Es habitual que las madres que se casan con hombres abusadores fueran objeto de abusos cuando eran niñas; en muchas ocasiones, la experiencia de abuso está completamente reprimida y la madre la desconoce. Por lo tanto, no quiere ver que, de nuevo, se están produciendo abusos sexuales en su hogar. En un esfuerzo por mantener esta experiencia aún más alejada de sí, la madre puede insensibilizarse en relación con cualquier hijo que se encuentre en la misma posición en la que se encuentra la niña herida que aloja en su interior.

Aunque no nos guste nada tener que reconocerlo, hay unas pocas madres que permiten que uno de sus hijos sea el blanco de algún tipo de abuso cometido por otra persona (un hermano, por ejemplo) porque ese hijo representa su propio autodesprecio.

Es doloroso observar lo perturbada que puede estar la madre, pero verla con claridad es un paso hacia la sanación. No tienes que determinar que padece cierto trastorno psiquiátrico, pero sí tienes que ver cuáles son sus problemas internos para dejar de interpretar sus comportamientos de una manera tan personal. Este es un paso importante para la sanación, ámbito que vamos a tratar seguidamente.

TERCERA PARTE

La sanación de las heridas provocadas por los comportamientos de la madre

9.

El proceso de sanación

E ntramos en el terreno de la sanación, y lo primero que haré será exponer el panorama general. En este capítulo vamos a ver cómo nos protegemos de nuestras heridas más profundas y cómo tenemos que destapar dichas heridas con el fin de deshacernos de las emociones almacenadas e iniciar el proceso de recuperación. También hablaremos de cómo llevar un diario que nos sirva para realizar parte del trabajo de tipo emocional y examinaremos el enojo y la aflicción, dos de las emociones fundamentales a las que nos tenemos que enfrentar en nuestro viaje de sanación.

El encubrimiento

Probablemente te parezca evidente que tú o alguien a quien quieres tenéis una herida con origen en vuestra madre (lo que se llama una *herida materna*). Tal vez te sorprenderá saber que algunos adultos que sufren significativamente a causa de las heridas maternas no son conscientes de lo que está pasando y niegan categóricamente tener este tipo de heridas. Los terapeutas saben que muchas veces las personas más heridas son las que han forjado las mayores tapaderas con el fin de no ver todo ese daño. Los clientes pueden llegar al extremo de idealizar a sus padres, como si quisiesen crear unas estatuas conmemorativas que no pudiesen ser cuestionadas.

Desafortunadamente, esto es lo que son: estatuas, grandes historias. Pero la negación nunca es infalible, y suele haber indicios de que algo andaba mal en la relación entre madre e hijo. Además de los problemas expuestos hasta ahora, aquí tienes otros indicadores:

- Cuando presencias una interacción tierna entre madre e hijo, se te despiertan emociones. Puedes sentir un nudo en la garganta o tener ganas de llorar, o bien puedes alejar el dolor volviéndote crítico y despectivo. (Te duele ver lo que no tuviste).
- Preferirías no echar una mirada profunda a la relación que tenías (o tienes todavía) con tu madre. Crees que sería mejor dejar las cosas como están.
- Cuando visitas a tu madre, te insensibilizas o entras en un estado de trance en el que no estás plenamente presente. Estas visitas son siempre perturbadoras y te reencuentras con sentimientos dolorosos que experimentaste en la infancia.
- Cuando se te pide que ofrezcas ejemplos de lo maravillosa que era tu madre o de momentos en los que te sentiste amado, no te vienen muchos a la cabeza, a pesar de haber proclamado que todo era genial.
- Ansías una verdadera cercanía aunque te sientes incómodo(a) con ella y la temes, ya que no es una experiencia con la que estés familiarizado(a).
- Evitas tener tus propios hijos porque sientes que no serías un buen padre o una buena madre.

El descubrimiento de la herida

Es natural que procuremos protegernos de alguna manera del dolor de nuestras heridas, y nos puede llevar algo de tiempo retirar esa capa protectora y ver qué hay debajo.

A veces son ciertas circunstancias de la vida las que hacen que una herida se manifieste. Una de las que tienen un mayor efecto es que te deje tu pareja, cuando ya eres adulto. Esta circunstancia hace que aflore el vacío asociado a que no hay nadie ahí que te quiera y te proteja, y se puede experimentar una sensación de abandono similar a la experimentada en la infancia. Esto puede ocurrir tanto si la pareja decidió irse como si falleció.

Los sentimientos no resueltos relacionados con la madre también pueden ser activados por situaciones que tienen que ver con la crianza materna, como el hecho de tener un hijo o la pérdida que experimentamos cuando nuestro último hijo deja el hogar. En otras ocasiones, el detonante puede ser que nuestra madre se haya hecho mayor y requiera nuestra ayuda.

Para empezar, tal vez adviertas que la relación con tu madre no te parece algo simple. Si aún no te has diferenciado de ella en algún nivel, la relación te parecerá difícil y contendrá los sentimientos que asocias con tu madre. Si te parecía una persona densa y deprimida, por ejemplo, tal vez sientas algo de eso en el momento de pensar en la relación y te cueste verla objetivamente (a tu madre). Sus sentimientos pasaron a ser tus sentimientos y sus puntos de vista (en cuanto a ti especialmente) pasaron a ser tus puntos de vista.

Esto tiene que ver con lo que se suele denominar *codependencia*: una situación en la que no somos realmente libres de vivir nuestra propia vida porque estamos muy dentro de la cabeza de otra persona. Si has estado compensando las insuficiencias de tu madre o cuidando de ella, o si te ha inculcado el sentimiento de que la lealtad a la familia o, más específicamente, a ella misma es muy importante, no te resultará fácil desengancharte de esta telaraña.

Es habitual que, en terapia, alguien que albergue unas heridas maternas significativas tarde algún tiempo en empezar a decir la verdad sobre su infancia. Hay una distancia considerable entre la historia que la persona cuenta al principio y la experiencia vivida; esta última está archivada en el inconsciente y se necesita tiempo para acceder a ella. Cuando sale a la luz, la historia que construyó la persona para proteger la herida comienza a desmoronarse.

Incluso quienes son muy conscientes de que la relación que tenían con su madre era deficiente en algún sentido es probable que se resistan a reconocer en toda su profundidad lo que faltaba en esa relación y que se vayan abriendo a este reconocimiento poco a poco, con el tiempo. Como la herida es tan dolorosa, es natural que huyamos de ella. Nuestra hipersensibilidad al respecto solo se reduce cuando parte del dolor ha sido desalojado cuidadosamente y nos hemos vuelto más fuertes.

Considerar que los «defectos» no son tales, sino carencias

Las personas que han sido objeto de una crianza materna deficiente suelen percibir que les faltó algo y que ese «algo» las está afectando en la actualidad, pero apenas aprecian las correlaciones de una manera directa.

Espero que los capítulos anteriores de este libro te hayan ayudado a establecer conexiones entre las carencias que experimentaste en tu infancia y las dificultades que tienes ahora. Una de las cosas que encontraron más útiles los lectores de mi libro *Healing from Trauma* fue que el hecho de saber qué relación tenían sus síntomas con el trauma les permitió dejar de culparse. De manera similar, el hecho de saber qué relación tienen con las heridas maternas las insatisfacciones y limitaciones que estás experimentando en tu vida te ayudará a darte cuenta de que tus dificultades son el resultado natural de ciertas condiciones. Del mismo modo que una planta cultivada en una tierra sin apenas minerales mostrará ciertas insuficiencias, una persona que no ha recibido atención, apoyo, reflejo y otros nutrientes esenciales en la medida suficiente estará subdesarrollada en ciertos aspectos. Tal como lo expresa John Bradshaw, esta toma de conciencia le permitirá a la persona reconocer que aquello que consideraba *defectos* propios son de hecho *carencias*, es decir, componentes que faltaron en su vida.

El trabajo con los sentimientos

Evitamos entrar en contacto con nuestros sentimientos más profundos de múltiples maneras: puede ser que nos mantengamos atareados y no tengamos tiempo de ocuparnos de nuestros sentimientos, puede ser que estemos atrapados en determinadas dinámicas de pensamiento (las obsesiones pueden ser muy útiles), puede ser que tensemos el cuerpo y bloqueemos así las contrapartes fisiológicas de las emociones y puede ser que respiremos superficialmente para atenuar y contener la experiencia.

La mayoría de los campos de la psicoterapia y programas como el movimiento de recuperación de los doce pasos sostienen la idea de que no se puede sanar aquello que no se puede sentir. La insensibilización y los encubrimientos protegen la herida pero impiden la sanación.

Cuando por fin traspasamos las barreras con las que nos protegemos y conectamos con las experiencias de nuestra infancia, sentimos dolor. Ahí está el pozo de aflicción que no queríamos tocar. Este pozo contiene tanto los sentimientos que no pudimos experimentar en su momento por ser demasiado dolorosos, por lo que los encapsulamos en algunas partes del organismo, como la aflicción que sentimos ahora mismo al reconocer aquello por lo que pasamos y todo lo que nos perdimos. Las lágrimas que vertemos cuando vemos una película en la que el niño tiene una madre amorosa contienen nuestra aflicción por lo que podríamos —y deberíamos— haber vivido en nuestra infancia.

Bradshaw llama a esto el *trabajo del dolor original*:

> El trabajo del dolor original implica experimentar los sentimientos reprimidos originales. Llamo a esto el *proceso de descubrimiento*, y es lo único que traerá el «cambio de segundo orden», que es el tipo de cambio profundo que realmente resuelve los sentimientos.[1]

Con el trabajo del dolor original se abordan una gran cantidad de sentimientos y sensaciones, como el *shock*, la ira, la soledad, el miedo, la vergüenza, la confusión y el dolor puro, indiferenciado. También se aborda la aflicción, pero esta última solo es una parte de la historia.

Necesitamos contar con apoyo y herramientas para esta parte del viaje. Normalmente nos apartamos de nuestro dolor siempre que podemos, por lo que tal vez necesitaremos la presencia de personas comprensivas o que realicen una labor de facilitación para que nos proporcionen el apoyo que requeriremos para hacer este trabajo. Pienso que la psicoterapia individual es probablemente el mejor marco, pero no es la única posibilidad. La terapia grupal, los grupos de apoyo y los foros, talleres y relaciones amorosas pueden ser útiles. Revelar este dolor a otra persona de tal manera que se sienta conmovida por él (a diferencia de lo que ocurrió con la propia madre, cuyo corazón, probablemente, no era permeable) es muy sanador.

A causa de la naturaleza de las heridas de las que estamos hablando, es posible que tengas unos sentimientos intensos y no seas capaz de asociarlos a ningún contenido. Esta no es una razón por la que debas restarles importancia. Podemos tener emociones separadas de cualquier contenido porque son parte de memorias preverbales que acontecieron antes de que nuestra mente pudiera definirlas y acogerlas. Si echas un vistazo, tal vez te des cuenta de que eras muy pequeño en aquel entonces. En los momentos más traumáticos que vivimos acontece una separación similar entre los sentimientos y los contenidos: la experiencia se fragmenta en pistas diferentes, como cuando la imagen y el sonido de una película no están sincronizados. En estos momentos es probable que también nos sintamos desconcertados y algo desintegrados. Esta es la razón por la que al recuperar recuerdos traumáticos podemos tener los «hechos» pero no las emociones, o puede estar ahí la memoria corporal pero desprovista de imágenes, etc.

Aunque puedas tener la impresión de que el dolor podría perdurar para siempre, no lo hará. No si puedes permanecer presente con él. Cuando se entra en contacto con cualquier tipo de emoción (es decir, cuando se siente) verdaderamente, esa emoción cambia. Resulta útil distanciarse un poquito, es decir, desvincularse lo suficiente como para advertir el proceso sin estar enganchado a los sentimientos. Esto hace que dejemos de estar identificados con los contenidos y entremos en una parte de nosotros mismos que es consciente pero no está implicada; se la suele llamar el *testigo*. Así contamos con cierta distancia emocional que nos ayuda a explorar los sentimientos difíciles. A veces llamo a esto «volverse más grande que los sentimientos», porque una parte de nosotros está ubicada fuera de ellos.

Hay autores sobre espiritualidad modernos que se han implicado en ayudar a la gente a encontrar maneras de trabajar con las emociones difíciles. En *La liberación del alma*, Michael Singer invita a los lectores a «ponerse detrás de la energía» cuando empiecen a experimentar emociones fuertes; indica que relajen los hombros y el corazón y dejen que todo pase a través de ellos, como el viento.

Otra forma de proceder para no ahogarse en las propias emociones consiste en alternar entre la emoción intensa y lo que nos ofrece cualquier otro canal sensorial (como la vista, el oído o el tacto); la recomendación habitual es centrar uno de los sentidos en algo que se encuentre en el entorno físico inmediato. También puedes acudir al canal del pensamiento; esto suele suceder sin que lo pretendamos, pero también se puede hacer con intención. Si puedes fijar la mente en algo ajeno a tu angustia durante el tiempo suficiente, tu organismo se calmará. O puedes permanecer en el canal emocional pero alternar la atención a la emoción con la atención a un recuerdo positivo. La alternancia te ayudará a no quedarte atrapado.

Otra estrategia útil consiste en implicar a alguien que esté dispuesto a acompañarnos; este alguien puede ser una persona o podemos manifestarlo a través de un diálogo en nuestro diario. Casi siempre acudo a esta última técnica cuando trabajo con emociones dolorosas sola, pues me proporciona un ancla en un mar turbulento.

Trabajar de forma acertada con los sentimientos dolorosos es un arte, y si bien se han ofrecido varias fórmulas en los últimos años, no todos los métodos son apropiados para todas las personas. Te animo a que experimentes. La buena noticia es que te vuelves más fuerte con la práctica.

Llevar un diario

Un diario es un lugar seguro para los sentimientos mientras se realiza el trabajo del dolor original. No conviene cansar a los amigos, y el terapeuta (si se tiene uno) no está siempre disponible. Quienes han investigado la cuestión han reconocido que expresar emociones sobre el papel es útil (como lo es expresarlas verbalmente), mientras que retenerlas se correlaciona con un estrés elevado y la aparición de enfermedades. El diario puede hacer las funciones de confidente, espejo y guía. En nuestro diario estamos libres de juicios y críticas, y con técnicas avanzadas como los diálogos puedes aprender a consolarte y a apoyarte.

Puesto que el diario es tu confidente y un espacio en el que sanar viejas heridas, es un lugar apropiado en el que expresar tu dolor. Puede ser el dolor de la aflicción, la decepción, la pérdida, la victimización, la traición... Tú honras al diario al compartir en él tu dolor, y el diario te honra a ti al aceptarlo.

El hecho de escribir sobre tus sentimientos puede hacer que asomen las lágrimas, y eso está bien. Puedes escribir una pequeña nota entre paréntesis en el mismo diario en la que indiques que estás llorando mientras escribes un determinado pasaje, lo cual te ayudará, más adelante, a identificar qué es exactamente lo que parece despertar en ti los sentimientos más intensos. Evidentemente, tienes que encontrarte en un lugar seguro para realizar este trabajo, y te será útil tener pañuelos cerca y también, tal vez, algunos objetos que te proporcionen alivio.

Muchas veces, las lágrimas marcan un punto de inflexión para mí. Me muestran que he dado con un filón, y el hecho de seguir escribiendo mientras están ahí me ayuda a abrir el corazón, que entonces pasa a ser un recurso con el que puedo contar. El corazón abierto, con la compasión que alberga, es quizá el recurso más importante con el que contamos para trabajar con nuestro dolor.

Aunque podamos sentir que podríamos llorar para siempre, normalmente lo hacemos durante un tiempo bastante limitado, es decir, durante un rato. Y en cuanto a la intensidad, por lo general podemos manejar mucho más dolor del que creemos. Pero parece que evitar el dolor es una especie de acto reflejo, por lo que rara vez ponemos a prueba nuestras capacidades.

Puedes hacer una pausa cuando lo necesites. Puedes dejar el diario de lado y hacer otra cosa durante un rato. Algo que podrías hacer es elegir evocar un recuerdo placentero (por ejemplo, podrías pensar en alguien a quien realmente le importes). Lo que llamamos *distracción* puede ser una forma que tiene la mente de intentar darnos un respiro.

En el diario, puedes mantener un diálogo entre dos partes de ti mismo o de ti misma; por ejemplo, entre una parte de ti que está sintiendo el dolor y una representación interna de alguien que está recibiendo tu dolor (puede ser tu terapeuta, si tienes uno) o una figura sabia que es ajena a ese dolor. Así, en estos diálogos vas expresando aspectos diferentes de una determinada cuestión. (Cambia de línea cada vez que pase a hablar la otra voz).

Cuando estamos escribiendo en un diario, no estamos solos con nuestras emociones. Estamos mucho más solos cuando retenemos nuestros sentimientos en el interior.

El poder sanador del enojo

Dice John Bradshaw: «Es correcto que estés enojado, incluso si lo que te hicieron no fue intencionado. De hecho, *tienes* que estar enojado si quieres sanar a tu niño interior herido».[2]

Te puede resultar difícil estar enfadado o enfadada con tu madre, la mujer que te dio a luz y te ponía vendas en las rodillas raspadas. Es especialmente difícil que te sientas enojado con ella si crees que hizo lo que pudo o que te quería, aunque no fuese capaz de mostrarlo de una manera que te llegase. Es importante que recuerdes que el enfado no es el objetivo y que no tienes que sentirlo para siempre; solo es una parte del proceso de sanación.

Si aún estás tratando de obtener algo de tu madre (amor, respeto, aprobación, conexión...) y tienes que evitar disgustarla, puede parecerte demasiado peligroso el solo hecho de admitir que albergas enojo. También tienes que mantener a raya esta emoción si debes sostener una determinada autoimagen que no incluye la ira. Pero si quieres defender a tu niño interior herido, si quieres hacer espacio para sentir lo que era demasiado peligroso sentir en otros tiempos, si quieres soltar esta emoción (en lugar de permanecer atrapado en ella desde el plano inconsciente), tienes que darte permiso para sentirte enojado.

Es probable que el origen del enfado que sientes hacia tu madre se encuentre en una etapa muy temprana y que el hábito de desconectar de este enfado se instalase en una etapa muy temprana también. El pionero de la teoría del apego John Bowlby dijo que el enojo es una respuesta natural al hecho de que las necesidades de apego del niño no fueron satisfechas. Cuando el niño siente que el enfado solo hará que la madre se distancie más, aprende a desconectar de él. Aquí vuelven a entrar en juego los dos estilos de apego inseguro fundamentales. Las personas que presentan el tipo de apego evitativo o autosuficiente es más probable que repriman u oculten su enojo y que crean que este solo puede ser dañino para las relaciones, mientras que aquellas que manifiestan el tipo de apego ambivalente o preocupado han aprendido a usar su enfado para obtener la atención de los demás.

En la infancia y ahora en la adultez, es posible que el enojo nos ayudase y nos ayude a apartar de nosotros a otra persona y separarnos de ella. Por lo tanto, el enojo tiene un papel importante que cumplir en el desarrollo. Contribuye a que reconozcamos y afirmemos nuestra propia experiencia, que a veces difiere del mito familiar. En la adultez, el enojo aparece cuando decimos: «Esa fue mi experiencia, y lo que obtuve no fue suficiente».

Es importante que sepas que tienes derecho a estar enojado y que el hecho de sentirte enfadado no significa que seas una mala persona, ni siquiera que seas alguien enojado en general. El enojo transmite el mensaje de que hay algo que no está bien. Es una respuesta saludable al abuso y al maltrato que tenemos incorporada, a menos que la hayamos sofocado.

Tenemos que pasar de la fobia al enojo a darnos cuenta de que no es el enfado lo peligroso, sino el hecho de no tener una relación saludable con él. Cuando no podemos contener con buen juicio nuestro enojo sino que este se desborda indiscriminadamente, es él el que nos controla. Cuando una persona que ha reprimido su enojo durante años llega al límite y se muestra violenta, la ira puede ser uno de los ingredientes de una tragedia. La ira es peligrosa en estas situaciones. También hay un *enojo limpio* que es útil en nuestras relaciones, al aportarles una mayor honestidad: fomenta el respeto sin que ello implique humillar a nadie.

El enojo saludable se da por ejemplo en situaciones en las que aparece frente a una falta de respeto o algún tipo de maltrato para proclamar que eso no está bien. Esta es la función del enojo: poner límites cuando es necesario.

También es importante liberar el enfado que está encerrado en el cuerpo; la persona pudo haberlo reprimido incluso antes de sentirlo. Este enfado puede incluir la rabia que experimentó el bebé o el niño pequeño. Estoy convencida de que este enfado puede ser metabolizado y liberado al sentirlo o expresarlo con acierto. A veces, sin embargo, la expulsión del enojo lo refuerza, en lo que es un círculo vicioso. Conviene evitar que ocurra esto. Por lo tanto, es mejor realizar el trabajo de liberación del enojo bajo la guía de un terapeuta experimentado.

El enojo adopta varias formas, por lo que hay que efectuar una distinción importante. Por una parte tenemos el *enojo de la víctima* llorosa e impotente y por otra parte tenemos el *enojo de la persona empoderada*, que hace que se sienta capaz de defenderse por sí misma. Yo estoy hablando de alcanzar el *enojo empoderado*, aunque el punto de partida pueda ser el otro.

Algunas personas se encuentran cómodas con el enojo y lo utilizan a modo de emoción multiusos para reemplazar la decepción, la tristeza, el miedo, etc. Otras retienen su enojo en todos los casos porque temen, en el plano subconsciente, que si se permiten sentirlo estarán abriendo unas compuertas que ya no será posible cerrar. Sanar heridas emocionales de cualquier tipo implica volverse capaz de fluir con las emociones; hay que tener la capacidad de experimentar una gran variedad de ellas y distinguir unas de otras sin dejarse esclavizar por ninguna.

El diario es un lugar magnífico en el que expresar el enojo, sobre todo desde el momento en que hay tantas personas que se sienten incómodas con él, y puede ser que tengamos menos amigos dispuestos a apoyarnos con el enojo que con una emoción más suave, como puede ser la tristeza. El enojo es duro, y a veces odioso. No es una emoción agradable que se exteriorice fácilmente; sin embargo, el diario la acoge sin juzgarla.

Trabajar con el enojo tiene mucho que ver con darse permiso para hacerlo. Muchos de nosotros hemos aprendido a tragarnos el enfado, y suele requerir mucho tiempo abandonar este comportamiento. Si escribimos en un diario con constancia y honestidad, ello nos ayudará a prescindir de este hábito de autocensura.

Si el enojo es una de las emociones que no puedes contener y lo expresas de formas dañinas, es posible que debas tomar precauciones especiales. Es importante que seas capaz de modular la ira, hacer que fluya a lo largo de un continuo en lugar de que sea algo que está o apagado o activado. Tienes que reconocer la ira cuando aparezca y disponer de herramientas para evaluarla; tienes que ser capaz de controlar con qué intensidad está presente en cualquier momento dado y utilizar la distracción, la respiración o los tiempos de espera para interrumpir una progresión no deseada. Podrías plantearte asistir a un curso de control de la ira o trabajar con un terapeuta si sientes que no controlas esta emoción o si no te atreves a entrar en contacto con ella.

Ejercicio: Explora tu enojo

Este ejercicio consistirá en completar frases. Deberás completarlas con lo que sea que te venga a la cabeza, con rapidez, para no tener tiempo de autocensurarte. Te animo a que completes cada una de ellas diez veces o más (cuantas más frases hagas, más efectivo será el ejercicio). Ahí va la primera:

Estoy enojado(a) porque...

Piensa en tu madre al completar esta frase. Cuando hayas terminado, lee todas tus respuestas y advierte cómo te sientes. Si quieres escribir más, lo que te venga a la cabeza, es un buen momento para hacerlo.
La segunda frase es la siguiente:

Debajo del enojo, siento...

Estaría muy bien que te animases a completar esta frase también, diez veces por lo menos. Además, podrías hacer una lista de cosas que no le hayas perdonado a tu madre.

Hacer el duelo

Además de trabajar con el enojo, la sanación de las heridas maternas también pasa por hacer un duelo profundo. Pasamos por un duelo por lo que nos faltó en la infancia, por la angustia que sufrió el niño que fuimos y también por los problemas o las carencias que presenta nuestra vida actual a causa de ello. Puede parecer que las lágrimas no van a cesar nunca.

Es probable que conozcas las etapas del duelo que propuso la doctora Elisabeth Kübler-Ross, si bien tendemos a concebir que este proceso es más lineal de lo que la doctora quiso dar a entender. En cualquier caso, los elementos que son la negación, la ira, la negociación, la depresión y la aceptación son relevantes en este caso. Para pasar el duelo, tenemos que soltar las esperanzas no realistas (dejar de negar las principales verdades) y tenemos que soltar también los elementos condicionales característicos de la negociación (los pensamientos sobre lo que podría haber sido). En la relación con la madre, los planteamientos condicionales comenzaron a una edad muy temprana: «Si pudiese ser bueno y no molestar a mamá...», «Si no llorase...», «Si pudiese consolarla...», «Si pudiese hacer que se sintiese orgullosa de mí...». Todos estos son intentos sinceros pero desesperados de hacer que se manifieste en ella la buena madre que necesitamos.

A fin de cuentas, aquello a lo que debemos renunciar es a la fantasía de esta madre anhelada. La autora y psicoterapeuta Linday Gibson da en el clavo cuando escribe:

> Sin ser conscientes de la magnitud de las limitaciones del desarrollo de sus padres, muchos hijos de personas emocionalmente inmaduras piensan que tiene que haber una persona genuina, plenamente desarrollada, oculta en el padre o la madre, un yo real con el que podrían conectar si ese progenitor les dejara hacerlo.[3]

¡Cuánto anhelamos que exista esa persona intacta, cálida, disponible, responsable y sintonizada! Y puede ser que haya justo la cantidad suficiente de respuestas positivas como para que mantengamos la fantasía, a pesar de que nuestra experiencia en general apunte en sentido contrario. En última instancia, el duelo es un proceso de aceptación de la realidad, aunque al principio nos pueda parecer que no podremos sobrevivir a ella. Esta es la razón por la que la aceptación suele estar precedida por la depresión, que es nuestra respuesta afectiva a la pérdida. Sentimos nuestra desolación, y si aceptamos este sentimiento con compasión y contamos con apoyo, acabamos por sentirnos en paz.

Ejercicio: «Si...»

Vamos a explorar tres conjuntos de condiciones (situaciones hipotéticas que, en nuestra mente, habrían producido un resultado diferente).

El primer conjunto tiene que ver con tu madre y su bienestar. Pudiste haber pensado estas declaraciones en otros tiempos o tal vez tomes conciencia de que aún piensas en estos términos. Aquí tienes algunos ejemplos:

- Si pudiera tomar los medicamentos adecuados...
- Si pudiera superar la depresión...
- Si fuese a terapia...
- Si pudiese tener un matrimonio estable...

En tu esperanza de que estén presentes más rasgos de la buena madre a los que responder, ¿a qué condiciones te aferras? Haz una lista.

La segunda exploración consiste en que identifiques qué condiciones pensabas de niño. Los mismos ejemplos que he puesto antes siguen siendo válidos. Algunas de esas condiciones puedes deducirlas de tus comportamientos.

En último lugar, ¿qué condiciones piensas en cuanto a la relación que podríais tener en la actualidad? En los ejemplos que siguen no me limito a expresar la condición, sino que también incluyo el efecto que podría tener en tu sentido del yo que la condición se cumpliese. Examina si puedes identificar esta segunda parte también.

- Si pudiese hacer que viese lo bien que me va, se sentiría orgullosa de mí, y me sentiría querido(a).
- Si compartiésemos tiempo de calidad, vería la persona estupenda que soy y querría tenerme cerca.

Los ejemplos anteriores presuponen que aún quieres algo de tu madre. Pero puede ser que estos deseos estén ocultos a tu mirada o que se hiciesen añicos hace mucho tiempo. Si lo que más sientes es aversión, tus condiciones podrían ser más de este tipo:

- Si estuviese muerta, no tendría que volver a pensar en ella nunca más y podría ser feliz.
- Si dejase de querer algo de mí, podría ser libre.

La sanación requiere soltar las fantasías y las situaciones hipotéticas y aceptar las circunstancias y limitaciones reales. Este es un tema increíblemente espinoso del que volveré a hablar en el capítulo dedicado al niño interior, en el apartado «Desengancharse de la madre» (página 252).

Dejar el pasado

Quienes prefieren no adentrarse en estos recovecos interiores suelen utilizar palabras como *revolcarse* cuando hablan de sentimientos o de la relación que tenemos con los aspectos no resueltos de nuestro pasado. Usan palabras como esta para que nos sintamos avergonzados y nos lanzan este mensaje: «¡Solo supéralo!».

Desde luego, nos preguntamos durante cuánto tiempo más nos seguirá afectando nuestro pasado. Tengo la impresión de que *soltamos nuestro pasado cuando hemos acabado con él*. Es así de simple.

Llegamos a un punto en que otras cuestiones nos parecen mucho más interesantes y en que las emociones pasadas ya no pueden seguir compitiendo por obtener nuestra atención. Hemos trabajado el terreno, hemos retirado las piedras grandes y están creciendo nuevos elementos que nos cautivan y enriquecen nuestra vida.

Esto no quiere decir que no nos inmutemos si alguien toca el centro de esa herida (también es posible que, en efecto, no nos alteremos en lo más mínimo), pero sí que habremos terminado con nuestro duelo activo y habremos pasado a otra cosa. Hasta entonces, trata de contrarrestar el pensamiento de que deberías haber superado el pasado recordándote que aunque tal vez no todo el mundo necesite hacer esto, es parte de lo que te corresponde hacer a ti. No pediste el legado que recibiste ni lo habrías elegido, pero como es tuyo y no quieres transmitirlo (como madre o padre), o como en algún lugar en lo profundo de ti estás conectado con ese ese niño o esa niña que recibió una crianza deficiente y quieres hacer las cosas bien, estás haciendo lo que debes. El duelo y el trabajo del dolor original no constituyen todo el trabajo que hay que realizar, pero sí una parte de él.

Es cierto que existe el peligro de quedar atrapado ahí. Podemos forjar una identidad a partir de cualquier experiencia potente, sobre todo si dicha experiencia tiene lugar en una etapa temprana de nuestra vida y nos deja heridas profundas. Trabajar con las heridas que tienen su origen en la madre no es fácil, y requiere un gran compromiso y contar con unos recursos muy potentes. Uno de estos recursos es la energía de la buena madre.

10.

Conectar con la energía de la buena madre

Para sanar no solo tenemos que reconocer lo que nos faltó y hacer el duelo en relación con eso, sino que también tenemos que encontrar maneras de compensarlo. Para compensar un déficit de crianza y el hecho de que nuestra madre no estuviese plenamente presente tenemos que conectar con la *energía de la buena madre*. Por fortuna, contamos con muchas maneras de poder establecer esta conexión (además de seguir una terapia), y en este capítulo nos centraremos en tres de ellas: conectar con el arquetipo de la buena madre, encontrar a personas que asuman funciones de la buena madre y trabajar con los problemas no resueltos y las necesidades no satisfechas en el contexto de nuestras relaciones principales.

Abrirse a la buena madre

Si reprimiste tus necesidades y tu anhelo de una buena madre, como hemos hecho muchos de nosotros, puedes experimentar sensaciones muy intensas cuando este mecanismo de protección se venga abajo y salgan a flote los sentimientos perdidos. El anhelo de una buena madre tal vez te parecerá extraño, peligroso y vergonzoso, pero es vital para el proceso de sanación. El deseo de obtener una buena crianza materna es natural; estaba ahí cuando eras niño, aunque tal vez aprendiste a desactivarlo como estrategia de supervivencia. Como les recuerda una terapeuta a sus clientes, este anhelo en sí es saludable. Es un componente de nuestra humanidad querer que cuiden de nosotros y nos ayuden a desarrollarnos.

Aunque este anhelo no fuese satisfecho en el pasado, podría dar frutos ahora. Podemos recibir atención, cuidados, orientación, protección, reflejos, etc., por parte de personas *elegidas* por nosotros. Con el tiempo podemos forjar una buena madre sólida en nuestro interior, modelada a partir de lo mejor que hemos experimentado o de las experiencias que hemos tenido con la buena madre arquetípica.

Independientemente de cuál sea el nivel con el que estés trabajando, la dinámica es siempre la misma. La buena madre no puede darte si estás atascado en la desolación por los déficits de crianza que padeciste. No puede acariciar tu rostro con ternura si te alejas desafiante. Debes permitirte ser vulnerable y dejar que ella se acerque. Solo entonces recibirás sus regalos.

Arquetipos

Los arquetipos son patrones inmensos que nosotros, como seres humanos, encarnamos de maneras imperfectas. Son inmensos porque van más allá de cualesquiera de sus expresiones particulares. Por ejemplo, las personas que encarnan el arquetipo de la bruja pueden expresar este de maneras diferentes, o un anciano sabio puede ser más extrovertido o peculiar que otro. Los arquetipos son como los papeles básicos interpretados por nuevos actores en cada obra. Como ocurre con cada director de teatro, cada cultura aporta sus matices a los distintos personajes básicos, pero estos son siempre los mismos.

Según las personas que experimentan los arquetipos en el ámbito de las energías sutiles, estas recurrencias no tienen como base las convenciones. Los mismos arquetipos se manifiestan una y otra vez porque existen como patrones energéticos en el ingente ámbito transpersonal. Muchos de estos arquetipos han sido reconocidos desde los inicios de la cultura humana, aunque en los primeros tiempos estas energías básicas fueron asociadas más bien al mundo natural. El arquetipo de la madre Tierra ya existía mucho antes de que la madre María encarnara el arquetipo de la madre. Para las culturas de la Diosa, la Tierra proporcionaba alimento y muchas más cosas, y constituyó la primera imagen materna. Cada una de estas culturas tenía su propio nombre para este arquetipo y lo representaba de una manera, pero todas lo conocían.

Cuando el psiquiatra suizo Carl Jung trajo los arquetipos al campo de la psicología moderna a principios del siglo XX, los describió como residuos de memoria ancestral preservados en el inconsciente colectivo (la gran mente) que todos compartimos. Desde la perspectiva junguiana, una de las estructuras psíquicas con las que nacemos está conformada por el arquetipo de la buena madre. Este arquetipo es como un modelo que se activa o pasa a ser operativo cuando estamos expuestos a una crianza materna que es «suficientemente buena».[1]

Cuando no recibimos este tipo de crianza en nuestra familia de origen, puede ser que encontremos a alguien que active este arquetipo; un terapeuta, por ejemplo. El terapeuta se convierte entonces en la personificación de las energías más profundas del arquetipo y en la puerta de entrada a estas. A partir de aquí, estas energías pueden experimentarse de formas adicionales, como veremos más adelante.

El trabajo con imágenes y símbolos

Habitualmente experimentamos los arquetipos a través de unas imágenes potentes, con las que podemos encontrarnos en sueños, a través de técnicas de imaginación guiada o haciendo arte. Algunas de las fuerzas arquetípicas que pueden aparecer son la buena madre, determinados aspectos de la madre como los que se enumeran en el capítulo dos, la mala madre o bruja, el niño abandonado y el yo instintivo primitivo famélico.

Carla, una mujer que estaba en la cuarentena, me dijo que solía encontrarse con la figura de una madre osa protectora en todos estos ámbitos (meditaciones, sueños y creaciones artísticas). Creaba parejas compuestas por una madre y su bebé y dibujaba círculos, que muchos asociarían con el pecho materno y que ella asociaba con la madre, el útero y el hecho de estar contenida en un espacio seguro. Para ella, estas figuras expresaban el anhelo de aspectos maternos que no habían estado presentes en su vida. No había sido protegida, había recibido poca atención y casi no había pasado tiempo a solas con su madre.

Carla experimentaba su deseo instintivo no satisfecho como una criatura infantil primitiva tan voraz que podría devorarla viva. Recuerda que todo lo que es empujado al inconsciente gana fuerza. No podemos suprimir nuestras necesidades instintivas y flotar por encima de ellas sin que algún tipo de contrapartida surja periódicamente desde nuestro inframundo personal.

Representar la buena madre de alguna manera es una buena forma de hacer que este arquetipo arraigue más en la propia conciencia, por lo que te animo a que te tomes tiempo para hacerlo.

El medio puede ser un *collage*, un dibujo, una escultura... La idea es que ancles la madre ideal y le des forma. Entonces podrás usar esa forma para evocar su energía cuando estés trabajando contigo mismo.

También podrías hacer una lista de mensajes de la buena madre y de cualidades asociadas con este arquetipo. Yo escribí mis mensajes de la buena madre en el *collage* que elaboré.

Ayuda por parte de la madre divina

Una de las imágenes clásicas asociadas con el arquetipo de la madre es la madre María de la tradición cristiana. La madona* y su hijo es una de las imágenes que más se han pintado en la historia. La encontramos mucho antes de la era cristiana y parece tener un atractivo universal. *María* es uno de los muchos nombres que empiezan con la sílaba *ma*, que significa 'madre'. A la madre María se la asocia muchas veces con la rosa, que está vinculada con la misma energía de la madre divina.

Muchas personas han afirmado haber recibido consuelo y orientación por parte de María o de figuras maternas de otras tradiciones religiosas, como Kuan Yin (o Guan Yin), la *bodhisattva* de la compasión. La mayoría de las tradiciones, tal vez todas, tienen imágenes de la madre divina, y muchos fieles de estas tradiciones tienen la experiencia de sentirse amados y cuidados por esta energía maternal.

Una mujer explicó que se sentía como un bebé malhumorado que era capaz de soltar y relajarse cuando se sentía acogido por una presencia amorosa que ella asoció con la madre María. Otra

---

* N. del T.: *Madona* es una forma de designar a la Virgen María. Pero la autora no hace referencia en ningún momento a la condición de virgen; todas sus consideraciones son relativas a la condición de madre.

experimentaba algo similar cuando imaginaba que la Diosa madre la envolvía en pañales. Una tercera mujer, Ann, explicó que en el curso de un viaje interior se encontró con la figura de una diosa que, según las sensaciones que experimentó, se llevó sus cargas y absorbió su dolor. Ann descubrió que podía llamar a este ser en momentos de necesidad. En mi opinión, todas estas experiencias son el equivalente de la madre como moduladora experimentada internamente.

A veces la respuesta es recibir una buena crianza materna y otras veces es convertirse en la madre. Esto es así en el nivel humano, pero también puede ocurrir en el nivel espiritual. Ariel, que había recibido una crianza materna muy deficiente, se dirigió a la tradición de la Diosa para que le proporcionase un modelo positivo de la madre y de lo femenino profundo, y obtuvo sanación y experimentó una transformación. Actualmente se considera una sacerdotisa; no es una designación otorgada por ninguna autoridad religiosa, sino que indica que la persona es un canal para la energía femenina divina. Su trabajo es incorporar esta energía. La madre divina es la matriz, la red de interconexión que nos acoge a todos.

Las prácticas devocionales dirigidas a cualquiera de las figuras de la madre divina ayudan a abrir el corazón al arquetipo de la buena madre y con el tiempo pueden ayudar a sustituir la imagen de una madre fría y poco entregada por otra más generosa y cálida. Necesitamos modelos para desarrollar la buena madre interior, y los que ofrecen las tradiciones espirituales son potentes para muchas personas.

Tomar lo «bueno» de la buena madre

Ya sea que nos sintamos hijos de la madre cósmica o que nos vinculemos con una persona (de cualquier sexo) que asuma el papel de la buena madre, el hecho de contar con una relación que fomente el apego seguro conlleva unos beneficios concretos.

Conectar con la buena madre nos permite apropiarnos de algunas de sus cualidades deseables, ya sean su confianza, su gentileza, su generosidad... Así como los niños que gozan de un apego seguro sienten que la vivienda física en la que viven con su familia también es muy suya (un sentimiento que no siempre albergan quienes tienen el complejo de huérfano), los que gozan de un apego seguro y total con su madre son libres para participar de la naturaleza de esta y se sienten como en casa con ella. Esto se refleja en actitudes como imitar comportamientos externos de la madre, la postura que adopta cuando está de pie o la manera en que inclina la cabeza, pero también puede acontecer en un nivel más profundo: el niño siente que forma parte del corazón de su madre y que las cualidades de esta también forman parte de él.

El niño que adora a su madre incorpora asimismo algo del halo de esta idealización. El niño que, gozando de apego seguro, siente que su madre es realmente especial, también puede sentir que él es especial, al formar parte de ella. Esto tiene que ver con la madre como fuente (página 45).

Una segunda oportunidad de encontrar a la buena madre

Afortunadamente, en la edad adulta tenemos una segunda oportunidad de obtener el tipo de crianza que no recibimos en la niñez. Incluso puede ser que experimentemos esto en más de una relación. Es posible que obtengamos amor, alimento emocional, orientación, aliento, reflejos, protección y los demás aspectos de la buena madre de varias personas: nuestra pareja, terapeutas, amigos íntimos, cuñados, maestros espirituales, mentores y la madre que, con el tiempo, desarrollamos en nuestro interior.

Tener a alguien que está siempre ahí para prestarnos su apoyo es una gran bendición, si estamos abiertos a recibir esa influencia. Si nos aferramos a la falta de amor que padecimos en la infancia y no somos permeables a esta influencia, no podrá tener un efecto sanador en nosotros. Tal vez tendremos que sentarnos con nuestra incomodidad, hacer frente a nuestros sentimientos de falta de merecimiento y aprender a confiar, pero es esencial que recibamos lo que nos aporta esta persona (o lo que nos aportan estas personas) para que podamos sanar las heridas que tenemos con origen en nuestra madre.

Cuando vemos que alguien nos da *a partir del amor* y no por obligación, nos sentimos profundamente conmovidos. (Los hijos de madres emocionalmente ausentes suelen sentir que su madre cuida de ellos por obligación). Si podemos asumir este amor y este cuidado que nos dan libremente, acabaremos por desarrollar un sentimiento de merecimiento saludable: el sentimiento de que nuestras necesidades importan y de que tenemos derecho a obtener apoyo y diversos tipos de alimento. Poco a poco, se irá instalando en nosotros la expectativa positiva de que nuestras necesidades serán satisfechas.

Para que esto pueda ocurrir, los sustitutos de la buena madre tienen que ser generosos con nosotros: generosos con su atención, su afecto, sus elogios y también al darnos el espacio que necesitamos para arreglar nuestras cosas. Como las madres emocionalmente ausentes, inexpresivas y negligentes no dan mucho, esta generosidad es un ingrediente clave de la sanación. Es fácil que tengamos una sorpresa al ver que para la madre generosa es un placer satisfacer nuestras necesidades. Este placer también forma parte de *su* desarrollo.

Evidentemente, debes sentirte a salvo con las personas que cumplan funciones de la buena madre para ti. Se trata nada menos de que experimentes una transformación radical, en la que va a cambiar la imagen que tienes de ti mismo y tu forma de relacionarte; también se despertarán los estados infantiles que han permanecido inactivos en tu interior. Si erigiste una estructura defensiva rígida y has aceptado las voces críticas de las personas de tu entorno, tendrás que deponer estas defensas para poder sanar. Tienes que volverte suave y receptivo, como un niño confiado que está dormido en los brazos de su madre; por lo tanto, tienes que encontrar personas que despierten este sentimiento en ti y que sean dignas de confianza.

Recuerda que tienes que pasar por un proceso, que será largo. Los niños no crecen de la noche a la mañana. Si bien se trata de que sanes las partes heridas de tu psique y te conviertas en un adulto saludable y completo, esto va a suceder por etapas. Yo encuentro más útil pensar que es un proceso de sanación del niño interior, pero también puedes concebir que se trata de ir llenando huecos (cubriendo carencias) o de fortalecer el organismo para que puedas absorber los nutrientes que te faltaron en la infancia.

Satisfacer necesidades de crianza con la pareja

Naturalmente, uno de los ámbitos que exploramos para ver satisfechas las necesidades que no vimos cubiertas en su momento es la relación con la pareja. Esta es a la vez una elección excelente y problemática. En el contexto de las relaciones amorosas podemos sentirnos cuidados, acogidos con ternura y muy valorados. Son relaciones magníficas para acurrucarnos, para satisfacer la necesidad de contacto físico y para que se manifieste nuestro yo dulce e indefenso. Pero implican muchas más cosas. A menudo, una relación amorosa es una asociación en la que se conforma un hogar y se comparten los aspectos materiales de la vida; además, es habitual que haya hijos de los que ocuparse. Y la relación con la pareja es el principal entorno en el que se satisfacen las necesidades sexuales. Además, tenemos la responsabilidad de cuidar del otro y nutrirlo a varios niveles. El hecho de que se den tantos roles a la vez hace que tengan que cumplirse algunos requisitos específicos para que las necesidades no satisfechas en la infancia puedan verse cubiertas en este contexto.

Aquí tienes algunas preguntas que pueden ayudarte a examinar tu relación actual, si estás en una. Si no tienes pareja en estos momentos, puedes servirte de las mismas preguntas para reflexionar sobre alguna relación que hayas tenido:

- ¿Qué necesidades psicológicas y materiales está satisfaciendo tu relación? ¿Alguno de los dos está asumiendo funciones de la buena madre para con el otro? ¿Qué funciones?
- ¿Tiene uno de los dos un papel más nutridor que el otro o desempeñáis alternativamente esta función? ¿Hay un componente parental (de relación entre padre/madre e hijo) en la relación?

Puede ser problemático que intentemos satisfacer necesidades tempranas con la relación sin haber establecido acuerdos conscientes al respecto. Cuando empezamos a salir con alguien o a ejecutar la «danza del apareamiento», no solemos preguntarle al otro: «¿Serás mi madre?». El compañero o la compañera puede experimentar resentimiento si se encuentra en este papel sin haber dado su consentimiento, sobre todo si tiene que desempeñarlo todo el tiempo.

Las cosas funcionan mejor cuando le damos opciones al compañero y negociamos la satisfacción de unas necesidades específicas. Podemos pedirle al otro que satisfaga estas necesidades expresándonos como adultos: «¿Puedes abrazarme un rato? Me siento solo e inseguro»; «Mi niño interior está asustado en este momento y quiere oírte decir que todo va a ir bien»; «Necesito que hagas de espejo de mis sentimientos en este momento para que pueda saber que soy escuchada». Es mejor que sea el «yo adulto» el que lleve a cabo la negociación. Hay muchos libros y cursos apropiados que pueden ayudarte a saber cómo manejarte para pedir lo que quieres. (Si te parecen muy raras las denominaciones *niño interior* o *partes infantiles*, podrías leer ahora el capítulo once y, después, retomar la lectura en este punto).

Esto no significa que las partes infantiles que hay en ti no puedan mantener una relación con tu pareja también. Pero a tu yo adulto puede resultarle útil, con el fin de proteger lo bastante a este niño, evaluar qué es razonable en el contexto de una relación en particular y llevar la iniciativa en esta negociación. Las partes infantiles pueden hacerse oír y efectuar sus peticiones, pero es mejor que comprendan que la pareja no es el único adulto que hay ahí. Puedes decidir que te conviene más realizar la mayor parte de tu trabajo con el niño interior y de reconfiguración de la crianza en otros contextos, pero que también es agradable que tu pareja brinde cuidados a tu niño interior de vez en cuando.

En el contexto de una relación romántica, también tenemos que estar dispuestos a intercambiar los roles y proporcionar nutrición, protección y cuidados al compañero. Esto puede hacerse como un intercambio entre adultos o como un intercambio nutritivo entre padre e hijo, en que uno de los compañeros hace de padre solícito para el niño que alberga la otra persona.* Asimismo, pueden producirse intercambios entre estados infantiles de cada uno de los compañeros adultos. Cuando los dos son niños heridos, ambos pueden albergar mucho dolor y mucha culpa, pero dos

---

* N. del T.: En esta frase, se emplea *padre* en sentido genérico; hace referencia tanto al padre como a la madre.

niños que están aprendiendo a ser resilientes y a confiar también pueden pasarlo bien juntos.

Es importante que recordemos que nuestros compañeros adultos no nos deben el amor desinteresado que quisimos obtener de nuestra madre. Tienen sus necesidades y limitaciones, y además ya somos adultos, responsables de nosotros mismos. Esto no significa que no podamos tener sentimientos delicados, incluso algunas necesidades con origen en la primera infancia, pero sí significa que nuestra pareja tiene elección a la hora de responder a estas necesidades, las cuales, en última instancia, son responsabilidad nuestra. Que nuestra pareja satisfaga estas necesidades es solo una opción entre muchas. Si no lo hace en cualquier momento dado, hay otras posibilidades. Es importante que no estés tan absorto en tus sentimientos con origen en la niñez como para olvidar esto.

Un ejemplo de patrón de la primera infancia que puede manifestarse entre los miembros de la pareja es el intento de permanecer en la unidad del estado inicial de indiferenciación en el que se sienten los bebés como parte de la madre. Es lo que se conoce como relación *de fusión*. Cuando dos personas están fusionadas, no se conocen a sí mismas como entidades separadas, como individuos diferentes. En parte, lo que hace que enamorarse sea tan embriagador para muchos es que les permite volver a experimentar esta sensación de unidad. Con el tiempo llegan a manifestarse tantas diferencias, de una manera natural, que la sensación de unidad desaparece y cada uno de los compañeros pasa a sentirse separado del otro. Pero si la persona quiere seguir experimentando la fusión, puede ser que se resista a este proceso e intente aferrarse a la sensación de unidad. Esta actitud dará lugar a problemas, porque si no puedes ver a tu compañero como separado de ti mismo, no puedes estar verdaderamente atento a sus necesidades.

Cuando las necesidades de la infancia prevalecen en la relación, podemos volvernos rehenes de esas necesidades. Hay personas a las que les resulta difícil dejar una relación de pareja porque han proyectado muchas necesidades de crianza básicas en el compañero o la compañera y no están preparadas, debido a su grado de desarrollo insuficiente, para alejarse de su madre.

Repetir el pasado

Muchos terapeutas creen que los adultos reproducen, desde el plano inconsciente, patrones no saludables que se crearon en el contexto de la relación con sus padres. Por ejemplo, eligen compañeros que son inaccesibles de formas similares a como lo fue alguno de sus progenitores. En estos casos, para sanar hay que hacerse consciente del patrón, trabajar con las heridas con origen en la infancia en un contexto terapéutico o de otras maneras y efectuar unas elecciones diferentes en el terreno de las relaciones amorosas. Tratar de obtener de un compañero o una compañera que es como nuestra madre aquello que no obtuvimos de nuestra madre es una apuesta perdedora.

Pero hay muchos que hacen esto. Hay terapias que se basan, en su totalidad, en la idea de que nos vemos atraídos por personas que tienen las mismas carencias que nuestros padres, en un intento, con base en el inconsciente, de sanar las heridas originales. En enfoques como la Imago Relationship Therapy ('terapia de relaciones Imago'), el terapeuta ayuda a los miembros de la pareja a utilizar las dificultades que hay en la relación para sacar a la luz heridas tempranas y sanarlas. La Emotionally Focused Couples Therapy ('terapia de pareja centrada en las emociones') es otro enfoque que se sirve de la relación de pareja para reparar las heridas de apego. Desde este punto de vista, los miembros de la pareja no se equivocaron al elegirse, sino que efectuaron la elección perfecta para sanar.

Las siguientes actividades de autoindagación podrían ayudarte a examinar tus propios patrones:

- Redacta un párrafo en el que expliques cómo era para ti tu madre cuando eras un niño pequeño o una niña y cómo era tu relación con ella. No tienes por qué escribir frases enteras; incluso podrías hacer una lista de adjetivos. A continuación, escribe un párrafo en el que expliques tu experiencia con los compañeros sentimentales significativos que has tenido. (Date cuenta de que las relaciones «significativas» no son necesariamente las más duraderas, sino que suelen ser aquellas en las que hay una mayor carga emocional).
- ¿Cuáles son las causas de los conflictos y los disgustos en tus relaciones? ¿Reflejan vivencias que tuviste en la infancia temprana?
- ¿Qué indicios de cuestiones sin resolver con origen en la infancia o de apego inseguro puedes ver en tu relación actual?
- En este momento de tu vida, ¿puedes estar con alguien cuyo corazón sea estable, paciente, acogedor y lleno de amor, o tiendes a encontrar personas inestables y que no están plenamente presentes?

Estas son algunas necesidades no satisfechas en la infancia que se manifiestan en la vida adulta (o consecuencias de dicha insatisfacción):

- Necesitar una cantidad excesiva de apoyo y aliento.
- Sentirse inseguro(a), celoso(a) y enojado(a) cuando el compañero no responde enseguida a tus necesidades.

- Ser incapaz de tolerar la ausencia del compañero.
- Mantener una relación de fusión (ser «uña y carne», como suele decirse).
- Proyectar en el compañero características negativas de la madre.
- Ubicar al compañero en una posición superior y sentir que es más listo o más capaz que uno mismo o que de alguna manera es más valioso que uno mismo.
- Tolerar una cantidad inusual de abandono o falta de disponibilidad por parte del compañero o reaccionar frente a estos comportamientos de maneras que nos recuerdan cómo nos sentíamos de niños.
- No esperar cercanía emocional por parte de tu compañero (porque no la obtuviste de tu madre y no la esperas de nadie).

El poder sanador del apego seguro en las relaciones románticas

Dice la autora Susan Anderson en su libro *Del abandono a la sanación* que, si la relación es segura, el compañero romántico cumple una función similar a la que cumple la madre con un hijo que goza de apego seguro. En ambos casos, la relación proporciona una sensación primaria de pertenencia, seguridad y conexión. Hablando de los adultos, escribe: «Muchas personas se manejan muy bien precisamente porque se sienten muy seguras en sus relaciones primarias. Son individuos autónomos que están seguros de sí mismos y contentos porque saben que hay alguien con quien pueden contar». Si esta relación se rompe, esta confianza y este bienestar pueden verse seriamente socavados.[2]

En efecto, en general se ha visto que las relaciones de pareja son buenas para las personas; algunos de los beneficios que presentan son una mejor salud y un mayor tiempo de vida. También pueden ser el entorno en el que los adultos con apego inseguro finalmente se apeguen de forma segura y cosechen los múltiples beneficios de este tipo de apego.

Ejercicio: Una oportunidad de ser acogido

Puedes realizar este ejercicio con tu pareja o con un amigo. Es una oportunidad de ser acogido por una persona con la que te sientas seguro(a) y permitirte recibir sin que en ese momento tengas que ganarte esa acogida o dar algo a cambio. El efecto será tal vez más sanador si te imaginas que es tu niño o tu niña interior quien recibe este cuidado. A menudo oímos a mujeres quejarse de que quieren ser abrazadas pero les resulta difícil recibir ese abrazo sin que su pareja aproveche la situación para intentar tener sexo. Bueno, pues aquí tienes una oportunidad de ver satisfechas algunas de estas necesidades con origen en la infancia.

Para este ejercicio, encuentra un compañero o compañera que esté de acuerdo con seguir las instrucciones y con la intención de proporcionar una acogida segura, no sexual.

Esta es una actividad recíproca en la que las dos personas tienen la oportunidad de ser acogidas y de proporcionar la acogida; por lo tanto, decide qué rol quieres adoptar para empezar. Resulta útil ponerse de acuerdo en la duración de los lapsos de tiempo; a modo orientativo, recibir la acogida durante veinte minutos está bien.

La instrucción básica es que la persona que proporciona la acogida no debe acariciar ni consolar a la otra, sino que está ahí como una presencia más simple, aceptadora. A menudo, en la ejecución de este ejercicio las dos personas están sentadas en el suelo; el «niño(a)» está delante y el «buen padre» o la «buena madre» está apoyándose en la pared. Se pueden usar almohadas para conformar un entorno amable y también para mitigar un poco el contacto corporal. El niño está apoyado de espaldas, tal vez incluso descansando, sobre el tórax de la persona que está haciendo de buen padre o buena madre, quien rodea al niño con los brazos. La persona así abrazada puede cambiar de postura a su antojo. Cuando seas el individuo receptor, haz todo lo que puedas para relajarte y recibir de veras este tipo de apoyo y nutrición tan primario. No habléis mientras dura la acogida.

Una vez que hayáis intercambiado los roles, daos algo de tiempo para comentar la experiencia que habéis vivido.

Reconoce tu mérito por haber tenido la valentía y haber mostrado el compromiso que requiere participar en una actividad de tipo experimental. Si ha ido bien y ha sido satisfactoria para ambos, podéis quedar para realizarla otra vez.

Una mujer me comentó que en el curso de la primera experiencia que tuvo con el ejercicio «Una oportunidad de ser acogido» (en el recuadro) estuvo comprobando la situación ansiosamente cada pocos minutos, preparándose para el abandono por parte de la persona que brindaba la acogida. Cuando esta persona llevaba ahí unos diez minutos sin hacer ningún amago de irse, la mujer pudo soltarse y asumir realmente que la estaban acogiendo y que el receptáculo era lo bastante fiable como para poder descansar en él.

Fue una experiencia profunda para la mujer, que pasó a conocer el sentimiento de que merecía que alguien estuviese ahí para ella. Piensa en la gran cantidad de niños pequeños que no han gozado de este tiempo de calidad y que no han tenido la sensación de ser lo bastante importantes para su madre como para que esta les dedicase toda su atención durante algo más que breves momentos. Ejercicios como este pueden ayudar a cambiar esta profunda impronta.

La buena madre portátil

De la misma manera que se cree que los niños pequeños construyen una imagen de su madre que llevan consigo en su interior y que los ayuda en el proceso de separarse y diferenciarse de ella, idear de alguna manera una buena madre interior hace que, en esencia, tengamos una buena madre portátil que llevamos con nosotros a todas partes.

Esta buena madre interior puede consistir en un conjunto de recuerdos relativos a la persona que ha hecho de buena madre para nosotros, pero también puede ser más que eso. Puede ser una interiorización del amor y el apoyo de la persona. Hubo un tiempo en que yo albergaba la imagen de mi terapeuta sosteniendo mi corazón entre las manos y apoyándome con gran ternura y mucha entrega. Sentía que podía llevar esta imagen al interior de mi corazón, donde se convirtió en una capa de mí misma. También dialogo con mi terapeuta en mi diario a menudo; ahí dice, a veces, cosas sorprendentes, aunque nunca desentonan con la persona que sé que es.

El proceso de tomar e interiorizar la energía de la buena madre no es meramente mental o psicológico. Asumir cualquiera de estos sentimientos positivos requiere dejar que saturen el cuerpo. Sigue a continuación una práctica breve que puedes realizar para contribuir al proceso de interiorizar cualquier sentimiento o recurso que quieras potenciar. Puedes hacerla para incorporar los elementos nutritivos que te aporta una persona presente en tu vida, para que te ayude a conectar con el arquetipo de la buena madre o para que te ayude a incorporar alguna de las facetas de la buena madre que se exponen en el capítulo dos.

Ejercicio: Reforzar un recurso interno

Para empezar, elige conscientemente qué es lo que quieres sentir con mayor profundidad e incorporar en ti. Al determinar la intención de sintonizar con ello, advierte de qué manera tomas conciencia de ello por primera vez: ¿ves una imagen en tu mente, experimentas una determinada sensación en el cuerpo, lo percibes a través de algún otro canal sensorial o de varios canales a la vez?

Advierte cómo se ven afectados tu respiración y tu tono muscular. ¿Sientes el cuerpo más cálido o más frío? ¿Experimentas alguna otra sensación?

¿Puedes hacer que este sentimiento se expanda por todo tu cuerpo, hasta los dedos de los pies?

¿Cómo afecta a tu postura este sentimiento? ¿Abre determinadas zonas o incide positivamente en ellas?

Advierte cualquier recuerdo o imagen que te venga a la mente.

¿Qué puedes hacer para recuperar el recuerdo de esta experiencia? (Puedes emplear una imagen, una palabra, el recuerdo de una sensación en el cuerpo).

Por supuesto, cuanto más realices una práctica como esta, más intenso y duradero será el resultado.

Al interiorizar una figura de apego o cualquier figura sabia, podemos recurrir a ella cuando lo necesitemos. El hecho de que esta figura sea parte de uno mismo aporta mayor resiliencia. En el próximo capítulo ampliaremos este trabajo para incluir a la buena madre cultivada en el interior.

11.

El trabajo con el niño interior

Tal vez has oído la frase *el niño es el padre del hombre*.* Significa que el niño es la base sobre la que se construye la vida adulta. El tipo de base del que partimos es fundamental. Un niño resiliente es el fundamento de un adulto resiliente.

Por desgracia, algunos de nosotros nunca alcanzamos este grado de resiliencia en la infancia. Las partes que componen al niño albergan demasiadas heridas y, por lo tanto, constituyen el fundamento de un adulto herido. Incluso si estas heridas están en general bien gestionadas y no son visibles, a veces supuran y actuamos de forma inmadura.

Afortunadamente, nunca es demasiado tarde para sanar estas heridas con origen en la infancia y para que surja un niño resiliente, que esté en la base de un adulto sano y resiliente.

---

* N. de la A.: Creo que Freud usó esta frase; sin duda, su alumno Theodor Reik lo hizo. También los poetas William Wordsworth y Gerard Manley Hopkins en el siglo XIX y más recientemente se ha utilizado como título de una canción, de un álbum e incluso de un episodio televisivo.

Una introducción al trabajo con el niño interior

El tema del niño interior herido genera mucha incomodidad en aquellos que tienen poca paciencia con los niños, ya sean interiores o de otro tipo. Estas personas reciben el concepto del niño interior con la misma irritación con la que han recibido a demasiados niños propiamente dichos.

De todos modos, a millones de personas les ha resultado útil trabajar con el niño interior, o con lo que prefiero llamar *estados infantiles* o *estados del niño interior*. Empleo estas denominaciones porque no he visto avalada la idea de que existe un solo niño interior. El *niño interior* se confunde a menudo con la vida interior en general, más concretamente con los sentimientos y los impulsos. Creo que esto es un error. No siempre que nos sentimos tristes o enojados está ocurriendo necesariamente que se esté manifestando el niño interior.

Somos seres muy complejos. En lugar de tener una personalidad estable, contenemos muchas partes diferentes, que se manifiestan en momentos distintos. Tenemos estados infantiles que albergan creencias, sentimientos y recuerdos diversos; a veces, varios de estos estados se agrupan, a ciertas edades. Algunos de los estados infantiles son juiciosos, otros son creativos y otros albergan determinadas experiencias, como traumas o la herida del abandono. Si realmente queremos comprendernos a nosotros mismos y estar tan integrados como sea posible, nos resultará útil conocer estos diversos estados infantiles o estados del niño interior. Cuando hable del *niño interior*, me estaré refiriendo a esta multiplicidad de estados; también usaré, indistintamente, la denominación *niños interiores*. Estos son los principales métodos que se han utilizado para trabajar con el niño interior:

- El uso de meditaciones guiadas, visualizaciones o el trance hipnótico para conocer los estados infantiles e interactuar con ellos.

- Mirar fotografías de nuestra infancia para que nos ayuden a recordar escenas y sentimientos que vivimos en esos tiempos.

- Trabajar con muñecas, osos de peluche u objetos similares (como representantes de estados infantiles) para que nos ayuden a acceder a nuestros sentimientos infantiles o para que nuestra parte adulta ejerza la función de padre o madre nutridores.

- Usar el arte como medio, especialmente para que los estados infantiles propios del niño pequeño se expresen.

- Escribir cartas al niño interior, o escribirlas desde el niño interior, para establecer contacto con él.

- Hacer que los estados infantiles y los estados adultos dialoguen a través de la escritura en un diario, el diálogo interior o técnicas como el Voice Dialogue Method ('método del diálogo de voces').

El trabajo con el niño interior puedes realizarlo por tu cuenta, en talleres o con un terapeuta. Es importante que aunque un instructor o terapeuta te enseñe a trabajar con el niño interior o aunque te sometas a terapia para profundizar, cuentes con maneras de trabajar en casa también.

El libro que he encontrado que ofrece la guía más práctica y útil a este respecto es *Recovery of Your Inner Child* [La recuperación de tu niño interior], de Lucia Capacchione. Contiene más de cuarenta ejercicios que cubren todo un abanico de actividades. Capacchione se ha servido de forma genial del arte y la escritura para mantener una comunicación con los estados del niño interior y popularizó la práctica de cambiar de mano para distinguir mejor entre el adulto y el niño interiores (se acude a la mano no dominante para expresar al niño).

En su éxito de ventas *Volver a casa: recuperación y reivindicación del niño interior*, John Bradshaw utiliza bastante la redacción de cartas y la formulación de afirmaciones para obtener los mensajes de la buena madre o el buen padre que no oímos en su momento. Trabaja con distintas etapas del desarrollo, lo cual es una buena idea, si bien las descripciones que hace de estas etapas son demasiado freudianas para mi gusto. Creo que se puede responder al niño interior y sus necesidades sin aplicar filtros teóricos como el complejo de Edipo.

Es habitual que no seamos conscientes de los estados del niño interior, pero estamos fusionados con ellos en cualquier caso y sentimos el mismo tipo de emociones y necesidades que experimentábamos de niños. Podemos estar atrapados en un enojo adolescente o una rabieta de niño de dos años, sentirnos dependientes o inseguros, estar obsesionados con calmarnos a nosotros mismos o sentirnos demasiado jóvenes para salir al mundo. Resulta útil diferenciar e identificar cada uno de los estados que forman parte de nosotros; esto nos permite establecer relaciones conscientes con ellos y saber cuáles fueron los puntos de partida de nuestra personalidad actual.

Algunos expertos creen que nunca trascendemos nuestros niños interiores y que el objetivo que debemos plantearnos es que estén sanos y felices. Otros consideran que el proceso que es el trabajo con los estados del niño interior desemboca, idealmente, en la integración de estas partes en el adulto. No tengo preferencias en cuanto a estas dos visiones; todo está bien en cualquiera de los dos casos. Es genial tener un niño dulce y vivaz dentro, y es genial incorporar sus cualidades positivas al yo adulto.

De la misma manera que los niños crecen al ver satisfechas sus necesidades, el hecho de cubrir las necesidades de los niños interiores que no fueron satisfechas en su momento les permite madurar. Entonces, las partes del yo que orbitan alrededor de estas necesidades pueden difuminarse o disolverse. Otros estados infantiles aportan regalos importantes, cualidades de las que probablemente desconectamos en la infancia y que ahora podemos reclamar. Algunas de ellas son las cualidades del niño natural que se describen más abajo.

El niño como madre del yo

De la misma manera que consideramos que el niño es el padre del hombre, podríamos decir que el niño es la madre del yo real. Como suele decirse, el niño es la esencia de este yo real. Esto es lo que dijo Carl Jung del arquetipo del niño, el cual consideró un símbolo de completitud.

Otros nombres que recibe este arquetipo son *niño natural* o *niño divino*. Estas son algunas de las cualidades de este niño:

- Honestidad y autenticidad.
- Dulzura y generosidad, un corazón amoroso.
- Inocencia y «mentalidad de principiante».
- Apertura y confianza.
- Imaginación y conocimiento intuitivo.
- Curiosidad.
- Maravilla, asombro y una actitud lúdica.
- Espontaneidad y los comportamientos naturales que nos gustan en los niños pequeños.
- Vitalidad y vivacidad.

Muchos de quienes abogan por trabajar con el niño interior no lo hacen con la esperanza de sanar al niño herido solamente, sino también con la intención de rescatar estas cualidades infantiles maravillosas.

El trabajo con las partes

Se han identificado muchos estados del niño interior: el niño natural (ver apartado anterior), el niño vulnerable, el niño herido, el niño abandonado o que no recibió los cuidados necesarios y el niño enojado, por nombrar los más conocidos. También contenemos varias partes «adultas», entre ellas partes nutridoras y otras que se muestran críticas.

Sabedores de que estamos compuestos por muchos aspectos diferentes, es natural que hablemos de «trabajar con las partes». Muchas personas piensan en estos términos por sí mismas y muchos terapeutas han adoptado esta expresión también.

A menudo, todo lo que hace falta para empezar a explorar estas partes internas es que nos demos permiso para pensar que, efectivamente, estas partes nos componen y que estemos dispuestos a dejar de lado el miedo y el escepticismo; a partir de aquí, se trata de que comencemos a prestar atención. Al poner la atención en los propios sentimientos, los propios patrones de conducta, los comentarios internos y el propio lenguaje corporal, podemos comenzar a sintonizar con varias partes de nosotros mismos que modelan nuestra experiencia. Cada una de estas partes tiene sus necesidades, sus motivaciones, sus creencias y sus recuerdos, y desprende un aroma en particular.

Para algunas personas resulta inquietante pensar que estas partes diferenciadas y al parecer independientes están operando en su interior como personalidades separadas. Piensan en lo que antes se denominaba *trastorno de personalidad múltiple*, y que actualmente se llama *trastorno de identidad disociativo* (TID), y se asustan. La diferencia estriba en que las partes de una persona que tiene el TID están separadas más completamente de la conciencia y no se relacionan ni coexisten con la misma facilidad. Quienes padecen el TID tienen lagunas de memoria y les sorprende mucho encontrar pruebas de comportamientos que han tenido de los que no saben nada. Cuando una parte toma el mando, no es de resultas de una decisión consciente del individuo, y las distintas partes surgieron a partir de situaciones traumáticas. Cuando aquellos que padecen el TID trabajan con estas partes, cada una de ellas puede volverse más consciente de la otra y pueden actuar más cooperativamente. De hecho, este es el objetivo de la mayoría de las terapias de trabajo con las partes dirigidas a la población en general.

Algunas de las terapias más nuevas subrayan que, en todos nosotros, estos yoes que alternan son «como personas reales» que tienen su propio estilo y su propia «huella dactilar energética». Parece que estamos avanzando hacia una mayor comprensión y aceptación de la multiplicidad natural en todos los sistemas, incluido el ser humano. Si no encuentras prendas de vestir inesperadas en el armario y la gente no se acerca a ti y te llama por otro nombre, tu multiplicidad no tiene por qué interferir en tu vida.

¿Quién no tiene dentro un niño que hace pucheros? ¿O un crítico irritado? Está bien tener estas partes, pero es preferible llegar a conocerlas, pillarnos a nosotros mismos «con las manos en la masa» y elegir desde dónde queremos operar.

Encuentro útil ponerles un nombre a las partes y asociarlas con algún tipo de imagen. Puedes emplear materiales de arte e incorporar fotografías de ti mismo si te parece apropiado. También puedes utilizar objetos de varios tipos (un animal de peluche, por ejemplo). Puede muy bien ocurrir que empieces con una representación en particular, la cual, como cualquier imagen, será una instantánea de un momento en el tiempo, y cambiará. Puedes contar con múltiples representaciones y combinarlas y hacerlas evolucionar de muchas maneras creativas. En el recuadro explico el trabajo que realicé con María.

La historia de María: de la niña de piedra a la niña dulce

María comenzó a trabajar en serio con las partes cuando reconoció el vacío que había dejado en ella su madre emocionalmente ausente. También había experimentado el maltrato físico en la familia y cuando en un contexto terapéutico se la incitó a establecer contacto con una niña interior, la única que pudo encontrar fue una «niña fantasma» que parecía endeble e insustancial. María casi no tenía recuerdos felices de la infancia a los que acudir en busca de partes infantiles resilientes. Accedió a comprar algunos materiales de arte para trabajar con las partes en el futuro.

Inmediatamente después de comprar los artículos de arte, a María le sorprendió oír una voz interior insistente que le decía que la representara. Con cartulina roja, purpurina e imágenes recortadas de papel de regalo, hizo la imagen de una niña cuyo nombre era Fresita. María reconoció que Fresita era la niña resiliente que había nacido tras los años que llevábamos trabajando juntas y del apego seguro que había desarrollado hacia mí, su terapeuta. Fresita estaba llena de ánimo, sabiduría natural y afecto. Muchos dirían que era la niña natural; María la veía como la niña que habría sido si hubiese recibido el tipo de crianza que le hubiese permitido florecer. Fresita se convirtió en una fuente de consuelo y orientación para María y varias partes infantiles heridas.

Algunas de estas partes heridas eran el *bebé abandonado*, que tenía un orificio rojo y supurante en el corazón; la *niña de piedra*, que representaba un estado de *shock*, y la *ira santa*, que era el enojo relacionado con su maltrato. María también elaboró una representación de una parte a la que llamó *dulce inocencia*; representaba su naturaleza original ilesa, y empezó a mantener diálogos con ella.

Con el tiempo, gracias a que trabajó tanto en casa como en terapia, la niña de piedra se disolvió. La ira santa también remitió y desapareció del mapa; antes de que ocurriera esto, esta parte de María les pidió a todas las otras partes que la vieran y reconocieran su existencia.

La representación del bebé abandonado fue cambiando con el tiempo; se fue volviendo más brillante y compleja. María encontró una vieja fotografía de sí misma y la utilizó en una representación a la que denominó la *niña herida original*. Pegó la fotografía en una pequeña caja y puso varias imágenes de las partes restantes de la niña herida en ella.

Esta niña herida (ahora, *representada* con todos sus componentes) contaba con tres recursos principales: su yo adulto –que estaba aprendiendo a convertirse en una figura materna interna más nutridora–, yo (su terapeuta) y Fresita. Con el amor de las tres, la niña herida se fue volviendo más brillante y feliz con el tiempo.

Más adelante, María hizo una composición que incluía a la niña herida (a la que ya llamaba por su nombre natural) y a Fresita, indicando así que el límite entre ambas se había vuelto más permeable. Además, trabajó con representaciones del yo adulto (que también evolucionó con el tiempo) y un yo espiritual central al que llamó *el anciano*.[*]

---

[*] N. del T.: Tal vez *la anciana*; no es posible discernir el género.

Como ocurre a menudo, el trabajo de María con las partes fue quedando en segundo plano a medida que las partes se fueron integrando más. El yo adulto de María se fue impregnando cada vez más de la parte *dulce inocencia* a medida que ella fue deponiendo sus defensas. Este proceso contó con el apoyo de los reflejos que yo hacía en el contexto terapéutico, de Fresita y de la capacidad que tenía María de defenderse bien tanto en el ámbito interno como en el externo. Se podría decir que experimentó una evolución desde la niña de piedra hasta una adulta más amorosa, pasando por la niña dulce. El trabajo con las partes no fue lo único que impulsó la sanación de María, pero fue un factor importante.

Regalos y cargas

Las partes disociadas suelen llevar cargas psicológicas. Es como si tomaran ciertas materias tóxicas y fuesen las únicas que cargasen con ellas, para que, esencialmente, el resto del sistema no tenga que ocuparse. Cuando estas partes pueden desprenderse de su carga compartiendo aquello que llevan encima y procesando los sentimientos asociados, cambian. Se vuelven más ligeras, más libres y más felices.

Las partes evolucionan de maneras fascinantes. Pueden pasar de ser una especie de entidades latentes o no humanas a ser unos yoes individualizados que evolucionan con el tiempo. Cuando sus necesidades no satisfechas son atendidas y los sentimientos ocultos son vistos y aceptados, las partes pueden soltar todo ello. Entonces, sus roles y sus rasgos definitorios pueden cambiar.

Si se realiza el trabajo más profundo, se accede a algo que es mayor que la historia personal. La naturaleza de ello es a la vez la esencia más profunda de la persona y algo que se encuentra más allá de esta, un estado transpersonal que describo más adelante, cuando narro la historia de Sofía (página 254). También podría considerarse una energía arquetípica y constituir una parte de lo que Jung llamó el *niño natural* o *niño divino* (página 241). En algunas tradiciones se le llama el Yo. Todas estas energías más esenciales tienden a ser profundamente enraizadoras.

Estos son los regalos. En realidad no importa si decimos que son las partes heridas en proceso de evolución o que nos estamos sumergiendo debajo de las partes, en dimensiones más profundas. Lo importante es que aceptemos estos regalos y los integremos como una parte permanente de nosotros mismos.

Cuando el trabajo con el niño interior se complica

Los Internal Family Systems ('sistemas de la familia interna') y el Voice Dialogue ('diálogo de voces') son dos de las terapias más conocidas centradas en el trabajo con las partes. Una terapia que aplica mucho de lo mejor del trabajo con las partes a las heridas del desarrollo (los déficits experimentados en las primeras etapas de la vida) es la Developmental Needs Meeting Strategy ('estrategia de satisfacción de las necesidades del desarrollo'). En esta modalidad terapéutica se emplean unos protocolos específicos para identificar y sanar las necesidades del desarrollo no satisfechas utilizando un *yo adulto nutridor*, un *yo adulto protector* y un *yo central espiritual* como recursos importantes. Podrás reconocer que el adulto nutridor y el adulto protector son aspectos de lo que he llamado la *buena madre*: las partes infantiles siempre necesitan del cuidado de partes que adopten una actitud parental. El yo central espiritual es una versión del Yo transpersonal que he presentado en el apartado anterior.

Muchos terapeutas, entre los que me incluyo, consideran que el trabajo con las partes es valioso pero no se ciñen a ningún marco establecido. Solo en muy pocas ocasiones el trabajo terapéutico que realizo con personas adultas que fueron objeto de una crianza materna deficiente no incluye por lo menos algún trabajo con las partes infantiles; de hecho, este trabajo suele constituir una parte sustancial de la terapia.

Aunque el trabajo con el niño interior pueda presentarse de una forma bastante simple, a menudo es todo menos simple. Me he encontrado con que los clientes que tienen más trabajo por delante son los que viven en estados infantiles la mayor parte del tiempo o que tienen unos sistemas internos muy complejos en los que se da muy poca comunicación y que albergan muchos conflictos. Vamos a examinar ambas posibilidades.

NO HAY SUFICIENTE ADULTO A BORDO

Se supone que los niños no tienen por qué manejarse en el mundo adulto, y no están preparados para hacerlo. Los adultos que pasan la mayor parte del tiempo en estados infantiles sienten lo mismo que los niños sujetos a un apego inseguro: temen a menudo encontrarse en apuros, se sienten insuficientes, se sienten solos, sienten que no los aman (y, demasiado frecuentemente, que no pueden ser amados), temen el rechazo, de forma habitual no controlan sus emociones y están increíblemente desempoderados. Para algunos es difícil no actuar según sus impulsos; viven en el «tiempo infantil» en el que todo tiene que suceder ahora o, de lo contrario, ya no sucederá. Algunos niños interiores que viven en cuerpos adultos se alivian compulsivamente, ya sea por medio de la comida, de drogas o medicamentos, o de hacer solamente lo que les apetece. A menudo evitan esforzarse para ceñirse a cualquier tipo de autodisciplina. En estas personas impera absolutamente lo que Freud llamó el *id*, el ello:* «Quiero lo que quiero cuando lo quiero».

Desde el punto de vista de la psicología psicodinámica, los adultos que viven desde la perspectiva de un niño no tienen el ego bien desarrollado. En el marco que estoy usando aquí, no hay suficiente adulto *a bordo*. Estos individuos tienen que aprender a postergar la gratificación, dejar de «pensar con sus sentimientos» y volverse más objetivos, aprender a asumir riesgos sabiendo que podrán sobrevivir a la decepción y responsabilizarse más de su propio bienestar. Si se casan, suelen atribuir un rol parental al cónyuge, y es muy posible que se enfaden con él o ella de una manera muy similar a como los hijos se enojan con sus padres.

Algunas de estas personas pueden no tener ninguna de las habilidades del adulto, mientras que otras, curiosamente, pueden manejarse bien en algunos ámbitos de la vida, pero no en otros (incluso sin tener esas habilidades). Estoy pensando en un hombre que en general se maneja bien en el trabajo y como padre, pero que no puede asumir riesgos en sus relaciones personales porque el niño interior toma el control y se ve abrumado por los sentimientos de no ser merecedor, no ser digno de amor y no ser suficiente.

Si la persona tiene al menos algunas de las capacidades del adulto, puede invocarlas para que ayuden a las partes menos desarrolladas. Me gustan las denominaciones *borde anterior* y *borde posterior* del psicoterapeuta y autor Arnie Mindell. Como hemos visto al hablar del trabajo con las partes, no somos una sola entidad. Los aspectos en los que funcionamos mejor son nuestro borde anterior, mientras que nuestras partes más infantiles son, generalmente,

---

* N. del T: Según Sigmund Freud, el *id*, compuesto de energía psíquica inconsciente, es la parte de la mente humana para la que solo cuentan las propias necesidades y deseos básicos, que quiere satisfacer sin atender a las repercusiones.

nuestro borde posterior. Es este borde posterior el que dificulta avanzar en la vida.

Desarrollar la voz de un padre o una madre nutridores —una voz que anime y apoye y se preocupe— ayuda a las partes infantiles a sentir el apoyo que necesitan para aferrarse con menos fuerza. Ayuda a desactivar la respuesta de miedo que hace que estas personas permanezcan paralizadas y sean incapaces de actuar. Si cuenta con apoyo y tiene la capacidad fundamental de incorporar, el niño puede seguir desarrollándose. La práctica del rol parental también refuerza el componente adulto del individuo.

SISTEMAS DESORGANIZADOS

Como han mostrado los Internal Family Systems de Richard Schwartz y el trabajo con trastornos como el TID, la psique individual puede volverse sorprendentemente compleja. Estamos muy lejos del mapa simple integrado por el niño, el adulto y el padre (o la madre) que encontrábamos en el Transactional Analysis ('análisis transaccional') de Eric Bern hace unos cincuenta años. Actualmente se reconoce que puede haber unas cien partes que se encuentran en grados diversos de diferenciación. En un sistema desorganizado, puede experimentarse una situación caótica en el que todas las partes de la psique gritan o tratan de hablar a la vez.

Trabajar con un grado de desorganización elevado es una tarea lenta y ardua. No basta con que una parte más prominente y consciente asuma algo; es habitual que haya que repetir la información nueva una y otra vez para que las partes que no estaban conectadas en el momento la vayan incorporando. Como ejemplo, puedo poner el caso de una mujer con la que trabajo cuya madre murió hace un año: seguimos encontrando partes a las que les impacta enterarse de este fallecimiento.

Para complicar más las cosas, hay partes protectoras que controlan el canal de comunicaciones que piensan que hay que mantener ocultas ciertas cosas. Con todos estos factores, es comprensible que gran parte del sistema se encuentre sumido en las tinieblas. Habría que considerar que un sistema así está *disociado*, pues las partes no están conectadas. La disociación es un estado de desconexión en algún ámbito del sistema. Puede haber desconexión respecto del entorno, del cuerpo o de los sentimientos; en este caso, falta conexión entre las partes.

Los problemas de ahora derivan de problemas anteriores

La mayoría de las veces encuentro que cuando una persona se halla en un estado de verdadera crisis, esta tiene que ver con una experiencia dolorosa anterior. Declarar esto no es decir nada nuevo. Muchos expertos afirmarían que se activan las mismas rutas neuronales o que la crisis está vinculada a una vieja experiencia. Un enfoque un poco diferente consiste en considerar que los dos sucesos están vinculados por el hecho de que hay algo que carga con los dos: la parte de la psique que vivió el primer acaecimiento lo experimenta de nuevo de alguna manera ahora, en el presente.

Algo que he visto un par de veces es que una parte no está contenta con la pareja elegida. Puede ocurrir que la mayor parte del tiempo la persona esté satisfecha con su pareja pero que de vez en cuando irrumpa una vieja perspectiva asociada a sentimientos previos, como falta de seguridad y la necesidad de huir. Si se identifica la parte disgustada, se la saca del pasado y se la lleva al presente, esta parte puede adaptarse a una nueva realidad y no seguir regresando a esos sentimientos y miedos angustiosos. Las partes tienden a quedarse fijadas en unos momentos específicos. Una persona dada siempre tiene más capacidades en el presente de las que tenía cuando era más joven, por lo que traer partes del pasado al presente puede ayudar a estas a tener en cuenta nueva información y poner en juego nuevas capacidades y a responder desde un espacio en el que cuentan con más recursos.

Otro ejemplo lo constituyen las reacciones desproporcionadas, como cuando un adulto reacciona frente a la soledad como si se tratase de una amenaza abrumadora. Cuando me encuentro con un adulto al que le aterroriza estar solo, la mayoría de las veces el origen de esta reacción se encuentra en una parte infantil. Ese niño pudo haber vivido una situación traumática encontrándose físicamente solo, y la sensación de peligro experimentada quedó asociada al hecho de estar solo. El problema es el miedo y son las asociaciones con la soledad, no la ausencia de otras personas. Una parte infantil a la que la aterre la soledad tal vez tenga que ser rescatada de la situación vivida en la infancia o tal vez necesite que la tranquilicen ahora, lo cual puede hacer la persona si ha desarrollado una voz parental nutridora en su interior. Esta madre o este padre solícitos pueden recordarle al niño que ahora no hay ningún peligro.

Desengancharse de la madre

Una de las dinámicas más difíciles y perniciosas es la que tiene lugar cuando una de las partes infantiles se niega totalmente a soltar a la madre. El sentimiento de este niño es que se supone que su madre tiene que estar a su disposición, por lo que no se desengancha nunca de ella, a pesar de que le falle innumerables veces. Este niño pequeño piensa que si grita más fuerte y durante más tiempo, su madre tendrá que acudir.

Desafortunadamente, las cosas no funcionan así. La madre no suele responder bien a las exigencias de un vástago adulto que quiere que se muestre solícita de la manera que desea el niño interior, lo cual deja a las dos partes en un estado de frustración y conflicto.

He aquí una solución, que incluye tres medidas:

1. Ayudar al adulto con el que estoy trabajando a ver que las exigencias proceden de una parte infantil, que no son necesariamente apropiadas en ese momento y que no es probable que sean satisfechas.

2. Reconocer la frustración y el enojo del niño y cualquier desesperanza o indefensión que también haya ahí. La persona tiene que pasar asimismo por un proceso de duelo a partir del momento en que acepta que aquello que quería no va a ocurrir.

3. Ayudar al niño a registrar al adulto dentro del cual está viviendo. Si aún no se ha desarrollado una parte nutridora, la persona tendrá que desarrollarla. A menudo esta parte ya se encuentra ahí (por ejemplo, la persona puede ser una madre o un padre que dedique la debida atención a sus hijos de la vida real) pero no ha sido conectada con las partes del niño interior. Las partes infantiles pueden necesitar tiempo para confiar en este adulto, de tal manera que ello desemboque en lo que se denomina *apego seguro interno*. En esencia, se trata de que el niño interior deje de aferrarse a la madre de carne y hueso que crio a la persona y pueda apegarse a una madre interior más receptiva.

Como parte del paso 1, también puede ser necesario ayudar al adulto a tener una imagen más objetiva de su madre (lo cual requiere una mente más madura). Cuando podemos ver cuál es la configuración de nuestra madre, de qué es capaz esta y de qué no es capaz, podemos dejar de tomarnos de forma personal su negligencia emocional o su maltrato emocional y satisfacer nuestras necesidades por otros medios.

La historia de Sofía: volver a unirse con un yo perdido

Cuando Sofía acudió a mí, se había sometido a muchos tipos de psicoterapia. En el trabajo que realizamos juntas aplicamos muchas técnicas; el trabajo con las partes solo fue una de ellas. También empleamos muchas de las herramientas clásicas: examinar creencias, procesar sentimientos, identificar recursos, visualizar, el juego de roles, idear nuevas estrategias de afrontamiento, descifrar guiones de vida correspondientes a una etapa temprana y enfocar de otra manera algunos traumas pasados.

Como los demás clientes que efectúan más progresos en terapia, Sofía trabajó muchísimo con el procesamiento de las emociones entre las sesiones; mostró estar extraordinariamente comprometida con su sanación. Aquí comparto una parte muy pequeña de su historia (con su permiso) que tiene que ver con el trabajo con las partes, para que puedas hacerte una mejor idea de lo profundamente y lo lejos que se puede llegar con esta herramienta.

Sofía abordó el trabajo con las partes de su niña interior con mucho entusiasmo y mostró una claridad tremenda al experimentarlas. Por la manera como describía las interacciones entre ellas, parecía que estuviese hablando de interacciones exteriores. Pero todas tenían lugar en su interior.

Una de las primeras partes con las que trabajamos fue un feto en el útero, que no la miraría. Es importante tener en cuenta que cuando Sofía estaba en el útero de su madre el médico les aconsejó a los padres que abortara, debido a una complicación que habría podido desembocar en defectos de nacimiento. No es sorprendente, entonces, que siendo una niña hubiese tenido que lidiar con el sentimiento de no querer vivir. Ahora estábamos trabajando con la parte que albergaba ese sentimiento.

Sofía puso una cuna en un rincón de una habitación y comenzó a pasar tiempo allí, hablándole y cantándole a la parte a la que estábamos dando la bienvenida. Como había tenido la experiencia de mezclarse con los sentimientos de esta parte, se lo recordé y le expliqué que si empezara a ocurrirle lo mismo, podía preguntarle a la nonata si haría el favor de no lanzarle sus sentimientos a modo de lazo para atraparla.

Gracias a este entorno acogedor, en unas semanas nació la nonata, si bien al principio no parecía completamente humana. Parecía más una caricatura o un contorno negro. Sofía podía sentir sus reacciones y que cargaba con mucho miedo, enfado y victimismo. Le aconsejé que fuese muy despacio, que dejase tiempo para cada ajuste.

Al cabo de unos pocos meses, esa forma que no acababa de ser humana se había convertido en una niña de unos siete u ocho años sin nombre, pero a la que llamamos *la desamparada*. Sofía me contó que esta parte infantil se sentaba de espaldas a ella pero que le gustaba poder recostarse y que Sofía le hablase. La desamparada se sentaba en el borde de la cama mientras Sofía les daba mimos a ella y a otras dos partes de la niña interior. Intentó darles todo el amor que les faltó y crear un entorno seguro en el que pudieran crecer. Con el tiempo, todas estas partes siguieron evolucionando y se fueron volviendo más ligeras y felices a medida que se iban desprendiendo de sus cargas en este entorno acogedor y compasivo.

El trabajo de sanación continuó. Sofía fue alternando entre temas actuales y de la primera infancia, trabajando con su papel en la familia y con la manera en que este papel le había cortado las alas. Recordaba muy claramente que, contando unos seis años de edad, estableció consigo misma el «pacto» de que iba a rendirse. Había sido una niña muy activa y llena de energía, pero se sintió llamada a cuidar no solo de sus hermanos, sino también de su madre. A partir de ahí se debilitó mucho físicamente; perdió mucha de su energía vital y empezó a sufrir desmayos.

En la forma fascinante en que nuestros mundos interno y externo se entrelazan, Sofía pasó por algunas experiencias terriblemente dolorosas en el presente intentando ayudar a su madre. Al parecer, esta experiencia insoportable la empujó a renunciar a ese pacto y al «contrato» asociado a este según el cual tenía que cuidar de su madre y sus hermanos.

Al hacer esto, ocurrió algo maravilloso: Sofía volvió a conectar con la verdadera naturaleza que había manifestado de niña antes del momento de la rendición. Experimentó una gran sensación de libertad y felicidad (como muchos niños pequeños), lo cual no quiere decir que pasase a pensar y sentir como una niña. Entró en un estado transpersonal (es decir, un estado que se encuentra más allá de nuestra experiencia como individuos): se sintió sin ataduras, no limitada a su cuerpo, sin problemas ni necesidades y contenta; su mente estaba en calma y parecía muy espaciosa. La felicidad que experimentaba era incondicional; no dependía de nada. Estuve atenta por si este estado fuese pasajero, pero no lo fue. Como estado, acudía y se iba, pero Sofía aprendió maneras de regresar a él.

Yo tenía claro que esta expansión no era un estado de disociación. Sofía podía sentir su cuerpo y sus dificultades actuales, pero era como si el primer plano y el trasfondo hubiesen intercambiado posiciones, por lo que en esos momentos vivía la experiencia desde ese estado expandido.

Esto es lo que se puede conseguir con la sanación profunda: se va mucho más allá del «revolcarse» en el pasado por el que se suele criticar a la psicoterapia. Se puede ir más allá del pasado, más allá del yo condicionado, más allá incluso de las limitaciones asociadas al hecho de ser una persona que vive en un tiempo y un lugar para morar en una mayor libertad, cuya base es lo que muchos llaman el hecho de ser.

Sofía hace hincapié en que alcanzó esta libertad trabajando con su dolor, no sorteándolo. Al principio de nuestro trabajo, habíamos aportado ciertos recursos. Sofía había aprendido a expresar su dolor en lugar de alejarlo. Es un trabajo en el que la persona llora mucho. El caso es que a medida que Sofía iba eliminando cada capa de su pasado, tenía cada vez más energía a su disposición, cada vez experimentaba una mayor expansión y cada vez sentía más paz. Era como si hubiera estado viviendo en una caja demasiado estrecha todos esos años y finalmente hubiera encontrado una manera de salir de ahí.

Como suele ocurrir cuando se hace un trabajo profundo, no subimos en espiral hasta salir de la oscuridad para no regresar nunca más a ella, sino que seguimos adentrándonos en nuevos dolores y a menudo descubrimos partes nuevas en el proceso. Sofía me dijo hace poco que se alegra de que estas partes tengan «alguien a quien acudir». Esto es lo que necesita todo niño y lo que necesita cada una de nuestras partes. Las personas que no tenían a nadie en quien apoyarse en su infancia siguen necesitando, por lo general, un adulto sano a quien puedan dirigirse. Como nos muestra la historia de Sofía, este adulto está aquí mismo, en nuestro interior.

Convertirse en la mejor madre de uno mismo

La prestigiosa analista junguiana y autora Marion Woodman dijo: «Los niños que no son amados por sí mismos no saben cómo amarse a sí mismos. Como adultos, tienen que aprender a nutrir, a cuidar a su propio hijo perdido».[1]

Este aprendizaje tiene lugar por etapas. En esencia, vamos aprendiendo a realizar este trabajo. De la misma manera que una mujer no sabe automáticamente cómo criar a sus hijos pero sus instintos y su corazón pueden despertarse, lo mismo ocurre con nuestra capacidad de vincularnos a los estados infantiles que albergamos y de «criarlos» activamente.

Esto puede parecer raro al principio, y puede haber bastantes obstáculos. Además de las obstrucciones que surgen a medida que avanzamos poco a poco en esta crianza interna, es posible que una voz nos detenga antes de empezar. Esta voz, que probablemente corresponda a un padre o una madre críticos o a un protector, le quita importancia al asunto y dice: «Esto es ridículo». Su táctica es negar la necesidad del trabajo: «Estás haciendo una montaña de un grano de arena», «Tu infancia no fue tan mala. Solo tienes que animarte». En estas circunstancias, ser consciente de las partes constituye una ventaja. Solo si podemos reconocer que la voz que oímos corresponde a una parte que tiene sus propios planes tendremos la opción de dejar de lado estos pensamientos y seguir adelante con nuestra intención.

Otro de los obstáculos con los que nos podemos encontrar es un sentimiento de incompetencia. Si no recibimos una buena crianza materna, es fácil que sintamos que no tenemos ni idea de cómo proporcionarnos esta crianza a nosotros mismos. Estamos incómodos, no sabemos qué decir o hacer y sentimos que tenemos un comportamiento artificial en nuestro intento de hacer lo que no sale de nosotros de forma natural. Todo esto es suficiente para hacernos parar en seco.

Si a pesar de todo logramos establecer una verdadera conexión con las partes que albergamos que son hijas de una crianza materna deficiente, es posible que nos impacte un sentimiento de culpa por haber permitido que el abandono se prolongase al no haber hecho acto de presencia antes. A nadie le gusta el dolor agudo causado por haber causado daño a alguien.

E igual que antes he dicho que puede ser que la madre, sin pretenderlo, mantenga al hijo a distancia para que no aflore su propio dolor, podemos sentir que dejar que salga el dolor que hemos encerrado en el corazón es un precio demasiado alto que debemos pagar por reconectar con las propias partes infantiles.

Además del dolor, tenemos miedo de perder el control. Si hemos empujado todos los aspectos que nos componen al inconsciente, es fácil que temamos que si nos abrimos a ellos nos sentiremos abrumados. (Esto es aplicable a la ira, la tristeza y la sexualidad reprimidas, entre otros componentes). De la misma manera, podemos temer que las necesidades de nuestro niño interior sean superiores a lo que podemos satisfacer, lo cual hará que nos sintamos abrumados o superados por la situación.

Mientras sigas identificado, desde el plano inconsciente, con el niño que recibió una crianza materna deficiente (habitualmente, esta identificación se prolonga mucho en el tiempo), no te experimentarás a ti mismo como una fuente abundante que tiene mucho por dar, sino más bien como una fuente seca a la que no le queda nada por entregar. Tal vez pensarás: «No tengo suficiente para mí; ¿cómo podría proveer a otro?». He identificado varios obstáculos con los que puedes encontrarte en el proceso de convertirte en la mejor madre para ti.

- ¿Cuáles reconoces en ti?
  » Mensajes degradantes y despreciativos que interfieren en la adopción de un papel nutridor.
  » La sensación de que no sabes cómo ser una madre para ti.
  » Culpa por no haber tomado medidas antes.
  » Autoprotección, no querer sentir tu propio dolor.

» Miedo a todo aquello que ha sido reprimido.

» La sensación de que no tienes suficiente para dar.

• ¿Qué podría ayudarte a trabajar con estos obstáculos?

El paso más importante a la hora de convertirte en la mejor madre para ti mismo es que superes tus propios miedos, sensaciones de insuficiencia y defensas, y dejes que tu corazón se ablande. Un corazón abierto es un corazón que puede amar.

Tu niño o tu niña interior te ayudará. Un niño es como un «banco de amor»: cuanto más inviertas, más recibirás a cambio. Los niños son amorosos por naturaleza, por lo que cuando le damos aunque sea un poquito de amor al niño falto de amor que albergamos, lo habitual es que ese amor sea correspondido. De todos modos, es posible que al principio no sea tan fácil. A menudo, el niño interior responde con desconfianza inicialmente. De la misma manera que un niño que ha sido herido o abandonado demasiadas veces por su madre no la recibirá con los brazos abiertos, el niño interior puede tener una reacción similar. Si ocurre esto, sigue aplicando tus mejores esfuerzos para acceder a este niño, consciente de que ganarse su confianza lleva su tiempo.

A medida que vayas cuidando más de tus partes infantiles, podrían desencadenarse en tu interior reacciones que presenten paralelismos con situaciones que viviste en tu primera infancia. Por ejemplo, si tu padre no podía tolerar que nadie fuera «mimado» o tratado con cariño, es posible que cuando comiences a tratarte de una manera realmente afectuosa y amable oigas una voz interior que diga cosas muy similares a las que decía tu padre. Deberás estar atento y reconocer cuándo los sentimientos y las reacciones que surgen en ti no son realmente tuyos. Tienes que aprender a respaldar a la buena madre que, poco a poco, se va desarrollando dentro de ti.

Muchas mujeres que recibieron una crianza materna deficiente y que eligen ser madres biológicas han luchado con estas fuerzas internas y se han comprometido a un nivel profundo, del alma, a no abandonar a sus hijos de la manera que ellas fueron abandonadas. Hacen mucho por aprender a ser buenas madres: buscan modelos que seguir, leen libros, piden ayuda... No esperan saber hacerlo inmediatamente.

De un modo similar, a la hora de «volver a criarnos» a nosotros mismos, podemos comprometernos a desarrollarnos de maneras que podrían no parecernos naturales al principio. Podemos buscar modelos, leer libros y pedir ayuda. También podemos invocar capacidades que ya están en nuestro interior y que no hemos usado de esa manera antes. Se da la paradoja de que muchos de los que estuvieron expuestos a una crianza materna deficiente han asumido la tarea de apoyar a otras personas y cuidar de ellas (estas personas pueden ser un hermano o la pareja, por ejemplo). A la hora de ayudar a los clientes a desarrollar un padre o una madre solícitos en su interior hay un enfoque terapéutico, la Developmental Needs Meeting Strategy ('estrategia de satisfacción de necesidades del desarrollo'), que le indica al cliente que recuerde una época o una ocasión en la que ejerció funciones de crianza o cuidado con otra persona y utilice ese recuerdo como base para crear una madre o un padre diligente en su interior. Prueba a hacerlo tú.

Recuerda alguna ocasión en la que sentiste que prestabas apoyo o protección a una persona o una época en la que cuidabas de alguien. Imprégnate de este sentimiento. Intensifícalo. Pudiste haber silenciado tus inclinaciones naturales entonces; dales un impulso extra ahora. Siente que eres un adulto solícito que puede cuidar del niño interior que no recibió la atención suficiente en su momento. ¿Cómo experimentas esta sensación en el cuerpo? Haz una «foto interior» de ti mismo en este papel, para contar con una imagen que puedas evocar en otro momento.

Aprender a comunicarse con el niño puede requerir esfuerzo al principio, pero esta comunicación puede llegar a estar bastante integrada en la propia vida y a producirse de una manera casi automática. Ahora bien, sé consciente de la energía que aportas inicialmente a este proceso. No conviene adoptar el tono de una madre resentida. Tu hijo es una alegría, no una carga.

Por fortuna, el hecho de ser una buena madre para el niño o los niños interiores es un comportamiento que se refuerza de manera natural. Una mujer manifestó que había incrementado su autoestima. Uno se siente bien mostrándose atento y amoroso, y una vez que la relación está bien establecida, el niño devuelve mucho amor.

La creación de un espacio seguro para el niño

Para sanar, debemos empezar por encontrar las partes con las que dejamos de estar en contacto, las cuales, en el contexto de este libro, son las partes infantiles. Muchas de ellas se escindieron y disociaron porque no se sentían a salvo. Estas partes infantiles vulnerables tienen que saber que están a salvo contigo ahora y que la situación ha cambiado.

Nancy Napier, que trabaja con estados de autohipnosis (que no son más que estados de relajación profunda y receptividad), escribe lo siguiente en su libro *Reclaiming Your Self* [Reclamar tu yo]:

Traer el niño al presente es una parte importante del proceso. En el inconsciente, que es atemporal, el niño continúa experimentando el entorno de su infancia como si fuera el presente. Cuando en la actualidad se producen situaciones que recuerdan ese entorno disfuncional, el niño no se da cuenta de que ahora está viviendo contigo en otro lugar.[2]

Hay que prestar una atención extra a la seguridad para mantener al niño anclado en el presente. Al establecerse una relación fuerte y nutridora entre los estados infantiles y un padre o una madre amorosos interiores, el niño puede desengancharse del pasado y tener una vida hogareña feliz. Esto ocurrirá si escuchamos con respeto y empatía a las partes infantiles y les damos medios para expresarse; por ejemplo, a través del arte o dialogando con ellas.

Podrías reservarte un tiempo para dialogar con los estados de tu niño interior sobre lo que necesitan para sentirse a salvo.

Tiempo juntos

Una vez que has rescatado al niño o la niña de un pasado traumático (lo cual puede requerir la ayuda de un terapeuta), puedes crear un entorno más amigable para él o ella.

Esto puede implicar dedicar tiempo a dialogar con el aspecto infantil en cuestión o estar juntos relajadamente y haciendo cosas que sabes que son de su agrado. Si al niño que albergas le gusta estar al aire libre, asegúrate de pasar algún tiempo en el exterior. O tal vez te parezca enriquecedor montar a caballo o patinar sobre ruedas. A veces nos fusionamos con el niño cuando realizamos este tipo de actividades, pero también es habitual sentir la presencia del yo adulto. Que el adulto esté por ahí es positivo para la supervisión y también para cultivar la relación y ejercer una crianza distinta de la que recibió el niño en su momento.

Otra medida igual de efectiva consiste en reservarse tiempo para atender las necesidades del niño en la imaginación. Hay una mujer que pasa tiempo con cada una de sus tres niñas interiores cada día; las trata como lo haría con niñas reales de esas edades. Baña y sostiene al bebé y va de compras con la adolescente. Podemos contemplar cómo cada uno de los niños interiores pasa por las etapas de desarrollo normales que habría atravesado en un hogar estable y amoroso. En el caso de las niñas interiores de esta mujer, están sanando bajo los cuidados de su buena madre.

Puedes sanar de la desatención que sufriste en la infancia cuidando de tus niños interiores ahora.

El trabajo con los mensajes de la buena madre

En el primer capítulo ofrecí una lista de diez mensajes de la buena madre; vuelvo a incluirlos más adelante. Pueden ayudarte a asentarte como una madre atenta para todos los niños que haya en tu interior. Te recomiendo que encuentres algo que te ayude a sentir la presencia del niño (por ejemplo un muñeco, una fotografía o algo que lo represente) y que digas en voz alta estas declaraciones. Advierte si hay algunas que sean más evocadoras que otras para el niño y cuáles te resultan más difíciles. Estas son las declaraciones en las que deberás concentrarte.

A menudo, cuando algo es nuevo para nosotros tenemos que adentrarnos en ello poco a poco; esto también es aplicable a los estados positivos con los que no estamos familiarizados. Tenemos que acostumbrarnos a ellos, darnos la oportunidad de integrarlos y absorberlos. Por lo tanto, dedica mucho tiempo y espacio a este ejercicio. Al sentir plenamente una experiencia positiva, lo que estás haciendo esencialmente es incorporarla a tu arsenal de recursos. Sintoniza con tu cuerpo y observa cómo responde a cada uno de los mensajes. Aborda este trabajo desde un estado de relajación, para estar más receptivo y ser más capaz de percibir tus reacciones.

- Me alegro de que estés aquí.
- Te veo.
- Eres especial para mí.
- Te respeto.
- Te amo.
- Tus necesidades son importantes para mí. Puedes dirigirte a mí en busca de ayuda.
- Estoy aquí para ti. Encontraré tiempo para ti.
- Te mantendré a salvo.
- Puedes descansar en mí.
- Eres un deleite para mí.

No te detengas aquí. También puedes crear tus propios mensajes de la buena madre. Si lo haces teniendo en cuenta a unos niños interiores específicos, aún serán más apropiados. Pregúntales a estos estados infantiles qué quieren oír.

Otro ejercicio consiste en crear mensajes tranquilizadores a partir de lo que dice el niño interior. Aquí tienes algunos ejemplos:

- A mamá le encanta darme y ayudarme.
- Mamá está disponible; me atiende rápido cuando necesito algo.
- Mamá está muy orgullosa de mí.
- ¡Le gusto mucho a mamá!

No te limites a crear y formular mensajes y dejarlo ahí. Cuanto más a menudo y cuanto más profundamente trabajes con ellos, más podrán asentarse en ti y ser parte de una nueva base.

Ejercicio: Una carta a tu niño

Resérvate un tiempo en el que no te vayas a distraer con otras cosas y en el que no te vayan a interrumpir y crea una atmósfera tranquila, apropiada para trabajar. (Por ejemplo, podrías poner una música de fondo apropiada, encender una vela, apagar el teléfono o ir a un lugar especial). Tras realizar una meditación breve para centrarte, escribe una carta a tu niño o tu niña interior (si no has detectado una diversidad de estados infantiles) o a un niño interior en particular o a tu niño cuando tenía una determinada edad. Escribe desde tu estado adulto normal o desde el lugar que hay en ti que puede proporcionarle una crianza parental apropiada a este niño, si puedes acceder a dicho lugar. Dile a este niño cómo te sientes respecto a su experiencia vital. Si te parece apropiado incluir algunos de los mensajes de la buena madre y los sientes de verdad, hazlo.

Sanar al niño no amado

En el caso de la mayoría de las personas que fueron objeto de una crianza materna deficiente, aquello en lo que deberán centrarse más en la tarea de criarse a sí mismas será la sanación del niño que no ha sido amado. Hay otras necesidades, por supuesto (proporcionar orientación, aliento, protección, anclaje), y satisfacerlas puede ser parte de la tarea de sanación del niño no amado, pero en primer lugar y sobre todo se trata de ofrecerle al niño una conexión cálida que demuestre que te importa. Este niño, como todos los niños, necesita que lo amen.

Una niña interior me dijo que solo necesitaba que la sostuviera entre mis brazos, sin ninguna intención en particular y sin límite de tiempo. Necesitaba sentirse «envuelta» por la buena madre.

Alguno de los estados del bebé son muy frágiles y delicados y necesitan una acogida muy suave para poder desarrollarse y madurar.

A la hora de dedicar atención y prestar cuidados al niño interior, es útil contar con una representación exterior con la que se pueda tener contacto físico. Por ejemplo, se puede utilizar un muñeco o un animal de peluche para representar a un yo infantil. Los objetos blandos pueden ser los más apropiados, porque es especialmente agradable abrazarlos y acariciarlos, y además absorben las lágrimas que se puedan verter. Hay personas que duermen con una muñeca o la llevan en un portabebés cómodo. La mayoría acogen entre sus brazos el objeto representativo o le hablan, por lo menos.

No es poco frecuente que las personas se encuentren con un niño interior que tiene entre tres y seis años de edad y que llegue un momento en que aparece un bebé. El trabajo con el yo del bebé suele ser el que despierta los sentimientos más dolorosos. Aunque estés yendo hacia atrás en lo que a la edad se refiere, el hecho de que estés trabajando con estas heridas primarias es indicativo de tu fortaleza.

El cambio que experimenta la mente

Dar mensajes de la buena madre al niño interior, recibir mensajes de la buena madre de otras personas y cultivar la buena madre dentro de uno mismo no solo sirve para satisfacer las necesidades del niño interior, sino que, literalmente, cambia la mente. Cambia la estructura de la persona; lo que piensa de sí misma y del mundo.

Con el tiempo, la voz de la buena madre cultivada en el espacio interno puede sustituir la voz del padre o la madre críticos, la cual es un gran filtro que alberga la mente de la mayoría de las personas. Si alguien está condicionado por el padre o la madre críticos, será crítico con los demás, al menos en su espacio mental. Esta persona será impaciente y enjuiciadora y no podrá abrir el corazón a los demás. Por supuesto, tendrá esta misma actitud consigo misma. Probablemente ya sepas qué es vivir así. ¿No sería mucho más agradable albergar un filtro amoroso que ver el mundo a través de un filtro amargado?

Esta labor de reparación requiere tiempo pero vale la pena. Cambiar la atmósfera interna de la mente es la mayor tarea de remodelación que podrías emprender.

12.

Psicoterapia: problemas de la madre y necesidades en la crianza

D esde los inicios de las terapias conversacionales, los psicotera-
peutas han oído cómo los clientes se quejaban amargamente
de su madre. Desde entonces han proliferado muchos métodos
terapéuticos, pero la madre sigue estando especialmente presente
en las consultas terapéuticas.

La mayoría de las modalidades terapéuticas se rigen por unos
procedimientos que pueden ser útiles, ya sean terapias expresivas como la arteterapia o el movimiento, terapias somáticas para
las que el cuerpo es una fuente de información y aprendizaje, o
terapias basadas en protocolos como la EMDR –Eye Movement
Desensitization and Reprocessing ('desensibilización y reprocesa-
miento por medio de movimientos oculares')– y el *brainspotting*.
Asimismo, es importante mencionar las terapias de trabajo con las

partes (también llamadas *estados del ego*), a las que me he referido en el capítulo anterior.

Otras terapias relevantes son el trabajo dirigido a los traumas del nacimiento y las experiencias prenatales, la terapia orientada al apego en la que participa la pareja de la persona (cualquier apego seguro ayuda a compensar algunas de las carencias) y las terapias en las que el terapeuta asume el rol de figura de apego a propósito y trata de satisfacer algunas de las necesidades que no fueron cubiertas en una etapa temprana (consulta el apartado «Criar de nuevo», en la página 278). Estas opciones no son excluyentes. Por ejemplo, es posible trabajar con una terapeuta para desarrollar la madre interna y, al mismo tiempo, considerar que esa terapeuta encarna la figura de la buena madre.

En este capítulo nos centraremos sobre todo en las heridas de apego sufridas en la edad más temprana, pero debes tener en cuenta que los temas que se tratan en un contexto terapéutico y las necesidades del desarrollo no satisfechas no atañen a los primeros años de vida de la persona solamente, sino que el período abarcado va mucho más allá.

En general, no puede esperarse que las terapias de corta duración y las de tipo cognitivo-conductual aporten mucho a las personas que tienen que lidiar con heridas sufridas en la primera infancia. Estas terapias pueden afectar a la neocorteza, es decir, al cerebro pensante, pero nunca llegan al cerebro emocional. En la mayoría de los casos, el cerebro emocional tiene que descargar los traumas que alberga y deponer sus defensas, lo cual es mucho más fácil que suceda en el entorno que proporciona una relación segura y nutridora cultivada a lo largo del tiempo. Además, según los psiquiatras Thomas Lewis, Fari Amini y Richard Lannon, autores de *Una teoría general del amor*, lo que permite que el cerebro emocional o límbico de la persona cambie es que entre en resonancia límbica con el terapeuta y que el cerebro emocional del terapeuta afine el cerebro emocional de la persona, de la misma manera que el cerebro de la madre afinó el cerebro del bebé. Este proceso suele requerir años; reprogramar el cerebro emocional no es algo que pueda hacerse de un día para otro.

Entre los cientos de modalidades de psicoterapia que existen, hay grandes desacuerdos en torno a cuestiones como si hay que tocar o no al cliente o en cuanto a lo lejos que puede llegar el terapeuta a la hora de satisfacer directamente necesidades del cliente. La mayor parte de lo que voy a exponer permanecerá dentro de los límites de la corriente general, si bien pondré también ejemplos de trabajos que se salen de este cauce.

Será útil que presente algunos vocablos y denominaciones antes de continuar. El término *psicodinámica* se utiliza a menudo al hablar de terapias que exploran en profundidad las raíces del comportamiento en la infancia; cuando estas terapias se centran en los efectos reparadores que tiene la relación con el terapeuta, a veces se emplean las denominaciones *terapia relacional* y *psicoterapia basada en el apego*. Estos tipos de terapia son muy diferentes de la *terapia del apego*, una intervención controvertida utilizada sobre todo con niños adoptados que no se han apegado a sus nuevos cuidadores.

Los contenidos que vamos a desarrollar a continuación tienen que ver con terapias profundas a largo plazo en las que el apego temprano desempeña un papel central.

Semejanzas con la buena madre

La terapia se parece a la relación entre madre e hijo en el sentido de que está ahí para satisfacer las necesidades del cliente, no las del terapeuta, al igual que la madre está ahí para satisfacer las necesidades del niño y no al revés. Como la buena madre, el terapeuta atiende a la persona sintonizando con ella. Le proporciona el espacio necesario para expresar cualquier cosa, está interesado en la experiencia interna de la persona y la ayuda a lidiar con los temas difíciles. Algunos investigadores clínicos incluso han postulado que así como la madre funciona como parte del sistema nervioso del bebé (una parte externa, eso sí) y es una plataforma para el crecimiento del niño, el terapeuta tiene un papel similar con el cliente; lo lleva a saborear nuevos estados de conciencia y le muestra nuevas formas de relacionarse fomentando estados compartidos en el transcurso de la terapia.[1] (Recuerda la resonancia límbica).

El psiquiatra y pediatra D. W. Winnicott habló de la conveniencia de que el terapeuta proporcionara un entorno acogedor, igual que la madre se lo proporciona al bebé. Creía que el terapeuta tiene que ser igual de paciente, tolerante y confiable que la madre entregada a su bebé; tiene que tratar los deseos del cliente como si fuesen necesidades y tiene que dejar de lado otros intereses con el fin de estar disponible.[2] Y de la misma manera que la madre tiene que responder muy bien a las necesidades del bebé pero con el tiempo debe permitir que experimente ciertas frustraciones (de forma calculada), el terapeuta puede irse retirando un poco a medida que el cliente se va volviendo más independiente.

Otro aspecto en el que son semejantes el terapeuta y la buena madre es que el terapeuta que está en sintonía con la relación mantiene una conciencia doble: siempre presta atención a lo que sucede entre él[*] y el cliente al mismo tiempo que ayuda a este a

---

[*] N. del T.: Por supuesto, este «él» es meramente genérico y puede hacer referencia tanto a un terapeuta como a una terapeuta. De hecho, a lo largo de este capítulo el terapeuta como «buena madre» se percibe más como una figura femenina, pero como la autora no hace declaraciones explícitas en este sentido, en general se ha optado por el género no marcado en esta traducción. (Recordemos, en cualquier caso, que como expone la autora, la buena madre es un arquetipo que no tiene que ser encarnado necesariamente por la figura materna [capítulo uno, apartado «¿Quién puede hacer de madre?», página 30, y principio del capítulo dos]).

lidiar con cualquier problema dado. Mientras que la sintonía con los sentimientos del cliente es un componente en todas las terapias, no todas las modalidades terapéuticas tienen un ojo puesto en la dinámica de la relación entre el terapeuta y el cliente, sobre todo en lo relativo al apego. Las modalidades de terapia más conductuales, cognitivas y breves están centradas en la resolución de problemas y por lo general no dedican atención a este aspecto más subyacente.

Para los clientes que tuvieron una madre emocionalmente ausente, un terapeuta que no preste atención a las cuestiones relacionadas con el apego es análogo a una madre que de alguna manera desconoce o no sabe atender las necesidades que tiene el niño en el terreno emocional. Este tipo de madre solo dedica atención a la tarea inmediata que debe atender, y si está muy estresada puede ser que apenas haga tan siquiera esto. Puede responder a las necesidades externas del niño en algún grado por lo menos, pero no a sus sentimientos y necesidades internos. El terapeuta emocionalmente presente tiene que estar sintonizado con los sentimientos y necesidades que exprese el cliente, de ambos tipos.

A diferencia de la madre que no está sintonizada con su hijo, el terapeuta que vela por la sintonía sabe que la constancia que proporciona es importante para el cliente. Las personas que fueron objeto de una crianza materna deficiente no recibieron una atención constante. No hubo nadie ahí con quien pudiesen contar de una manera sistemática, aun cuando esta presencia es básica para forjar la sensación de seguridad. Los terapeutas que están dispuestos a ello pueden ser esta fuente de seguridad y ayudar a llenar el vacío provocado por lo que le faltó a la persona en su infancia, unos déficits que se tradujeron en carencias en el aspecto psicológico.

Es habitual que el niño interior del adulto que recibió una crianza materna deficiente tenga una gran necesidad de sentir que el terapeuta no lo está apoyando porque es su trabajo solamente (como en el caso de la madre), sino que esta vez el apoyo tiene un carácter personal. Muchos adultos que estuvieron expuestos a una crianza materna con carencias no tienen la sensación de que su madre los conocía realmente y, en consecuencia, no tenían la sensación de gustarle. Tal vez sintieron que su madre los amaba porque este era su deber (es decir, los amaba en un nivel superficial), pero las personas no pueden sentirse verdaderamente amadas (o ni siquiera pueden sentir que gustan) si no sienten que las ven tal como son. Para que estos clientes sientan que gustan de veras al terapeuta, tienen que saber que este ve tanto su potencial como su dolor.

Todo esto requiere que el terapeuta se maneje con mucha habilidad. Debe mostrar que el cliente le importa de verdad, a la vez que debe mantener ciertos límites para que el carácter de la relación esté claro y no pierda el tono profesional. El terapeuta ha de evitar que sus propias necesidades interfieran en la relación.

Consideraciones especiales en cuanto al trabajo orientado al apego

En la terapia orientada al apego, el terapeuta hace las veces de figura de apego, lo cual le da al cliente la oportunidad de conformar un vínculo de apego y trabajar con algunos temas no resueltos con origen en ciertas relaciones tempranas. Este tipo de trabajo es muy profundo y requiere que el terapeuta cuente con varias habilidades especiales.

En primer lugar, tiene que tener claro que los clientes que presentan heridas de apego no suelen ser conscientes de gran parte de lo que los está afectando. Como casi toda la experiencia que tenemos como bebés es preverbal, no es codificada y almacenada como sí ocurre con los recuerdos concretos, por lo que no es nada de lo que podamos hablar; ni siquiera somos conscientes de que eso está ahí. Es probable que estos patrones inconscientes se manifiesten en el cliente, tanto en el contexto terapéutico como en su vida.

Un terapeuta capacitado observa qué patrones y reacciones expresa el cliente, interpreta el lenguaje corporal de este y presta mucha atención a su propia experiencia como fuente de información sobre lo que le está pasando al cliente y lo que está pasando entre ellos. Como escribe el psicoterapeuta y autor David Wallin en *El apego en psicoterapia*, «aquello que no podemos verbalizar tendemos a manifestarlo con otras personas, a evocarlo en otros o a encarnarlo».[3] Y explica que la calidad de nuestras relaciones de apego está determinada en gran medida por las interacciones no verbales que las conforman.[4] El contacto visual, las expresiones faciales y los movimientos de acercamiento o alejamiento forman parte de la danza exquisita que ejecutan el bebé y su madre, dos amantes o el terapeuta y su cliente.

Debido a la regresión que tiene lugar en ocasiones (el cliente regresa a estados muy tempranos), puede haber sensaciones de fusión en la relación, que pueden desdibujar los límites normales. Los terapeutas tienen que evitar absolutamente promover la dependencia más allá de su papel sanador y evitar también utilizar el tacto o cualquier aspecto de la relación para satisfacer sus propias necesidades de afecto, poder, contacto, etc. Como puedes imaginar, un terapeuta codependiente que necesite que lo necesiten podría atrapar al cliente en una especie de trampa y hacerle más daño que bien.

En las modalidades de terapia más intensivas se produce cierta idealización del terapeuta, el cual, durante un tiempo, es percibido con unas gafas de color rosa. El cliente ve al terapeuta a través del filtro que es su amor y su necesidad de amor. Como necesitamos tanto que este amor compense lo que nos faltó de niños, llenamos con él las carencias que pueda tener el terapeuta; es decir, creemos que el terapeuta es una persona más completa y capaz de como es realmente. No lo vemos como es, sino como necesitamos que sea.

Durante un tiempo, esta idealización tiene de bueno que nos ayuda a apegarnos al terapeuta, de la misma manera que se cree que el hecho de idealizar a los padres ayuda al niño a apegarse a estos. Ahora bien, aunque hay quienes puedan decir que todos los niños idealizan a sus padres debido a la necesidad, yo no estoy tan segura de esto. Una mujer me dijo que el primer recuerdo que tenía de su madre era que se trataba de una persona con unas capacidades muy limitadas. A los tres años, se sentía más inteligente que su madre. Naturalmente, una niña o un niño de tres años no va a saber más de la vida que su madre, pero esa experiencia tuvo algo de profético. La mujer llegó a ser doctora, mientras que su madre presentaba una madurez muy limitada.

Aunque todos los tipos de terapia hacen que los clientes se encuentren en una posición relativamente vulnerable, el hecho de lidiar con nuestras heridas de abandono con origen en la primera infancia y de permitir que surjan sensaciones de carencia y sentimientos de dependencia en la relación terapéutica hace que el sentimiento de vulnerabilidad se acentúe. El cliente tiene que sentirse tremendamente confiado para tolerar y expresar estos sentimientos y sensaciones, y los terapeutas tienen que saber cómo lidiar con esto con habilidad y de forma respetuosa.

Como puedes ver, el trabajo con las cuestiones que tienen que ver con el apego temprano es un asunto muy delicado, y está claro que no todos los tipos de terapia sirven ni todos los terapeutas están preparados para abordarlo. En el trabajo orientado al apego que estoy exponiendo, la relación es el vehículo de la sanación. En otras modalidades terapéuticas, la relación tiene que ser lo bastante sólida como para sostener los otros elementos, pero se considera que son más bien las diversas intervenciones lo que constituye el vehículo de la sanación.

El contacto físico en la terapia

A la mayoría de los terapeutas se les enseña que deben evitar, totalmente o en gran medida, tocar al cliente. En la terapia psicodinámica, se explora la necesidad de contacto físico, pero se considera que es un comportamiento inapropiado que ello derive en contacto físico en la relación con el cliente en lugar de ayudar a este a trabajar con esta necesidad. En cambio, los terapeutas que están más centrados en el trabajo con el cuerpo o que han recibido una formación menos tradicional suelen tener otra visión sobre este tema. Algunos emplean el tacto para ayudar a calmarse a clientes que están extremadamente agitados, otros utilizan el tacto para ayudar a los clientes a sintonizar con su experiencia y otros sienten que el contacto físico ocasional es importante para los clientes que, a causa de sus vivencias, han sentido a menudo que no merecían ser tocados. Un experto en traumas señaló que puede que llegue el día en que el hecho de *no* tocar al cliente sea considerado un comportamiento poco ético, pues priva a la persona de un componente esencial de la sanación.

Al hacer frente a las heridas de apego con origen en la infancia, todo lo que tiene que ver con el contacto físico adquiere mayor importancia de lo habitual. A menudo, estos clientes han estado menos expuestos al contacto físico y lo anhelan más que el cliente promedio. Necesitan más el contacto físico y, cuando lo reciben, este tiene un impacto mayor en ellos.

Una terapeuta le permitió a una clienta expresar su necesidad de apoyo y contacto dejando que la tomase de la mano o que alargase la pierna para tocar, con uno de sus pies, uno de los pies de la terapeuta. Así se satisfizo la necesidad primaria de contacto y fue fácil acceder a los miedos de la clienta relativos al rechazo y a las dificultades que tenía para acercarse físicamente a los demás sin acudir a un tipo de contacto corporal que habría podido hacer que se sintiese confundida.

Los adultos que, de niños, fueron objeto de un contacto físico inapropiadamente sexual, que se sienten sobreestimulados por el tacto o que presentan defensividad táctil albergan unas vulnerabilidades específicas. El contacto físico puede ser demasiado potente o demasiado amenazador para estas personas. Es un tema muy complejo.

La mayoría de los terapeutas que han recibido una formación que contempla el papel del tacto han aprendido a pedir siempre permiso antes de tocar al cliente y a decirle qué van a hacer. («¿Te parece bien si te toco el hombro mientras hacemos esto? Voy a tocarte aquí, así. ¿Qué tal?»).

El terapeuta puede aceptar que sea el cliente quien inicie el contacto si esto es indicativo de un avance importante en esa persona, como en el caso de la clienta que he mencionado, que tomaba a la terapeuta de la mano en el momento de trabajar con temas de la primera infancia, época en la que le parecía demasiado peligroso aproximarse físicamente o tener necesidades. Pero si el toque del cliente parece seductor o manipulador, o si parece que el cliente no está respetando los límites, el terapeuta tendrá que hacer frente a esta situación.

Criar de nuevo*

Hay unas pocas terapeutas** que están dispuestas a adoptar más directamente el papel de «madre sustituta» y también más dispuestas a tener contacto físico con el cliente. Una de estas terapeutas ofrece una «terapia de nueva crianza» a mujeres adultas. Anima a sus clientas a relajarse en su dependencia y sus necesidades de apego y a que dejen que estas necesidades sean satisfechas. «En lugar de

---

* N. del T.: En esta obra, *criar de nuevo* y *nueva crianza* son traducciones de la palabra inglesa *re-mothering*, que más literalmente se podría traducir como 'ejercer la crianza materna de nuevo' u 'ofrecer cuidados maternales de nuevo'.
** N. del T.: En realidad, el género es indiscernible. La opción por el femenino ha sido una decisión de traducción basada en el carácter general de este apartado.

avergonzar a las mujeres que han sido objeto de una crianza materna deficiente por tener hambre de amor, me tomo en serio su hambre de amor», escribe la terapeuta Soonja Kim,[5] quien está ahí, como la buena madre, radicalmente dispuesta a ofrecerles su amor. Entre otras cosas, acoge entre sus brazos a las clientas que quieren ser acogidas y las nutre con lo que he llamado *mensajes de la buena madre.*

Kim invita a sus clientas a relajarse y recibir esta atención amorosa:

El amor pasivo es el tipo de amor en el que se te ofrecen cuidados sin que tengas que hacer mucho para obtenerlos. Requiere más intuición y empatía por parte de quien da y más receptividad por parte de quien recibe. El hecho de recibir amor pasivo puede ser profundamente sanador para las mujeres que estuvieron expuestas a una crianza materna deficiente, las cuales tuvieron que aplicarse muy activamente en tratar de ganarse el amor. Albergan tanta vergüenza en torno a sus necesidades emocionales que el hecho de que les den sin tener que revelar sus necesidades directamente es extremadamente reconfortante para ellas.[6]

Y a continuación dice:

A medida que sientes que tu dependencia y tus necesidades de apego son acogidas amorosamente por una figura materna y te permites recibir amor pasivo, el cuerpo, el corazón, la mente y el alma se van relajando progresivamente. En esta relajación, es posible que pases primero por un período de duelo por no haber recibido los cuidados y el amor dulce que necesitaste en tu infancia. De todos modos, al permitir que el sentimiento de duelo fluya y se vaya, puedes pasar a un nivel de relajación más profundo, en el que puedes acceder a tu verdadera naturaleza. También puede ser que experimentes la verdad de tu interconexión con todos los seres, la cual te libera del profundo sentimiento de soledad que sentías.[7]

Muchos estarían de acuerdo en que relajarse en una conexión más profunda y en la propia naturaleza esencial subyacente es una sanación muy necesaria. Algunos dirían que es algo a lo que tenemos derecho por el mero hecho de estar aquí, un derecho que no se cumple cuando nuestra madre no puede atendernos debidamente cuando somos bebés.

A veces, un trabajo de esta naturaleza requiere más que la típica sesión terapéutica de cincuenta minutos o una hora. Puede requerir sesiones de varias horas que, en ocasiones, pueden tener formatos no convencionales. Una mujer de cerca de cincuenta años narró una serie de sesiones que había tenido con su terapeuta después de haber trabajado con ella durante más de un año por teléfono tratando temas que tenían que ver con su madre emocionalmente ausente. Viajó hasta el pueblo de su terapeuta y se alojó en un motel cercano para poder participar en sesiones largas, e incluso para pasar tiempo con la familia de la terapeuta fuera del marco de las sesiones. (Ten en cuenta que estamos hablando de contacto humano amoroso e inclusión para una persona que nunca se sintió querida por su madre).

Así narró la mujer su llegada al núcleo más profundo del dolor que experimentó siendo un bebé y lo que significó para ella la acogida de la terapeuta:

Estaba llorando desde mi centro y desde lo profundo de mi ser. En esos momentos necesitaba, más que ninguna otra cosa, que el abrazo del amor me sostuviera y acogiera, y mi terapeuta me lo proporcionó. Al cabo de un rato, era como si no fuese mi terapeuta quien me acogía, aunque sé que ella estaba ahí.

[Más tarde] experimenté la sensación asombrosa de que me había acogido el Amor mismo; un amor que iba más allá de la terapeuta y su familia, pues era mucho más profundo. Habíamos tocado una realidad central, y ese abrazo amoroso es, para mí, una metáfora del amor y el abrazo que había necesitado toda mi vida. El anhelo de ser querida, querida de veras; el anhelo de que se reconociese mi mismísima existencia y de no tener que ganarme el derecho a existir y estar viva; el reconocimiento de que soy hermosa y digna de amor (digna de ser acogida en lugar de que me traten como si fuese veneno). Bueno, ¿qué más podría decir?

Esta nueva crianza del bebé que fue la persona es una medicina potente que no siempre se maneja bien. He oído de varias terapeutas que acogen a la persona entre sus brazos, mantienen el contacto visual de forma sostenida, dan mensajes verbales sanadores y a veces incluso le dan un biberón a la clienta. Las clientas han informado de resultados variados y he oído acerca de un daño importante cuando la terapeuta abandonó a una clienta a la que había animado a regresar a un estado de dependencia. Otras veces el trabajo ha sido inocuo pero no siempre apropiado para la clienta.* La primera regla de la buena crianza materna es la sintonía con el cliente, por lo que incluso los terapeutas bienintencionados y compasivos no obtendrán los mejores resultados si no están lo bastante sintonizados con el cliente.

Estoy convencida de que es la conexión auténtica, afinada, confiable y respetuosa la que tiene un efecto sanador, y también

---

* N. del T.: A lo largo del párrafo, hasta este punto, se ha optado por el género femenino para hacer referencia a la figura terapéutica y al cliente porque parece lo más apropiado, pero de hecho no es posible discernir el género en la obra original.

creo que no es algo de lo que el terapeuta pueda servirse sin más, como ocurre con otros tipos de intervenciones. Creo más en las necesidades y respuestas que surgen de forma natural en el contexto terapéutico que en las que se aplican como si de una fórmula se tratase.

De hecho, esta es la experiencia que tuve cuando una terapeuta me «crio de nuevo». La necesidad de una nueva crianza surgió en lo profundo de mí después de trabajar con otros traumas con origen en la primera infancia durante varios años. Como han dicho otras personas, yo también sentía un vacío en el corazón en el lugar en el que supuestamente debía estar mi madre. Cuando le indiqué a mi terapeuta que quería que se pusiera en el lugar de mi madre, al principio se mostró reacia. (Una petición como esta choca con mucho de lo que se enseña durante la formación profesional). Pero después respondió según lo que le dictó el corazón y estuvo realmente presente para mí. No se ofreció a acogerme entre sus brazos (tampoco se lo pedí) pero no le tenía miedo al contacto físico, lo cual fue muy beneficioso para mi sanación. Creo que lo que forjó un vínculo profundo entre nosotras fue el hecho de mirarnos profundamente a los ojos. A través de los ojos, la conexión llegó directamente a mi corazón. Fue una experiencia intensa para mí, y este vínculo (que reforcé internamente) me condujo, con el tiempo, a reorganizar completamente la forma de experimentarme a mí misma y de vivir la vida. Me proporcionó la oportunidad de experimentar los ingredientes esenciales que me habían faltado, lo cual impulsó tremendamente mi desarrollo. Al hablar de ello más adelante, dije que el componente más importante de esa terapia fue el hecho de que me sentí amada de una manera muy real y tangible.

Del aislamiento al apego seguro

Cuando las cosas van bien en la terapia, progresamos y pasamos a tener más opciones. Las personas que habían renunciado a la vulnerabilidad pueden aprender a tolerarla lo suficiente como para dejar que alguien se acerque. Aquí tienes un ejemplo de la progresión por la que podría pasar, acompañada de un terapeuta, una persona que se estuviese protegiendo por medio de la autosuficiencia:

1. AISLAMIENTO PROTECTOR

La postura de autoprotección consiste en no dejar entrar a otros en el propio espacio. Se trata de una defensa contra el dolor que provocaría un posible rechazo. La persona que presenta el estilo de apego autosuficiente ha llegado a la conclusión de que el amor no va a estar ahí, por lo que es mejor no quererlo. Cualquier expresión de afecto y calidez desestabiliza esta postura.

2. FISURAS EN LA ARMADURA

El terapeuta paciente y sintonizado acaba por encontrar maneras de ayudar al cliente a sentirse visto y comprendido, lo cual hace que se derrita parte de la armadura protectora.

3. AMBIVALENCIA Y ANHELO

A medida que la persona tolera más el contacto, van asomando a la superficie anhelos reprimidos y luchan con las viejas defensas. Ahora está presente tanto el mensaje de detenerse como el de avanzar. La persona se encuentra en una situación de ambivalencia.

4. DERRETIMIENTO

Como el anhelo ha sido tan reprimido, se muestra muy fuerte cuando sale a flote. De hecho, es tan fuerte que funde la resistencia, y el cliente pasa a sentirse expuesto y vulnerable.

5. MIEDO

Sentirse vulnerable y dependiente puede hacer que suenen con fuerza determinadas alarmas, pues la persona que manifiesta el apego autosuficiente aprendió a evitar estas sensaciones a toda costa.

6. INSEGURIDAD

Si la persona puede surfear el miedo, el apego seguro va tomando forma y el terapeuta pasa a ser alguien muy importante para el cliente. A menudo, a este le cuesta tolerar esta situación. Quieras que no, el terapeuta solo está disponible dentro de unos límites y a veces se va (de vacaciones o por trabajo). La parte adulta del cliente lo comprende, pero las necesidades de apego del bebé que han sido suscitadas reclaman mucho más que una hora a la semana. Sumido en los sentimientos del yo infantil, posiblemente el cliente sienta que sería incapaz de sobrevivir sin el terapeuta. Cuando el terapeuta se va, el cliente que se encuentra atrapado en estos estados puede temer que no regrese o que deje de dedicarle la misma atención.

7. RECIBIR CON ENTUSIASMO LOS CUIDADOS

Aunque albergue sentimientos de inseguridad, el cliente cada vez es más capaz de tomar y disfrutar los cuidados que se le ofrecen, sintiéndose agradecido y satisfecho.

8. LA SEGURIDAD DEL VÍNCULO AUMENTA

A medida que el vínculo entre el terapeuta y el cliente se va fortaleciendo, se va volviendo más sólido y resistente. Se toleran con mayor facilidad los sucesos que perturban la armonía de algún modo (las vacaciones, los malentendidos) y el cliente no necesita tanto que lo tranquilicen.

9. MERECIMIENTO SALUDABLE

Con el tiempo y al recibir siempre respuestas positivas, el cliente se va sintiendo más confiado y merecedor, y comienza a pedir lo que quiere. Esto fomenta su autoconfianza y tiene un efecto positivo en sus otras relaciones.

10. INTERIORIZACIÓN DE LA FIGURA DE APEGO

Tanto la presencia de la figura de apego como los buenos sentimientos que se dan en la relación pasan a formar parte de la psique y la estructura del cliente. Con el apego seguro, esa persona pasa a formar parte del propio corazón. (Repasa el apartado «La buena madre portátil», en la página 234).

He presentado una dinámica correspondiente a un estilo de apego autosuficiente que comienza con un aislamiento protector, pero este aislamiento no es siempre evidente. Las heridas de apego pueden permanecer ocultas mucho tiempo. El cliente que atraviesa las etapas expuestas puede tener amistades reconfortantes y cercanas que no remuevan las heridas de apego que yacen bajo la superficie; estas amistades tienen escaso efecto en la sanación de estas heridas. Un adulto que presente el estilo de apego autosuficiente puede incluso tener un matrimonio estable que dure décadas, en el que haya la distancia suficiente entre los cónyuges como para que no se agiten las aguas del apego. Por otra parte, si bien he expuesto el proceso en el contexto de una relación terapéutica cercana, podría darse un proceso similar al lado de cualquier otra figura de apego que esté presente sin fisuras y apoye este proceso evolutivo.

De la frustración a la satisfacción

La progresión es diferente en el caso de las personas que presentan el estilo de apego preocupado o ansioso. El sistema del apego no necesita ser activado en este caso, sino que está demasiado excitado. Está centrado, por no decir obsesionado, con la conexión. Lo que hay que hacer en este caso, según Diane Poole Heller (consulta la referencia en la página 288), es tomar el contacto ofrecido con el fin de poder alcanzar un estado de satisfacción. Aunque están buscando siempre la conexión, quienes tienen incorporada esta estrategia de apego rechazan o no registran la conexión que se les ofrece, por lo que no sacian su hambre de apego y permanecen en un estado de ansiedad elevada. Se encuentran en una situación muy similar a la de un bebé irritable que está tan molesto que no hay manera de calmarlo. La irritabilidad se interpone en el camino de la receptividad, por lo que el bebé no puede asimilar las palabras o los comportamientos destinados a calmarlo. Una vez más, son fundamentales la sintonía, la constancia y la paciencia con el cliente; también es crucial encontrar una manera de que el cliente «sienta que lo sienten» y asimile la atención que se le dedica (tanto en la relación terapéutica como en otras relaciones significativas). Con el tiempo y gracias a sus propios esfuerzos, estos sentimientos le permitirán a la persona conquistar el apego seguro.

El terapeuta como «madre instructora»

Una de las cosas más difíciles para los clientes que se encuentran en un proceso que se vive en el contexto de una relación intensa es entender que si bien el terapeuta está brindando una experiencia deliciosa y largamente anhelada de la buena madre, una experiencia que el cliente podría desear disfrutar para siempre, solo está allí como un «suplente» temporal. El terapeuta interviene mientras la persona cultiva su propia buena madre dentro de sí. Con toda su ternura, sabiduría y paciencia, el terapeuta no hace otra cosa que mostrarle al cliente la forma correcta de desarrollar la buena madre interior. Es lo que llamo la *madre instructora*, con lo que quiero indicar que ofrece un modelo para que el yo adulto del cliente sepa cómo proceder.

Es la madre interior la que estará ahí en Navidad, en un fin de semana largo o en mitad de la noche, no el terapeuta. Por supuesto, si hemos interiorizado al terapeuta, podemos hacer que esté presente en cualquier momento.

Ni siquiera hace falta que nos remitamos directamente a una madre interior. Lo relevante es que el terapeuta activa aspectos de nosotros que estaban aletargados, como la capacidad de apoyarnos o la de defendernos apropiadamente a nosotros mismos. No se trata de que estos aspectos estén disponibles en la consulta del terapeuta solamente. Un terapeuta capacitado ayudará al cliente a incorporar estas capacidades para que estén a su disposición las veinticuatro horas de los siete días de la semana.

Consejos para los terapeutas

Según mi experiencia, el trabajo con la negligencia emocional y el maltrato emocional es lento, y esto puede hacer que se vuelva angustioso. Es importante que tengas en tu interior los recursos emocionales que te permitan afrontar las exigencias y el dolor emocional asociados a este tipo de trabajo. Los clientes pueden sufrir daños importantes por parte de terapeutas que no tienen el ancho de banda emocional necesario y que terminan por parecerse a la madre despreciadora o inaccesible que los crio.

El trabajo requiere suavidad y paciencia: suavidad porque estamos tratando con lugares infantiles increíblemente delicados que alberga el cliente y paciencia porque la reconstrucción de las propias bases es un trabajo a largo plazo. Es posible que el cliente lleve varios años haciendo terapia antes de que exponga los episodios más graves de maltrato o negligencia que sufrió. Necesita su tiempo para llegar a confiar en el terapeuta y para estar preparado para afrontar las experiencias más abrumadoras de su pasado. Mientras tanto, nunca podemos estar seguros de no pisar una mina oculta bajo algo que pensábamos que era inocuo.

Además de saber que tienes la paciencia, la fortaleza interna, el conocimiento de los temas y las habilidades terapéuticas necesarios, es importante que sepas cuáles son tus propias dinámicas de apego. La mayoría de los terapeutas han vivido el apego inseguro en sus propias carnes y es fundamental que hayan trabajado con él lo suficiente. Tienes que estar disponible para que los clientes desarrollen un apego seguro hacia ti y tienes que fomentar este tipo de apego a través de tu postura acogedora, tu calidez, tu empatía, tu sintonía y tu capacidad de lidiar con las necesidades del cliente y con las frustraciones que pueda sentir respecto a vuestra relación o el proceso terapéutico en determinados momentos.

Es bueno que sepas qué podría hacer que se activasen tus propias sensibilidades en cuanto al apego; por ejemplo, podría activarlas el hecho de que un cliente se aferrase a ti o el hecho de que un cliente no te dejase entrar en su espacio. Tus puntos fuertes encajarán mejor con algunos tipos de clientes que con otros. Por ejemplo, reconozco que los clientes que manifiestan más bien el apego preocupado y necesitan oír palabras tranquilizadoras todo el rato están menos satisfechos conmigo que aquellos que necesitan aprender a confiar. Mi presencia es generalmente más espaciosa y no tan exteriorizada, y hay clientes que necesitan esto último.

Puede resultarte útil formarte en el trabajo con problemas relacionados con el apego. Diane Poole Heller forma a terapeutas en su método DARe, *Dynamic Attachment Re-patterning experience* ('experiencia de remodelación de la dinámica del apego'); es una formación que cuenta con varios niveles de enseñanza y certificación. En esta formación se imparten conocimientos sobre las diversas estrategias de apego y las intervenciones terapéuticas que son útiles con cada una de estas estrategias.[8] También puedes encontrar información sobre el trabajo con los diversos estilos de apego en el libro de David Wallin *El apego en psicoterapia* o en la formación presencial que imparte.[9]

Hay autores y terapeutas que trabajan con determinados tipos de padres que también ofrecen formación. Por ejemplo, Karyl McBride brinda una formación breve para terapeutas a partir de su trabajo centrado en la sanación de personas que han tenido madres narcisistas.[10] Cuanto más familiarizado estés con el ámbito de la negligencia emocional y el maltrato emocional y con los tipos de crianza deficiente que pueden darse, más preparado estarás para ofrecer un buen servicio a tus clientes en general.

La tarea es gratificante pero también exigente, por lo que es importante que sepas cuáles son tus capacidades y tus limitaciones. El hecho de estar bajo supervisión puede ayudarte a mejorar tus habilidades y a trabajar con las inevitables «oportunidades de crecimiento» que se presentarán si estás en la brecha realizando este tipo de trabajo.

Tu propio grado de sanación y completitud es el elemento más importante que puedes aportar como terapeuta en este ámbito. Todo lo que puedas aprender en los libros no compensará una configuración psicológica que sea reactiva en lugar de tranquila ni un ego que crea que no tiene ninguna carencia. Lo mejor que puedes hacer es no dejar de trabajar contigo mismo, lo cual puedes hacer informalmente a través de tus propias maneras de procesar, a través de una relación terapéutica e incluso a través de un trabajo de tipo espiritual. Como dice Wallin, «nosotros somos las herramientas de nuestro oficio».

13.

Más medidas y estrategias prácticas de sanación

Te he indicado muchas posibilidades para trabajar con las heridas con origen en tu madre (tus heridas maternas), pero sería negligente por mi parte no incluir un enfoque proactivo basado en las necesidades que hemos identificado. Hay que tomar en consideración lo siguiente:

- No todo el mundo tendrá la suerte de encontrar a alguien que esté dispuesto a ponerse en el lugar de la buena madre que no estuvo ahí en la infancia.
- No todo el mundo tiene una pareja que quiera tener una relación consciente y que esté dispuesta a permitir que la relación sea un espacio en el que trabajar con las heridas y las necesidades insatisfechas con origen en la infancia.
- No todo el mundo se sentirá atraído por la Gran Madre o por el trabajo en el ámbito arquetípico.

- No todo el mundo tiene los recursos o el compromiso necesarios para hacer psicoterapia o se siente inclinado a ello.
- No todo el mundo se siente a gusto trabajando con el niño interior.
- *Pero todas las personas pueden* utilizar lo que se ofrece en este capítulo para identificar y satisfacer necesidades que están ahí desde la infancia, independientemente de que adopten o no cualquiera de las medidas indicadas en los puntos anteriores.

Cómo identificar «vacíos» específicos

Para el niño que estuvo expuesto a una crianza materna deficiente, el vacío que hay en el espacio en el que debería haber estado su madre puede parecer tan grande como el universo. Cuando acudimos a ese espacio en la edad adulta, podemos tener la sensación de que no puede haber manera humana de que ese vacío pueda llenarse.

Es esencial que reconozcamos que esto es una sensación, no una realidad, y que sepamos que este vacío *sí* se puede llenar. Nos será útil recordar que este vacío que hay en nuestra psique no es más que un lugar que aún no ha sido llenado por partes de nosotros mismos porque dichas partes no contaron con el apoyo que necesitaban. No es un abismo sin fin, sino que consiste en una suma de vacíos, cada uno de los cuales corresponde a una función de la buena madre que no se cumplió. ¡Entre estos espacios hay tierra firme! A pesar de lo que te faltó, hay ámbitos en los que tu desarrollo sí fue apoyado, y en consecuencia hay pedazos de ti que son sólidos y reales. Es importante que percibas lo que hay además de percibir qué es lo que falta o qué es lo que no se desarrolló suficientemente.

Sigue a continuación una lista de diez necesidades que todos tuvimos de niños. Verás que se superponen en gran medida con las diez funciones de la buena madre que se expusieron en el capítulo dos.

- Sentir que pertenecemos a un lugar y que formamos parte de la red de la vida.
- Apegarnos a otras personas de manera segura y saber que no pasa nada por ser vulnerable y expresar las propias necesidades.
- Que nos vean tal como somos y que se responda a nuestros sentimientos (que nos hagan de espejo).
- Recibir ayuda y orientación según nuestras necesidades.
- Recibir aliento y apoyo, sentir que hay alguien que nos respalda.
- Contar con personas que sean un modelo para nosotros y nos enseñen habilidades que necesitamos para tener éxito.
- Que nuestras necesidades sean satisfechas a su debido tiempo y que nos consuelen y tranquilicen cuando estamos alterados, a partir de lo cual seremos capaces de apaciguarnos a nosotros mismos y de hacer que el sistema recupere el equilibrio (es decir, podremos autorregularnos).
- Contar con la protección adecuada para estar a salvo y no sentirnos abrumados.
- Que nos traten con respeto (que se respeten nuestras necesidades, nuestros sentimientos, nuestro espacio, etc.).
- Sentir que nos quieren y que cuidan de nosotros.

Otra necesidad universal es sentirnos valorados, pero no la he incluido como un elemento más porque creo que el sentimiento de valía está asociado a la satisfacción de las necesidades de la lista. Nos sentimos valorados cuando sentimos que pertenecemos y que formamos parte de un grupo que es objeto de una valoración positiva.

Nos sentimos valorados cuando manifestamos un apego seguro. Nos sentimos valorados cuando nos reflejan de manera positiva, lo cual nos ayuda a conocer y aceptar todas las partes que nos componen. Cuando otras personas se toman tiempo para orientarnos, apoyarnos y animarnos, nos transmiten que nos valoran. Cuando otras personas nos proporcionan la protección adecuada y quieren evitar que suframos daños, nos transmiten que somos valiosos para ellas. El trato respetuoso de los demás también contribuye a la forja del sentimiento de valía. Y, por supuesto, el hecho de ser amados hace que creamos que somos dignos de amor y que somos valiosos.

Ejercicio: Identifica tus necesidades

Mira la lista de las diez necesidades. Detente en cada una y reflexiona sobre el grado en que fue satisfecha en tu infancia y en qué punto te encuentras respecto a ella en estos momentos. Si te resulta útil emplear un sistema de calificación numérico, puedes utilizar este si quieres:

1 - Muy insatisfecha.

2 - Algo insatisfecha.

3 - Un poco satisfecha.

4 - Muy satisfecha.

Sea como sea que elijas hacer el ejercicio, el objetivo es que acabes teniendo una lista de las necesidades que siguen estando ahí.

Adoptar un enfoque proactivo

Más que centrarse en lo que fue la experiencia de tener una madre ausente y quedar atrapado o atrapada en los sentimientos de un vacío que no se puede llenar, es más provechoso tomar distancia de estos sentimientos, determinar qué vacíos en concreto hay que llenar y asumir la responsabilidad de ir tras lo que se necesita en cada una de estas áreas.

Las autoras Jean Illsley Clarke* y Connie Dawson hablan de llenar un vacío tras otro en su libro *Growing Up Again: Parenting Ourselves, Parenting Our Children* [Volver a crecer: hacer de padres para nosotros mismos y para nuestros hijos]:

> No hay ninguna solución rápida. No existe ninguna manera mágica y repentina de apropiarse de las habilidades que se necesitan ni de reclamar nuestra autoconfianza y autoestima. Tenemos que hacerlo nosotros mismos paso a paso; es algo que tenemos que construir desde dentro.[1]

El primer paso en este proceso de construcción consiste en identificar qué es lo que necesitamos. Por ejemplo, si sabes que nunca te alentaron mucho y reconoces que sueles evitar hacer cosas nuevas o que requieren unas habilidades que no has desarrollado, podrías preguntarte: «¿Qué apoyo necesito? ¿Necesito que alguien me oriente? ¿Necesito palabras de aliento? ¿Qué puedo hacer para apoyarme más a mí mismo?».

Si sientes que estás desconectado y como si no pertenecieras a ninguna parte, podrías buscar lugares en los que cultivar relaciones y, con el tiempo, experimentar un sentimiento de pertenencia. También podrías plantearte de qué manera las actividades del

---

* N. del T.: Jean Illsley Clarke murió en julio de 2021.

ámbito laboral o tareas de voluntariado pueden proporcionarte un lugar en la red.

Muchas de las medidas que puedes adoptar tienen tanto una dimensión exterior como interior. Por ejemplo, si sientes que contar con más amor sería beneficioso para ti, puedes plantearte tanto cultivar relaciones de tipo amoroso como fomentar el amor hacia ti mismo, hacia ti misma.

Lo que quiero dejar claro es que podemos ser proactivos. Creo que, en general, disponemos de tres maneras de buscar las partes que nos faltan:

- Podemos identificar qué es lo que necesitamos y pedirlo directamente.
- Podemos buscar personas y situaciones en las que nos sea fácil encontrar lo que buscamos (por ejemplo, una situación en la que haya mucho contacto físico seguro).
- Podemos proporcionarnos a nosotros mismos lo que no recibimos.

A mí me funciona bastante bien formular mis necesidades con precisión, es decir, decirles a los demás qué es lo que quiero exactamente, pero sin exigencias. A veces incluso les digo las palabras que tienen que decir,* si bien les indico que las usen solamente si pueden decirlas con sinceridad. Suelen responderme que pueden decir eso sin ningún tipo de problema, y entonces repiten lo que he pedido oír. Cuando alguien empieza a ir en una dirección que no me ayuda, intento redirigirlo hacia lo que estoy buscando. Por ejemplo, podría decirle a alguien que ese no es un momento en el

---

* N. del T.: En este punto, la autora señala que suele bromear al formular esta petición, probablemente porque para referirse al hecho de decirle al otro lo que tiene que decir usa una expresión casi idéntica a otra que significa, en castellano, 'hablar con engaño'.

que quiera oír su crítica de la idea que he tenido para mi próximo libro, con todas las dificultades que podrían derivarse de ahí, sino que lo que necesito en ese momento es su apoyo. Podría decirle a esa persona, por ejemplo: «Quiero que digas que es una idea apasionante y que me apoyas».

Si podemos decirles a los demás cuándo queremos que nos abracen, cuándo necesitamos que reflejen nuestros sentimientos, cuándo nos hace falta que nos respalden con sus palabras, etc., no nos sentiremos tan impotentes. Otra ventaja que presenta el hecho de proceder así es que no les parecemos «vacíos imposibles de llenar» a los demás, pues es probable que se alejen de nosotros de algún modo si perciben que nuestras necesidades son insaciables. Las necesidades específicas suelen ser menos amenazadoras y abrumadoras para todos.

El vacío de la falta de apoyo

El vacío de la falta de apoyo es uno de los que más se encuentran en los hijos de padres emocionalmente desconectados. Era habitual que ahí no hubiese alguien que apoyase nuestros esfuerzos ni a nosotros cuando los esfuerzos resultaban infructuosos. No había nadie que diese saltos exclamando «¡sí, puedes hacerlo!» o «¡estoy contigo!». En la situación deseada, esta persona es la madre, acompañada del padre y otras personas. Si no contamos con gente que nos diga que cree en nosotros, se nos hace más difícil creer en nosotros mismos.

Esta falta de apoyo suele implicar que nuestra confianza no se desarrolle normal o plenamente. Tal vez tengamos la sensación de que nos falta algún componente, y efectivamente es así. Nos falta algo que se desarrolla cuando el niño recibe un apoyo constante. Nos falta la sensación de que somos capaces y apoyo interior. Estas carencias hacen que nos sintamos intimidados, insuficientes e inseguros. Si tenemos el vacío de la falta de apoyo, nos decimos cosas como estas: «Esto es demasiado; no creo que pueda hacerlo» o «¡Me siento tan solo en esto!».

Las carencias relacionadas con el apoyo suelen manifestarse cuando estamos abordando algo nuevo y el resultado no está garantizado o cuando nos encontramos con dificultades. Es habitual que necesitemos apoyo cuando tenemos algún tipo de «fracaso».

En lugar de culpabilizarte por tu falta de confianza y de preguntarte por qué no puedes seguir adelante como otras personas parecen hacer, podría serte útil echar un vistazo a la cantidad de apoyo que recibiste en la niñez. Voy a exponer unas preguntas en términos amplios para que puedas responderlas en relación con cualquier figura parental que estuviese presente en tu infancia:

- ¿Con qué frecuencia iba alguno de tus padres a las actuaciones o eventos en que participabas? ¿Qué decían después? ¿Qué transmitía su lenguaje corporal? ¿Te sentías apoyado(a) con su presencia?
- ¿Cómo respondían tus padres a tus logros? ¿Eran estos reconocidos y celebrados?
- Fuera del ámbito de los logros, ¿tenías la sensación de que tus padres te apoyaban por el solo hecho de ser tú y a causa de los retos inherentes al crecimiento?
- ¿Cómo respondían tus padres a tus sentimientos de miedo, inseguridad o insuficiencia? ¿Cómo respondían cuando estabas un poco bajo de ánimo y solo necesitabas saber que alguien se preocupaba por ti?
- ¿Tenías la sensación de que había una figura parental a la que podías acudir en momentos de necesidad?

Como ocurre con casi todas las áreas que exploramos, vemos cómo se expresa el legado familiar. Rechazamos o dejamos de apoyar en nosotros mismos y en nuestros hijos lo que no fue apoyado por nuestros padres; a la vez, eso mismo no fue apoyado por los padres de ellos, seguramente. Pero podemos romper esta cadena si tomamos la decisión consciente de hacerlo.

Cómo obtener apoyo ahora

Si quieres revertir el patrón de un apoyo insuficiente, lo primero que tienes que hacer es examinar cuáles son tus necesidades y comprometerte a contar con más apoyo. También debes advertir cómo recibes el apoyo cuando te lo ofrecen. A menudo, cuando no recibimos mucho en la infancia, nuestra capacidad de recibir está obstruida por las defensas que desarrollamos.

Se pueden encontrar muchas estrategias para reforzar el apoyo tanto en la literatura como en la terapia de autoayuda. Esta es mi lista de estrategias útiles:

Pide apoyo a otras personas

Esta habilidad no es opcional; es fundamental. Tienes que ser capaz de pedir el tipo de apoyo y aliento que necesitas a las personas que probablemente te los proporcionarán.

Aprende a acceder a los demás incluso cuando no están ahí

Cuando no haya nadie disponible, puedes llevar el proceso a tu interior. En este caso, puedes optar por el diálogo interno o por reflejar un diálogo en tu diario. Si te decantas por la opción del diario, imagina qué te diría la otra persona. Esta persona puede ser cualquiera que elijas; podría ser una figura materna que asocies con la buena madre o incluso un guía imaginario o tu yo superior.

Encuentra estructuras de apoyo

Emplea tu creatividad a la hora de reunir o desarrollar estructuras de apoyo: grupos de apoyo, cursos, grupos de trabajo, un compañero con quien salir a hacer ejercicio, alguien a quien rendir cuentas, etc.; piensa en el tipo de apoyo que te sería útil en situaciones dadas. Plantéate establecer una serie de objetivos y recompensas y qué rutinas y situaciones de aprendizaje podrían ayudarte.

Sepárate de tus sentimientos y mantente en la objetividad

Recuérdate qué capacidades tienes. Al fin y al cabo, la sensación de que no cuentas con el apoyo suficiente no es más que esto: una sensación. Como tal, puede limitarte, pero solo si le prestas más atención que a las capacidades que tienes de afrontar una situación.

Apoya a tu niño interior

Puesto que a menudo es un estado del niño interior el que está atrapado en sentimientos de miedo e inseguridad, puedes entrar en la buena madre que hay dentro de ti y dialogar con el niño desde ahí. Escucha sus miedos y muéstrale tu empatía, acógelo y tranquilízalo.

Dite cosas agradables

Observa si te estás dando mensajes desalentadores una y otra vez y reemplázalos por afirmaciones positivas. Pregúntate qué diría una buena madre en esa situación. Estas son algunas declaraciones con las que podrías trabajar:

- Tengo fe en ti.
- Sé que puedes hacer esto.
- Estoy contigo pase lo que pase.

Haz que sea real a través de la visualización

Imagina que cuentas con el apoyo que necesitas. Siéntelo tan vívidamente como puedas. Visualízate manejándote sin problemas con lo que sea que te parezca dificultoso.

Siente el miedo y hazlo de todos modos

Si hay una tarea en particular que te resulta difícil, puede ser bueno que te sumerjas en ella. El compromiso en sí y cualquier progreso que efectúes pueden constituir un apoyo. Si el miedo te lleva a retroceder y ceder, habrá ganado y volverá a aparecer.

Accede al apoyo que te proporciona tu cuerpo

No todo el mundo siente su cuerpo como un recurso, pero si puedes sentirlo como tal, es un gran activo. Por ejemplo, el hecho de sentir tus huesos puede proporcionarte una sensación de solidez. Un gesto sutil como puede ser apretar los labios también puede resultar útil. El hecho de sentir los músculos puede transmitirte una buena sensación y hacer algo de ejercicio puede ayudarte a romper el hechizo de la insuficiencia.

Dirígete al Espíritu para pedirle ayuda

Millones de personas se dirigen al Espíritu para pedirle ayuda en momentos de necesidad. En concreto, puedes dirigirte a seres espirituales externos o establecer contacto con la parte de tu propio ser que está mucho más allá de lo que experimentas normalmente. Puedo decir sin temor a equivocarme que este tipo de apoyo está de veras disponible.

Para las personas que estuvieron expuestas a una crianza materna deficiente, el apoyo suele ser algo a lo que tienen que prestar atención continuamente. Pero se trata de un esfuerzo que vale la pena. A medida que aprendemos a buscar apoyo externo e incorporarlo y vamos cultivando poco a poco el apoyo interno, nos encontramos con que avanzamos con mayor facilidad. Estamos menos limitados y la vida es menos dificultosa.

La sensación de confianza

¿Qué es la confianza y de dónde proviene? La confianza no es algo que está totalmente presente o que no está presente en absoluto, sino algo que sentimos en mayor o menor medida en distintas parcelas de nuestra vida. Como adultos, tal vez nos sintamos confiados respecto a nuestras habilidades relacionales pero no respecto a nuestras habilidades con el ordenador, o podemos sentirnos confiados en cuanto a nuestra capacidad de tomar decisiones pero no en cuanto a nuestra capacidad de perseguir enérgicamente aquello que queremos.

He observado que para algunas personas la confianza está más asociada con el hacer (y, por lo tanto, con las habilidades y el desempeño), mientras que para otras tiene más que ver con lo seguras que se sienten respecto a otras personas. Sospecho que la confianza queda vinculada al hacer cuando los padres ponen mucho el acento en las aptitudes. Cuando no se hace pasar vergüenza al niño por sus habilidades poco desarrolladas sino que se lo ama plenamente por el solo hecho de ser quien es, la efectividad es menos importante. El individuo seguro de sí mismo se limita a decir «no sé cómo hacer esto» y busca la manera de hacerlo con actitud curiosa. Las aptitudes del niño, en cualquier nivel, tienen que ser reflejadas para que las incorpore a su identidad; de otro modo, es fácil que el niño sienta que no da la talla.

Sería un error hacer que nuestra confianza como adultos dependiera de lo que opinan de nosotros los demás (de la misma manera que es un error hacerla depender de lo bien que nos desempeñamos); sin embargo, el apego seguro es la base del sentimiento de confianza del niño. El apego seguro nos da un lugar en el mundo, la sensación de que alguien nos valora y está interesado en nosotros, y de que tenemos derecho a estar aquí y ocupar espacio. Una forma de entender la confianza es como el coraje de mostrarse y expresarse. Nos es más fácil hacer esto cuando ha habido personas que han apoyado estos comportamientos.

Si miramos la lista de necesidades que se expuso anteriormente en este mismo capítulo, podemos decir que la confianza está asociada a la satisfacción de la mayoría de ellas. Experimentamos confianza cuando nos sentimos queridos y cuando somos aceptados como parte de un grupo más grande en el que nos sentimos bien. Experimentamos confianza cuando nos ven y nos aceptan por ser quienes somos y cuando nos tratan con respeto. Cuando otras personas nos animan y elogian, la confianza aumenta. Cuando sabemos que tendremos la ayuda y el apoyo que necesitamos, la confianza se incrementa. Cuando podemos regular nuestras propias dinámicas psicológicas y nuestros altibajos, y somos capaces de recuperar el equilibrio por nuestros medios, ello nos da estabilidad y confianza.

Puedes preguntarle a tu niño interior qué necesita para tener más confianza. La niña interior de una mujer dijo que con este fin necesitaba sentirse a salvo, sentir que gustaba, que alguien se mostrase entusiasmado por lo que podía hacer y que alguien viese su fortaleza.

¿Qué necesitas tú para fomentar tu confianza?

Encontrar el propio poder

Es difícil que uno triunfe en la vida si no tiene todo su poder. Sin nuestro poder, estamos limitados en nuestros intentos de competir en los diversos ámbitos de la vida, como el deportivo, el laboral o incluso el de las citas. Hay terapeutas que denominan *autoeficacia* a la sensación de poder; también se la denomina *sentido de agencia* (entendiendo *agencia* como la propiedad del agente, como cuando decimos que una persona dada es un agente que actúa influyendo en su entorno). Cuando pensamos en el propio poder, a menudo creemos que es el poder que tenemos de cambiar nuestras circunstancias, pero también tenemos una sensación de poder si sabemos que podemos cambiar nuestra experiencia interna (nuestros patrones mentales o nuestro estado de ánimo, por ejemplo). Cuando sabemos que podemos cambiar las cosas, ya no somos víctimas.

Puedes incrementar tu sensación de empoderamiento de muchas maneras. Estas son algunas de ellas:

- Desarrolla habilidades comunicativas que te ayuden a manifestar tus necesidades y a defender tus límites.
- Encuentra el poder de decir «no» (a través de cursos de asertividad o de autodefensa, por ejemplo).
- Elige las situaciones en las que puedas marcar la diferencia y reducir al mínimo las situaciones en las que no puedas hacerlo. Algunas situaciones nos quitan poder en sí mismas.
- Cuando tengas un efecto en una situación, date cuenta. No puedes incrementar tu sensación de poder si sigues pasando por alto las ocasiones en las que eres efectivo(a). Debes asimilar las experiencias de éxito para que se integren en el concepto que tienes de ti.
- Aprende a cambiar los contenidos de tu diálogo interno, es decir, del diálogo que mantienes en tu cabeza sobre las cosas, sobre ti sobre todo. Hay cursos, libros, blogs y artículos que pueden ayudarte a pasar de un patrón de evaluaciones

y comentarios negativos a unas dinámicas de pensamiento más positivas, compasivas y objetivas.

- Siente la fuerza de tu cuerpo. Esto no quiere decir que tengas que hacer culturismo, aunque esta puede ser una medida más. A menudo, el solo hecho de sentir nuestros músculos o el apoyo que nos proporcionan nuestros huesos hace que tengamos una sensación de solidez y poder. También hay una sensación de empoderamiento asociada al denominado *embodiment*, que es el hecho de tener más conciencia situada en el cuerpo. Las terapias centradas en el cuerpo pueden ser útiles a este respecto, como puede serlo todo aquello que nos haga ser más conscientes del propio cuerpo; por ejemplo, una buena práctica de yoga.
- Trabaja con los temas que han bloqueado tu poder, utilizando medios como la psicoterapia.
- Aprende a encontrar recursos que te ayuden con determinadas necesidades. El hecho de que tengas poder no significa que tengas que hacerlo todo tú. ¡Piensa en los directores ejecutivos del mundo!

Proteger lo que es valioso

Como hemos visto, una de las funciones de la buena madre es proporcionar un lugar seguro, un entorno protegido en el que su hijo pueda crecer y desarrollarse. Una vez que somos adultos, seguimos necesitando esto mismo. Necesitamos un entorno que nos acoja de tal manera que nos sintamos a gusto y seguros, y que nos nutra. La buena madre le proporciona todo esto al bebé y tenemos que aprender a proporcionárnoslo a nosotros mismos cuando somos adultos.

Un entorno acogedor y la sensación de estar en un espacio seguro y protegido incluyen varios aspectos. Uno de ellos es nuestro hogar, el lugar donde vivimos. ¿Te parece un lugar seguro y nutritivo tu hogar? ¿Es un lugar en el que te gusta estar? ¿Qué ocurre si sales más allá de la puerta? ¿Te sientes en casa en tu vecindario?

¿Y qué hay de los límites, tanto en lo relativo a que otras personas toquen tu cuerpo como en lo concerniente al ámbito psicológico? ¿Puedes mantener a los demás a la distancia correcta? ¿Dejas que las otras personas se entrometan en tu privacidad o en tu espacio psíquico, con preguntas inoportunas y consejos que no quieres recibir? Si alguien entra en tu espacio personal, ya sea física o emocionalmente, de una forma que te incomoda, ¿puedes alejar a esa persona a una distancia con la que te sientas a gusto?

Normalmente les cuesta más poner límites a quienes han tenido unos padres invasivos y a aquellos que han vivido en una familia en la que no había límites entre los miembros. En principio no tienen tantos problemas con los límites quienes han vivido en una familia en la que no había una conexión emocional entre los miembros, pero las violaciones de los límites pueden darse también en las familias en las que impera la distancia emocional. Para que puedas dejar que afloren las partes más ocultas y vulnerables que albergas, es esencial que sientas que puedes protegerte según sea necesario.

De la misma manera que la buena madre dispone el entorno para que el niño pequeño no experimente nada como duro o invasivo y para que tenga todo lo que necesita, querernos a nosotros mismos consiste, en parte, en prestar atención a lo que está bien y lo que es demasiado para nosotros. Por ejemplo, tenemos que saber cuándo el contacto social es excesivo, cuándo es insuficiente y cuándo es más satisfactorio. Evidentemente, no es solo una cuestión de cantidad sino también de calidad, por lo que tenemos que ver qué tipos de contactos nos satisfacen y cuáles no, y realizar algunos ajustes en nuestra vida a partir de lo que hemos observado.

En este caso, ejercemos tanto un rol protector como modulador. La modulación consiste en hacer que las cosas estén presentes en su justa medida, ni en exceso ni demasiado poco.

Aquí tienes un par de preguntas que te ayudarán a evaluar cómo estás cumpliendo con las funciones de protectora y moduladora de la buena madre:

- ¿En qué ámbitos de tu vida, si hay alguno, no estás protegiendo lo que es valioso en ti?
- Si fueras a crear un entorno acogedor perfecto para ti, ¿qué cambiarías de tu entorno actual? Toma en consideración todos los ámbitos que se te ocurran, como el físico, el social y el emocional.

Mostrarse y ser visto

A menudo, cuando no nos hacen de espejo perdemos el contacto con partes de nosotros mismos. Para recuperar estas partes tenemos que seguir un proceso, y una parte de este proceso es que nos vean. Por supuesto, esto incluye verse a uno mismo, y cualquier tipo de autoindagación será útil, pero el hecho de que haya otras personas que vean y reconozcan la existencia de esas partes perdidas ayudará a que se asienten en su lugar.

Si bien la invisibilidad pudo haber comenzado con unos padres demasiado ocupados, demasiado preocupados o incapaces de vernos realmente, puede ser que nosotros mismos la hayamos mantenido con nuestros hábitos y un grado de alejamiento del mundo. Es habitual que las personas se vuelvan hacia sí mismas para sobrevivir a la esterilidad emocional de unos padres emocionalmente ausentes o a un entorno que no encontraron acogedor en la primera infancia. En lugar de fomentar nuestras relaciones, nos retraemos. Parte de la sanación consiste en salir del claustro y volver al mundo.

Para tener más ocasiones de ser visto o ser vista, podrías plantearte participar en actividades de tipo expresivo e incluso que impliquen estar sobre un escenario; por ejemplo, podrías hacer teatro, cantar en un grupo o bailar. Mi madre es una mujer muy convencional que muestra poco de sí misma, y para mí ha sido muy liberador participar en actividades que me sacan de una tendencia similar, actividades en que los participantes se muestran espontáneos y desinhibidos.

Hay grupos que les dan a las personas la oportunidad de «tener todo el escenario para ellas» (de recibir toda la atención del grupo) durante un momento y ser vistas. Quien está en el centro puede expresar todo lo que quiera. A menudo, lo más sanador es ser transparente en ese momento, mostrar sentimientos verdaderos.

El hecho de tener intimidad emocional con otra persona, aunque solo sea una —alguien a quien poder mostrar todo lo que hay en nuestro interior— también hace que nos sintamos vistos.

Un lugar en la red

Muchos individuos que no experimentaron una conexión fuerte con su madre también sienten una falta de conexión con otros familiares o con la familia como un todo. Esto hace que alberguen un vacío; les falta algo. Contamos con la familia para conectarnos con el mundo de una manera significativa; la familia nos da muchas cosas: un puerto en la tormenta, un sentimiento de pertenencia, identidad, apoyo. Buscamos en ella un lugar en el que se nos conozca y se nos tenga en cuenta.

Si tienes tu propia pareja o tus propios hijos ahora, ello puede ayudarte a compensar la desconexión que viviste en la infancia, pero ¿qué ocurre si solo tienes a tu familia de origen, a la que solo te sientes atado o atada por un hilo muy fino? ¿Y si no tienes ningún lugar que sea tu hogar, entendiendo por hogar una tribu o familia?

Me he encontrado con que algunas personas que no tienen la sensación de tener una familia a su lado se sienten totalmente desoladas. Pero aunque, ciertamente, tanto la familia como la pareja son consideradas componentes importantes de la red de seguridad, ni la una ni la otra son tan esenciales como podríamos creer. Nuestra red de seguridad y nuestra sensación de comunidad pueden cambiar a lo largo del tiempo. Tenemos que darnos cuenta de que con cierta regularidad hay personas que pasan a formar parte de nuestra red de seguridad o lo que consideramos que es nuestra comunidad mientras que otras dejan de estar ahí; y, lo que es más importante, tenemos que ver que en el momento en que surge una necesidad alguien puede intervenir para ayudar. Este alguien puede ser incluso un extraño o alguien a quien apenas conocemos.

Una amiga me contó una historia conmovedora. Una mujer a la que esta amiga había conocido hacía poco se había puesto en contacto con ella para decirle que necesitaba ayuda. Esta mujer era nueva en la comunidad, iban a operarla y escribió a ocho mujeres por si alguna podía ayudarla. No conocía bien a ninguna de ellas y se sintió un poco incómoda realizando esta petición, pero no tenía a nadie más a quien acudir. Las ocho mujeres dijeron que sí.

Las personas que parecen estar siempre ocupadas y que no nos dedican toda la atención que querríamos responderán a una necesidad específica, probablemente. En general, a la gente le gusta echar una mano. Es cierto que si el período de necesidad se alarga meses estas personas pueden desaparecer, pero no necesariamente porque no les importemos, sino porque tienen otros asuntos que atender.

Los miedos que veo en aquellos de nosotros que nos sentimos tan vulnerables, tan desprotegidos y tan expuestos, sin tener a padres o hermanos a los que acudir, son sobre todo los miedos de nuestras partes infantiles. No estamos en peligro por el hecho de no tener la red protectora de la familia si tenemos la capacidad de salir de nuestro caparazón y pedir ayuda, como hizo la mujer que había llegado hacía poco a su nueva comunidad. Cuanto más arraigados estamos en nuestro yo adulto, menos a la deriva nos sentimos sin parientes con los que poder contar.

En la cultura occidental, la familia nuclear ha adquirido una importancia desproporcionada a medida que la sensación de tribu o comunidad ha ido perdiendo vigor. En algunas culturas, todo el pueblo se comporta como una familia, pero estamos hablando de una cantidad muy limitada de individuos. En lugar de estar conectados por docenas o cientos de hilos, estamos sostenidos por media docena o tal vez uno o dos solamente. Esto no es suficiente para mantener un sentimiento de conexión y pertenencia saludable.

La solución consiste en construir cadenas adicionales de conexión y pertenencia. Estas son algunas de las formas principales en que hacemos esto:

- Un círculo de amigos cercanos puede ser un tipo de «familia elegida» que está ahí en momentos de necesidad y que celebra con nosotros momentos de tránsito importantes en nuestra vida.
- Los vínculos con grupos nos ayudan a tener un lugar en la red de la vida. Pueden ser grupos que comparten los mismos intereses, grupos de sanación, grupos sociales o cualquier otro tipo de grupo. Para algunas personas, su comunidad son las interacciones de tipo social que mantienen por Internet. Es muy posible que una comunidad exclusivamente virtual no pueda satisfacer algunos aspectos importantes,

pero el caso es que este tipo de comunidad proporciona una sensación de conexión que es valiosa para muchos.

- Un trabajo significativo (ya sea realizado voluntariamente o cobrando) hace que tengamos un lugar y un propósito en el mundo.

- Los vínculos a lugares nos anclan físicamente al planeta; gracias a ello no somos seres ambulantes o «perdidos en el espacio». Este vínculo puede consistir en un sentimiento de conexión con el hogar o con la zona en la que se ubica el hogar. Muchas personas sienten una conexión fuerte con la tierra que las rodea.

Lidiar con el ámbito de las emociones

Los seres humanos viven en un mundo lleno de emociones, pero para muchos individuos que recibieron una crianza materna deficiente, este mundo es más incómodo que otra cosa. Aprender a navegar por estas aguas es uno de los factores importantes que nos permitirán desenvolvernos con éxito en la vida y ser seres humanos completos.

John Bradshaw explica que a muchas personas se las saca del mundo de las emociones:

A los niños que crecen en familias disfuncionales se les enseña a inhibir la expresión de las emociones de tres maneras: en primer lugar, no interactuando con ellos o no haciéndoles de espejo –literalmente, no viéndolos–; en segundo lugar, no proporcionándoles modelos saludables que les permitan poner un nombre a sus emociones y expresarlas; y, en tercer lugar, avergonzándolos o castigándolos si expresan emociones.[2]

Y sigue diciendo Bradshaw: «Cuanto antes son inhibidas las emociones, peor es el daño».[3]

Cuando las emociones han sido arrancadas de esta manera, puede requerir un aprendizaje significativo integrarse en el mundo de las emociones. Tenemos que romper el hechizo de nuestra «cara inexpresiva» y volvernos transparentes. Puede ser más difícil hacer esto con algunas emociones que con otras. Los sentimientos que más les costaba tolerar a nuestros padres serán probablemente los que más nos costará tolerar a nosotros si aún no hemos sanado a este respecto.

Ejercicio: Aumentar el repertorio

• ¿Cuáles de las emociones siguientes te cuesta más aceptar y expresar?

○ Dolor.
○ Tristeza.
○ Alegría.
○ Enfado/ira.
○ Miedo.
○ Vulnerabilidad.
○ Orgullo.
○ Desconcierto.
○ Odio.
○ Deseo.
○ Amor.
○ Asombro.
○ Decepción.
○ Remordimiento.

- ○ Envidia.
- ○ Celos.
- ○ Confianza.
- ○ Felicidad.

- ¿Cuáles de estas emociones eran las más difíciles para tus figuras parentales?
- Usando esta lista como punto de partida, haz una lista de emociones que te gustaría añadir a tu repertorio emocional.
- Detente en cada una de las emociones que acabas de anotar y escribe qué te ayudaría a desarrollarlas.

De la misma manera que podemos ser proactivos en relación con las otras carencias que hemos identificado en este capítulo, podemos reivindicar o reclamar proactivamente emociones que no hemos sido capaces de expresar fácilmente. Por ejemplo, tal vez en tu familia de origen no tuviste la posibilidad de mostrar tus decepciones, y resulta que aún te cuesta hacerlo. Podría ser interesante que eligieses a una persona de confianza, le comunicases algunas decepciones y le pidieses su validación. Pídele que refleje tu decepción y que la «normalice». Aquí tienes un ejemplo de palabras «normalizadoras»: «¡Por supuesto que tuvo que ser duro! Yo también me habría sentido decepcionada». Si te hicieron pasar vergüenza por mostrar tus decepciones, esta podría ser una experiencia correctora potente.

EL ESTILO EMOCIONAL Y LOS PATRONES DE CRIANZA

Recuerda que muchas de las personas que estuvieron expuestas a una crianza materna deficiente tendrán que trabajar a lo largo del tiempo con el acceso a sus sentimientos. Si la madre no advirtió nuestros sentimientos o no respondió a ellos, es fácil que no estemos muy conectados con dichos sentimientos. Incluso pudimos aprender a desconectar de ellos para mantener el hilo de conexión que sentíamos que nos unía a nuestra madre.

Nuestro estilo personal, ya sea que consista en reprimir las emociones o en mostrarlas exageradamente para obtener atención, suele desarrollarse en respuesta al estilo que manifestaba la persona que cuidaba de nosotros. Tiene sentido que si el cuidador nunca muestra interés por los sentimientos del niño o lo castiga por expresarlos, este aprenda a reprimirlos. También podemos ver que cuando el cuidador a veces responde sintonizando con el niño mientras que otras veces no conecta con él, es más probable que el niño exagere su expresión emocional para obtener ayuda. Las investigaciones al respecto avalan que esto es así.[4]

Tómate un momento para reflexionar sobre todo esto:

- ¿Es más probable que ocultes tus sentimientos por miedo al rechazo o que los exteriorices cuando quieres que alguien reaccione?
- Si adoptas los dos comportamientos anteriores en mayor o menor medida, ¿qué sentimientos tiendes a ocultar o en qué circunstancias tiendes a ocultarlos y cuándo dejas que crezcan en intensidad? ¿Qué esperas que ocurra cuando dejas que tus emociones se intensifiquen?

Aceptar las propias necesidades

Respecto a nuestras necesidades, tendemos a adoptar la actitud que tenían nuestros padres hacia ellas, al menos inicialmente. Por ejemplo, si tu madre se mostraba impaciente con tus necesidades o las rechazaba, tú también tenderás a tolerarlas poco. Recuerdo un momento, en la época en que estaba recibiendo terapia, en que acababa de expresar una gran cantidad de necesidades, y de repente me sentí muy apenada. En esencia, puse los ojos en blanco como diciendo: «¡Esto es demasiado!». Afortunadamente, advertí mi reacción y reconocí que la había heredado de mis padres. «Me alegro de que hayas captado eso –dijo mi terapeuta–, porque yo no creo que las necesidades que has expresado sean excesivas, en absoluto».

Las necesidades les parecen humillantes y peligrosas a muchas personas que no vieron satisfechas las que tenían en sus primeros años de vida. Una mujer reveló que ponerse en una posición dependiente con respecto a otra era, para ella, como entregarle un cuchillo a esa persona para que le cortase la garganta. Asociaba el hecho de sentirse dependiente con sentirse insegura y desprotegida, como si estuviesen a punto de herirla.

Superar estas sensaciones no es fácil. Tenemos que aprender que ya no es peligroso tener necesidades y que hay personas que *quieren* satisfacer las nuestras. Este aprendizaje implica correr algún riesgo, porque no sabemos que esto es así hasta que nos exponemos. Y es posible que nos cueste tolerar este riesgo.

Nuestras creencias no cambiarán si no obtenemos otro tipo de respuestas. Si nuestras necesidades son ignoradas cuando somos niños, es fácil que nos sintamos rechazados por el hecho de tenerlas. Esto puede llevarnos a creer que nuestras necesidades son excesivas o que harán que otras personas se alejen. Esta creencia se hace añicos cuando mostramos nuestras necesidades y los demás las satisfacen.

Te resultará útil, al principio, acercarte a personas que te inspiren seguridad para pedirles poca cosa. De esta manera, el riesgo es menor. A partir de ahí puedes ir tolerando cada vez mejor la vulnerabilidad e ir acumulando experiencias de éxito con respecto al tema que estamos tratando.

Quienes manifiestan el estilo de apego autosuficiente tienen un largo camino por delante desde la postura de hacerlo todo solos hasta la postura de recibir ayuda y decirle a la otra persona que se alegran mucho de contar con esa ayuda. Este cambio significa haber aprendido que las propias necesidades pueden ser el terreno en el que obtenemos respuestas por parte de los demás.

Saber cuáles son nuestras necesidades y ser capaces de expresarlas es un logro importante del desarrollo que fomenta la intimidad. Así lo reconocen las autoras Jett Psaris y Marlena Lyons en su libro *Undefended Love* [Amor desprotegido]. Pero esta no es toda la historia, por supuesto. También queremos sentirnos bien cuando el otro no satisface nuestras necesidades. Como dicen Psaris y Lyons, «cuanto más temprana es la necesidad no resuelta menos capaces somos, como adultos, de mantener la sensación de bienestar cuando esta necesidad no es satisfecha por otra persona».[5] Cuando no vimos satisfechas nuestras necesidades de dependencia cuando éramos bebés, es fácil que nuestra conciencia se fracturara en ese momento. No teníamos los recursos ni la madurez que nos permitiesen mantener nuestra conciencia integrada o, lo que es lo mismo, mantenernos integrados. Esa crudeza y esa sensibilidad tan intolerables en torno a las necesidades provienen de esas heridas tan tempranas.

Puede resultarnos embarazoso exponer estos aspectos no pulidos de nosotros mismos, pero es parte del proceso. Traemos a nuestras relaciones íntimas todo lo que no superamos o completamos en la infancia. Desde la perspectiva de aquellos que ven las relaciones como un camino de crecimiento, esto es una bendición.

Para explorar en qué punto te encuentras en tu viaje de sanación, reflexiona sobre las cuestiones siguientes:

- ¿Cómo te sientes respecto al hecho de tener necesidades? ¿Puedes ver cómo esto se corresponde con lo que pensaban de tus necesidades tus primeros cuidadores y con la forma en que respondían a ellas?
- En general, ¿esperas que los demás estarán disponibles cuando los necesites o tienes más una sensación de carencia en relación con esto?
- ¿Cuál de tus necesidades te cuesta más expresar?
- ¿Puedes exponer una necesidad, verla satisfecha solo parcialmente y estar bien con este resultado? ¿Tienes espacio para, en esencia, «abrazar» tus necesidades en lugar de pasarlas a otro como una patata caliente o reprimirlas totalmente?

Cultivar la capacidad de experimentar intimidad

La intimidad requiere apertura emocional, estar dispuesto a ver al otro y que el otro te vea y dejar que tus necesidades sean un espacio en el que el otro se encuentra contigo. Esto te puede resultar difícil si no has trabajado con los residuos que dejó una maternidad o una paternidad en que la madre o el padre no respondieron bien a tus necesidades, pero vale la pena que trabajes en el sentido indicado. Aunque puedas haber cargado con una profunda decepción en lo que a las relaciones se refiere durante muchos años, es probable que también tengas un anhelo profundo en cuanto a las relaciones, y puedes usar este anhelo para que te ayude a impulsarte hacia delante cuando te estés quedando atrás, atrapado o atrapada en una postura de autoprotección.

Una manera de trabajar proactivamente con este tema consiste en que pienses en lo que haces para fomentar la intimidad. ¿Cuáles son los «comportamientos de apego» que forman parte de tu repertorio y qué puedes hacer para mejorarlos y tener más? Reflexiona sobre lo siguiente:

- ¿Puedes aceptar que los demás te tranquilicen cuando hay algún peligro o cuando estás angustiado(a)? (Este es un «comportamiento de apego»).
- ¿Cómo respondes cuando alguien se acerca a ti? ¿Puedes permitir que alguien te necesite?
- ¿Puedes tocar a la otra persona con cariño? ¿Puedes mantener el contacto visual íntimo?
- ¿Puedes mantener el contacto emocional en el momento de hacer el amor?
- ¿Qué miedos y defensas aparecen cuando te acercas realmente a tu pareja?

Un terapeuta* manifestó que cuando una pareja es capaz de incrementar el vínculo de apego, ello ayuda a cada uno de los compañeros a autorregularse y resuelve algunos de sus problemas individuales. Las personas que expresan el estilo de apego autosuficiente tienen que aprender a despertar el sistema de apego, que entonces podrá pasar a funcionar con mayor normalidad, según lo previsto por la naturaleza. Plantéate qué puedes hacer para cultivar las capacidades que permiten la intimidad.

Recibir un buen tacto

El tacto cariñoso suele aportar la calidez anhelada. Hay muchas situaciones en las que podemos acceder al tacto seguro, más de las que solemos imaginar: varios tipos de baile, el movimiento

---

* N. del T.: También pudo ser *una* terapeuta; no es posible discernir el género.

interactivo, ciertos deportes y actividades de carácter físico, los masajes, el trabajo corporal iy, por supuesto, los abrazos!

Si quieres sentirte más a gusto ofreciendo contacto físico a los demás, podrías tomar como modelo a alguien que imparta el tacto con facilidad y naturalidad, ya que a menudo se trata más de darse permiso que de otra cosa. Cuidar de niños o jugar con niños también proporciona oportunidades, si bien tenemos que asegurarnos de no imponer nuestra intención, sino responder al niño. Esto también es aplicable a otros tipos de cuidado, como el que se ofrece a las personas mayores y enfermas y a quienes están pasando por un duelo.

Abandonar la conciencia de carencia

Nuestra madre es nuestro primer entorno, y la forma en que la experimentamos tiene un gran impacto en cómo experimentamos el mundo y lo que esperamos de él. Si nuestra madre no respondía a las necesidades que teníamos en la primera etapa de la vida, normalmente no esperamos que el mundo lo haga tampoco. Si la madre no era acogedora, no percibimos que el mundo lo sea. Gran parte de la sanación consistirá en ver que el mundo no equivale a nuestra madre; tendremos que cambiar tanto las percepciones que tenemos de él como la relación que tenemos con él.

Me he encontrado con que muchas personas que padecieron déficits de crianza albergan lo que podría llamarse una conciencia de carencia. Es una sensación de escasez que llevamos dentro y que se convierte en el filtro inconsciente a través del cual recibimos las experiencias. Podríamos incluso decir que algunos de nosotros creamos una «historia de carencia» que se convierte en el tema recurrente de nuestra vida. Una historia de carencia está llena de pensamientos del tipo «nunca hay suficiente para mí» o «nunca conseguiré lo que quiero». A menudo, esto contrasta con la manera en que vemos a los demás. Es como si fuésemos el último bebé de la fila en el orfanato y los cuidadores siempre se fuesen antes de llegar a nosotros.

Si resuenas con esta sensación de carencia, reflexiona sobre los puntos siguientes:

- ¿Qué sabor tiene la carencia que sientes? ¿Hay alguna imagen o metáfora que pueda reflejarla?
- ¿Puedes ver cómo ha estado presente a lo largo de tu vida este sabor?

Solo cuando hayas metabolizado el dolor contenido en las experiencias que generaron esta historia podrás acabar por soltar la historia y tener una experiencia diferente.

Como parte del proceso, podrías explorar un poco las barreras que pueden estar ahí para tener otro tipo de experiencia ahora mismo. Trata de imaginar cómo es la abundancia. ¿En qué aspectos choca con los componentes de tu autoimagen que la obstaculizan? ¿Cómo cambiaría el concepto que tienes de ti mismo el hecho de sentir que hay mucho en lugar de que no hay suficiente?

Cuando experimentamos algo con lo que no estamos nada familiarizados, podemos sentirnos impactados al principio. Si esencialmente nunca hemos recibido un buen apoyo y después contamos con alguien que nos apoya totalmente, podemos sentirnos bastante desorientados; podemos preguntarnos si eso es real. Piensa en las personas que ganan la lotería, se hacen ricas al instante y pocos años después vuelven a encontrarse en el nivel económico en el que estaban anteriormente. Estas personas no integraron ese cambio drástico e instantáneo.

- ¿Puedes pensar en una ocasión en la que tu sensación de carencia se vio desafiada por algo que era todo lo contrario de la carencia?
- Anota cinco ocasiones en las que tuviste todo lo que necesitabas o más de lo que podías desear. ¿Cómo te sentiste?

A veces, la sensación de carencia está profundamente grabada en nuestra psique, pero tratamos de desplazarla sumergiéndonos en símbolos de la abundancia. Esto puede ser preferible a la experiencia anterior, pero lo mejor es que la vieja huella se disuelva y abandonemos por completo la conciencia de carencia. Entonces nos sentimos ricos, incluso en medio de una vida muy ordinaria.

Tomar lo bueno

Una práctica que puede ayudar a disolver los efectos de la carencia consiste en incorporar conscientemente experiencias positivas. Es algo que se ha estado utilizando en la psicología positiva, la cual está respaldada por la neurociencia moderna. Mi recurso de referencia en este campo es el psicólogo Rick Hanson, que se explica de forma muy inteligible.* Explica Hanson que el cerebro es como velcro para las experiencias negativas y teflón para las positivas, por lo que incluso si nuestra vida está llena de experiencias positivas en este momento, estas pasarán sin más, sin nutrirnos, si no aprendemos a detenernos e incorporarlas.

Hanson creó un modelo sobre el que ha escrito con profusión. Lo llama el proceso HEAL** y a menudo, al escribir sobre él, dice

---

* N. de la A.: En www.rickhanson.net encontrarás todo tipo de programas y podrás registrarte para recibir su *newsletter*.

** N. del T.: *Heal* significa 'sanar'; además, en este caso, *HEAL* es el acrónimo de *have, enrich, absorb, link* ('ten, enriquece, absorbe, enlaza').

que se trata de «tomar lo bueno». Al principio del proceso, advertimos deliberadamente una experiencia positiva y permanecemos con ella. Se trata de que entremos en ella y prestemos especial atención a lo que tiene la experiencia que nos hace sentir bien. Incluso podemos acentuarla o enriquecerla a propósito aportando todos los sentidos posibles y añadiéndole emociones y un significado personal. El hecho de saborear la experiencia, de permanecer con ella, es lo que le permite cambiarnos.

Se ha constatado que las emociones positivas tienen efectos de gran alcance: elevan el ánimo, aumentan el optimismo y ayudan a desarrollar una resiliencia que es un antídoto al colapso emocional que experimentan tantos adultos que fueron víctimas de la negligencia emocional y el maltrato emocional en la infancia.[6]

Otra práctica respaldada por las investigaciones es el trabajo con la gratitud.[7] El ejercicio que se incluye en el recuadro es una buena manera de empezar.

Ejercicio: Contar las bendiciones

Al principio del capítulo dije que hay tierra firme entre los vacíos; entre las carencias y los aspectos que no tenemos bien desarrollados hay ámbitos en los que sí tenemos lo que necesitamos. En parte, el proceso de empoderarnos y abandonar la conciencia de carencia pasa por que estemos sólidamente anclados en nuestros puntos fuertes y nuestros recursos. Con este fin, trabajaremos con tres listas diferentes. En la primera reflejarás las capacidades que has desarrollado, en la segunda los bienes o bendiciones que hay en tu vida y en la tercera (tal vez la más dura) aspectos positivos de tu infancia. Anota en una lista veinte capacidades que hayas desarrollado. Aquí tienes algunos ejemplos:

- Sé ser un buen amigo y proporcionar apoyo a los demás.
- Soy espabilada y sé cómo obtener la información que necesito.
- Soy compasivo conmigo mismo y con los demás (tal vez no todo el tiempo pero sí gran parte del tiempo).
- He aprendido a reconocer mis sentimientos y puedo expresarlos verbalmente en lugar de manifestarlos.
- Soy capaz de sentir lo valiosa que soy.

Ahora haz una lista con veinte aspectos de tu vida por lo menos que puedas considerar bendiciones. Por ejemplo:

- Vivo en una zona en la que hay muy poca criminalidad; además, los vecinos me conocen y les caigo bien.
- Judit ha sido muy generosa conmigo al prestarme herramientas para que no tenga que comprarlas.
- Duermo bien por la noche.
- La persona que me da masajes terapéuticos es una gran profesional.

Ahora haz una lista con veinte aspectos positivos de tu infancia. Procura que al menos la mitad tengan que ver con tu madre. Por ejemplo:

- Mi hermano me defendía en la escuela cuando era pequeño.
- Mi madre me llevaba al médico cuando era necesario y hacía cosas para aliviar mi dolor de cabeza.
- Mi padre nos llevó a conocer la naturaleza salvaje.
- Acostumbrábamos a cantar en el coche en los viajes por carretera; era agradable.
- A mi madre le importaba mi aspecto pero no era demasiado controladora al respecto.

Si tienes estas listas cerca para remitirte a ellas, dispondrás de algo con lo que contrarrestar el sentimiento de carencia cuando empiece a instalarse en ti.

La práctica de un buen autocuidado

Como mencionaba anteriormente, tendemos a tratarnos a nosotros mismos de la misma manera que nos han tratado. En el caso de algunos, esto implica que desatienden el cuidado personal. Este comportamiento suele derivar de una falta de conciencia. Los adultos que tuvieron unas madres emocionalmente ausentes no cuentan con un modelo para saber lo que es un cuidado afinado y atento y es fácil que hayan aprendido a pasar por alto las señales de incomodidad. Estoy pensando en una mujer que vino a verme sin llevar calcetines en un día de nieve. ¡No se había dado cuenta de que tenía los pies fríos!

Con menor frecuencia, esta falta de autocuidado es una expresión de aversión y autorrechazo. Una mujer me dijo que había sentido con claridad la emoción de que odiaba cuidarse cuando le indicaron que debía comenzar a prestar atención a su piel. Esperaría hasta que su piel se agrietara antes de aplicarse la loción hidratante.

Otras veces no queremos cuidar de nosotros mismos porque queremos, secretamente, que otros cuiden de nosotros. He oído esta creencia: «Si atiendo mis necesidades, nadie más lo hará y nadie cuidará nunca de mí». Una mujer me dijo que solo conseguiría recibir apoyo si se derrumbaba (de tal manera que satisfacer sus propias necesidades era lo opuesto a recibir apoyo).

No es cierto que el hecho de satisfacer nuestras propias necesidades excluya que otros las satisfagan también. En realidad, en mi círculo social, prefiero satisfacer las necesidades de los amigos que demuestran que se preocupan por sí mismos. Satisfacer algunas de nuestras propias necesidades hace que seamos menos dependientes y demandantes; da forma a cómo queremos que nos traten los demás.

Un cliente[*] que había sido objeto de negligencia emocional en la infancia me miró con expresión vacía y me preguntó: «¿Qué es el cuidado personal? No sé qué significa esto exactamente. ¿Comer bien, dormir y hacer ejercicio?». Sí, esto y mucho más. el buen cuidado personal consiste en:

- Responder a las propias necesidades en lugar de acallar lo que sea doloroso e incómodo y se interponga en el funcionamiento normal. Tus sentimientos y necesidades son importantes y merecen que los atiendas con respeto y amoroso cuidado.
- Encontrar actividades (saludables) que te aporten un momento de placer o un respiro respecto de lo que sea que te esté estresando.
- No obligarte a funcionar a tu nivel óptimo cuando estás pasando por un momento complicado.
- Acoger con compasión a esa persona que está sufriendo y que ha sufrido tanto. En este caso, esta persona eres tú. ¿Puedes tener tanta compasión por ti mismo o por ti misma como la que tendrías por tu mejor amigo si estuviese pasando por lo que tú estás pasando?
- Ser amable contigo. ¿Puedes hablarte con tanta empatía y cariño como los que mostrarías con un ser querido? ¿Puedes tocar tu cara o tu brazo con ternura? ¿Puedes permitirte un descanso cuando lo necesitas?

---

[*] N. del T.: También pudo haber sido una *clienta*; no es posible discernir el género.

- Encontrar cosas que le hagan sentir bien a tu corazón, ya sea tener en tus manos una piedra que te guste mucho, escuchar una canción, sentarte en un lugar especial o llamar a alguien especial.

Cuidar de alguien que se está recuperando de una enfermedad suele significar llevarle comida y ayudarlo para que pueda descansar y curarse. De manera similar, cuidar de ti mismo cuando te estás recuperando de un dolor emocional significa proporcionarte cuidados y hacer lo que puedas para hacerte la vida más fácil. Significa que *tú* y tu bienestar estáis en primer lugar y sois más importantes que cumplir unas expectativas. Está bien que mantengas el ritmo en la medida de lo posible, pero esto no es tan importante como tu proceso de sanación.

Así como podríamos proteger un dedo lesionado con almohadillas, el buen cuidado personal amortigua los impactos sobre el sistema nervioso. Para ello, tenemos que prestar atención a todo lo que nos afecta: los sonidos, la temperatura, la luz, el efecto de los distintos alimentos y bebidas en el sistema digestivo, el efecto que tienen varias personas en nuestro sistema emocional... Cuando estamos sanando heridas emocionales, nuestro sistema nervioso está haciendo un trabajo extra y además partimos de la desventaja de que no se encuentra en muy buen estado.

Sabedores de esto, nos damos un poco más de «margen» de lo habitual: una hora extra en la cama, tiempo para escribir en un diario en lugar de atender la lista de cosas por hacer o la opción de abandonar un encuentro social de compromiso (o no acudir) por el solo hecho de que queremos estar con nosotros mismos.

La práctica de un buen cuidado personal le envía un mensaje importante al sistema. Le dice: «Me importas. Eres importante».

Para un niño que fue víctima de la negligencia emocional o el maltrato emocional, este mensaje es medicinal.

- ¿De qué maneras descuidas tu bienestar físico o emocional? (Escríbelo con tanto detalle como puedas). ¿Qué estás dispuesto o dispuesta a hacer para cambiar este patrón? También puedes pensar en maneras de atender mejor áreas que no estés descuidando.
- Haz una lista de cosas que puedas hacer cuando necesites mimarte. Procura que sean actividades saludables, tal vez cosas que una buena madre aconsejaría o proporcionaría, como un baño caliente, un masaje de pies, acurrucarte en un sillón confortable con un edredón y un buen libro, o preparar una olla de sopa o una bebida caliente nutritiva.

El cuidado personal es una práctica en la que vamos mejorando. Aunque tal vez al principio te sientas perdido, recuerda que se trata de un proceso en el que obtienes información. Si sientes que tu cuerpo se relaja u obtienes un poco más de espacio emocional, tus medidas están funcionando. ¡Sigue así!

Tónicas generales

Hay algunos comportamientos que son sanadores en sí mismos, independientemente de la carencia o herida que queramos sanar. Hay unas «tónicas generales» que fortalecen el sistema; algunas de ellas son la creatividad y la expresión personal, cultivar una relación amistosa con el propio cuerpo, el diálogo interno constructivo y pasar tiempo en la naturaleza. Muchas personas han encontrado en la madre naturaleza la acogida que les faltó en edades tempranas.

Presta atención a lo que es una «buena medicina» para ti. De la misma manera que la buena madre permanece sintonizada con las necesidades de su hijo, tu tarea consiste en permanecer en contacto con tus necesidades y proporcionarte elementos nutridores.

En este capítulo te he animado a asumir la responsabilidad de afrontar algunos de los déficits de tu infancia. Con los contenidos ofrecidos en este capítulo y en los cuatro anteriores tienes material suficiente para trabajar durante mucho tiempo, material suficiente para cambiar toda tu experiencia y transformar tu historia.

14.

Cambiar la historia

L a palabra *historia* se puede usar de un par de maneras diferentes. La primera es para referirnos a nuestro relato sobre algo, la historia que nos contamos a nosotros mismos sobre eso. Este tipo de historia puede diferir mucho de los hechos objetivos y a menudo hace que sea difícil ver estos. Si estamos atrapados en una historia de carencia, por ejemplo, no vemos que tenemos lo que necesitamos.

La palabra *historia* también puede emplearse para hacer referencia a un relato de los acontecimientos más objetivo, como cuando alguien narra la historia de su vida. En este caso estamos mirando la secuencia de eventos que componen esa vida.

En este capítulo examinaremos la historia de la madre (según el segundo significado) y veremos qué impacto tiene en nuestra historia (según el primer significado). Y veremos cómo estas influencias se transmiten a la siguiente generación. También veremos cómo influye el trabajo de reparación en la relación que tenemos con nuestra madre ahora que somos adultos y el carácter continuo de la sanación.

La historia de la madre

Nuestra historia subjetiva, mantenida por nuestros sentimientos con origen en la infancia, es egocéntrica por naturaleza. Interpretamos el mundo a partir de nuestra experiencia. Conocemos a la madre por cómo es con nosotros.

Cuando nos detenemos ahí —en cómo era y sigue siendo la madre para nosotros— no tenemos en cuenta una gran cantidad de información. Si eres madre o padre, ¿puedes imaginar que se te conociese solamente a través de tus interacciones con uno de tus hijos? Contienes muchos más aspectos; hay muchos más ámbitos en tu vida, que influyen profundamente en tu comportamiento como madre o padre.

Un componente importante de la sanación es dejar la historia limitada que nos vamos repitiendo sobre nuestra madre y verla como persona. Tenemos que ver su vida tal como fue. Los ejercicios que siguen te pueden ayudar a hacerlo.

Ejercicio: Contar la historia de tu madre

Este ejercicio se puede hacer de varias maneras. Una sería pedirle a un amigo que escuche mientras cuentas la historia de la vida de tu madre. Otra opción es escribirla sobre papel. Puedes hacerlo con toda la extensión y todo el detalle que quieras. Puedes hacerlo sin la ayuda de las preguntas que siguen o usar dichas preguntas para inspirarte. Puede ser que no todas las preguntas sean relevantes en tu caso y también puede ser que haya algunas que no puedas responder.

- ¿Qué sabes de la infancia de tu madre, incluidas sus circunstancias familiares? ¿Tenía una relación de cercanía con sus padres? ¿Cómo eran sus padres? ¿Cuántos hermanos tenía y qué lugar ocupaba entre los hermanos? ¿Tenía que asumir responsabilidades, como cuidar de los hermanos más pequeños?

- ¿Fue feliz su infancia? ¿Cómo crees que la experimentó?
- ¿Qué crees que era importante para ella cuando era una adulta joven? ¿Qué quería de la vida?
- ¿Hasta qué punto crees que se había «encontrado a sí misma» antes de formar una familia?
- ¿Cómo llevaba las relaciones íntimas?
- ¿Por qué tuvo hijos?
- ¿Qué significó para ella ser madre de niños pequeños? ¿Qué pudo haber sido especialmente duro para ella en cuanto a la crianza? ¿Con qué apoyos contó?
- ¿Qué más estaba sucediendo en esos momentos? ¿Qué estaba ocurriendo en el hogar y en el mundo? ¿Qué tensiones sociales y económicas había?
- ¿Qué sabes sobre su salud y su nivel de energía general?
- ¿Cuáles fueron las circunstancias de tu nacimiento? ¿Cómo pudieron haber afectado al vínculo con tu madre estas circunstancias?
- Si trabajaba fuera del hogar, ¿cómo era su trabajo? ¿Le gustaba? ¿Estaba empoderada en él?
- ¿Qué supuso para ella ser madre de hijos adolescentes?
- ¿Le costó más ejercer la maternidad teniendo sus hijos una determinada edad o encontrándose en una etapa determinada de su crecimiento? ¿A qué crees que se debió?
- ¿Qué otros acontecimientos vivió en la adultez temprana y en la mediana edad que fuesen importantes?
- ¿Cuáles eran sus mejores cualidades? ¿Y sus mayores carencias?
- ¿Cuáles crees que fueron las mayores dificultades que tuvo que afrontar en la vida?
- ¿Crees que se sentía satisfecha con su forma de criarte?

- ¿Cuáles eran los aspectos de su vida que estaban más incompletos?

- ¿De qué crees que se arrepentiría si pudiese ser totalmente honesta al respecto?

- Ahora piensa en un título para la historia de su vida. ¿Cuál captaría su esencia?

Ejercicio: Los hitos en la vida de tu madre

Aquí tienes una forma alternativa (o complementaria) de pintar la historia de tu madre con pinceladas amplias. Está basada en una técnica de *journaling* (escritura en un diario) desarrollada por Ira Progoff, inventor del Intensive Journal ('diario intensivo'), y se llama *lista de hitos*. Progoff usó el término *hitos* para referirse a puntos importantes de la vida, que no tienen por qué ser unos sucesos concretos. Un elemento de una lista de hitos puede ser todo un período de la vida imbuido de cierta atmósfera.

Progoff aconseja limitar las listas de hitos a ocho o diez elementos y que, en cualquier caso, nunca contengan más de doce. No es necesario ponerlos en orden cronológico ni en orden de importancia. Solo hay que dejar que nos vengan a la mente esos puntos importantes y escribirlos. Un estado tranquilo y receptivo puede facilitarlo más que estrujarse el cerebro.

Ahora que ya sabes las instrucciones, haz una lista que incluya entre ocho y doce hitos que hayan sido significativos en la vida de tu madre.

---

* N. del T.: Concretamente, Ira Progoff usó el término *stepping-stones*, que se traduce más literalmente como 'pasaderas', 'escalones' o 'peldaños'. *Hitos* es una traducción libre con la que se intenta captar mejor la esencia de lo que se trata.

Ejercicio: Una carta de tu madre

Aquí tienes un tercer ejercicio que puede ser revelador. Escríbete una carta como si la escribiese tu madre. No importa si tu madre está viva o ha fallecido, ni si mantienes o no el contacto con ella. Imagina qué te diría si fuese capaz de abrirse sinceramente. El tema de la carta puede ser vuestra relación, un problema, lo que ella quiere para ti..., lo que te venga a la mente que ella, tal vez, nunca te llegó a decir. Toma conciencia de cómo te sientes tras realizar este ejercicio.

También hay técnicas terapéuticas para adoptar el punto de vista de la madre. En la terapia Gestalt, el juego de roles, el psicodrama (Psychodrama) y las constelaciones familiares (Family Constellation), tú u otra persona podéis adoptar la perspectiva de tu madre y hablar y actuar como si fueseis ella; a veces, esta expresión tiene lugar desde una perspectiva del alma más profunda que el personaje que mostró al mundo. En una de estas experiencias de sustitución, una «madre» reveló que estaba vacía y que no tenía nada que dar. Le resultó doloroso mirar a su hija, porque reconoció que esta necesitó más de lo que le dio.

Es importante comprender la experiencia de nuestra madre. Nos ayuda a no tomarnos de forma tan personal sus comportamientos. Por ejemplo, puede resultarnos más fácil dejar de sentir que no merecemos ser amados si vemos que nuestra madre tenía limitaciones para expresar amor. En lugar de sentirnos perdidos y sin guía, podemos ver que nuestra madre no tenía ningún tipo de experiencia guiando a nadie y que probablemente ella misma no había recibido orientación.

Cuanto más claramente vemos a nuestra madre, más fácil nos resulta encontrar algo de compasión para ella.

Tu historia

«Desarrollar compasión por la madre herida no excluye honrar el dolor del niño herido que hay dentro de uno mismo», escribe la terapeuta y autora Evelyn Bassoff.[1] La historia de nuestra madre solo es una parte del cuadro. También existe nuestra historia y aquello por lo que hemos pasado.

Como mencionaba en el capítulo anterior, no siempre somos plenamente conscientes de nuestra historia, aunque podemos serlo. Así como te invité, en el primer ejercicio de este capítulo, a contar la historia de tu madre, ahora te invito a que cuentes tu historia, a otra persona o sobre papel. Puede ser la versión larga o la versión corta. Una ventaja que presenta la versión abreviada es que a menudo es más fácil identificar los temas. ¿Qué destaca cuando piensas en la experiencia de tu vida como un todo?

Cuando trabajé con mi historia por primera vez, me resultó demasiado duro comenzar por la infancia. Fue demasiado cautivador, demasiado trágico, demasiado triste, y me costó seguir avanzando a partir de ahí. Decidí empezar desde el punto en que dejé el hogar a los dieciocho años y proseguir con la historia hasta más allá del momento presente; me adentré en el futuro. Y esa historia me hizo sonreír. Me gustó el final, y pude sentir que me empoderaba y sanaba. Creo que ahora podría volver atrás y empezar por la infancia; podría relatar cómo fue en realidad, sin verme tan atrapada por los sentimientos como para que estos eclipsasen todo lo demás.

A medida que sanamos, nuestra historia cambia. A medida que comprendemos con mayor objetividad por qué nuestra madre falló de las maneras en que lo hizo y al responsabilizarnos de criarnos a nosotros mismos, al dejar que otras personas cuiden de nosotros y al ver que nuestras necesidades son satisfechas, cambiamos nuestra vida.

El baile entre vosotros

La intersección de las dos historias —la tuya y la de tu madre— da lugar a un baile entre vosotros. Es muy importante recordar esto, y ayuda a explicar por qué nuestros hermanos pueden tener experiencias tan diferentes de las nuestras. Los hermanos presentan sensibilidades diversas, tienen necesidades distintas y encajan de maneras diferentes con la madre. Cuanto más duro es el niño y cuanto mayor es la compatibilidad, más fáciles son las cosas para él, suponiendo que todos los otros factores sean iguales para los distintos hermanos. Pero los otros factores no son iguales. Por ejemplo, un niño de doce meses experimentará el duelo de su madre por la pérdida de un padre o del cónyuge de una manera diferente que un niño de seis años. Por lo tanto, el baile entre cada niño y su madre es único.

- ¿Qué adjetivos son apropiados para definir tu relación con tu madre? ¿Es fría? ¿Conflictiva? ¿Ha habido unos puntos de conflicto en particular? ¿Es tal vez una relación superficial y basada en el deber? ¿Hay puntos de cercanía en el baile? Si los hay, ¿cómo te sientes en esos momentos? ¿Te gusta esta cercanía o te resulta incómoda de alguna manera y te cuesta aceptarla plenamente?

Antes reflejamos unos hitos cuando examinamos la vida de tu madre. Ahora, haz una lista de hitos en tu relación con ella. Anota entre ocho y doce elementos solamente y advierte cuáles son los más destacados en vuestra relación.

Evaluar lo que es posible

Puede sorprenderte considerar que la relación que tienes actualmente con tu madre puede ser totalmente independiente de tu proceso de sanación de las heridas maternas. Sería un error que pensases que no puedes sanar la carga que llevas a menos que ella sea capaz de comprender tus sentimientos y compensar los errores que cometió en el pasado. Esto sería problemático por tres motivos:

1. Le estarías dando poder sobre tu proceso de sanación. No es cierto que la necesites para sanar.
2. Es probable que no puedas gestionar una relación nueva con tu madre desde una postura abierta si aún estás lleno o llena de tristeza, resentimiento o enojo. Es importante que hayas trabajado en alguna medida con los sentimientos difíciles.
3. No puedes evaluar de lo que es capaz tu madre si te identificas demasiado con el niño expuesto a una crianza materna deficiente que mora en tu interior. Necesitarás a tu adulto fuerte para efectuar esta evaluación y para estar preparado para realizar cualquier trabajo de confrontación o reparación.

A la hora de pensar cuál será tu próximo paso en el baile con tu madre, será importante que te preguntes qué quieres, que evalúes objetivamente qué es posible y que sepas qué tipo de riesgos estás dispuesto a asumir. Aquí tienes algunas preguntas que podrían ayudarte:

- ¿Qué quieres? ¿Hay algunos *deberías* operando (por ejemplo, que *deberías* estar cerca de tu madre)? ¿Qué tal si dejas de lado estos *deberías* un momento? Al contemplar varias posibilidades, ¿hay alguna que te aporte una sensación de alivio?
- ¿Qué pasaría si las cosas no mejoraran?
- ¿Qué capacidad crees que tiene tu madre de mantener una relación más cálida y auténtica? (Para responder esta pregunta, ten también en cuenta los comportamientos que ves que tiene en sus otras relaciones).
- ¿Qué relación desearía tener ella contigo? (Los factores generacionales y culturales también tienen un papel en sus expectativas, deseos y capacidades. Para ella, ¿la cercanía tiene más que ver con hacer acto de presencia en una celebración o tiene más que ver con compartir sentimientos y estar ahí el uno para el otro?).
- ¿Qué capacidad tienes tú de experimentar mayor cercanía emocional con ella? ¿Qué debería ser diferente en tu interior?
- ¿Tienes algún miedo que tenga que ver con que la relación con tu madre se vuelva más auténtica?
- Si ella respondiese a tu apertura unas veces sí y otras no, ¿cómo te sentirías?
- ¿Es el momento oportuno? ¿Tenéis tanto tú como ella la energía emocional para atender esta relación?

No hay ningún modelo para la relación óptima entre un hijo adulto y su madre. Hay que tener en cuenta la personalidad de ambos y sus capacidades, su historia, sus necesidades y su situación actual.

Mantener una relación cortés pero distante

Parece que lo más habitual con las madres emocionalmente desconectadas es seguir manteniendo una relación superficial. Es una relación en la que el contacto es mínimo, que permanece en la superficie y que nunca ha sido ni será cercana. Esto les va bien a los hijos adultos que no quieren herir a su madre o perder contactos familiares y que no se sienten heridos si mantienen la distancia emocional.

Con las madres entrometidas, impositivas o que van de víctimas, pasar a una relación en la que haya más límites y menos contacto puede ser una medida nueva, destinada a protegernos del daño continuo que experimentamos en la relación. Para la madre esto supone una especie de degradación, ya que la sacamos de su círculo íntimo, donde tenía demasiada influencia.

Fortalecer los límites

Saber poner límites nos ayuda a sentir que no tenemos por qué renunciar a nosotros mismos para estar en una relación. Si somos capaces de decir «no» somos más libres para decir «sí».

El tipo de límites que tenemos que poner con las madres de edad avanzada dependen del tipo de madre. Empecemos con las que actúan como si no pudieran valerse por sí mismas. Las madres indefensas dependen de sus hijos adultos para todo tipo de cosas. Tal vez llamen a menudo pidiendo consejos, si bien raramente los siguen. Esto se debe a que no quieren tanto los consejos como el contacto. Estas madres pueden ser exasperantes, ya que traspasan los límites de sus hijos adultos de forma continua. Dile a una madre así que no te llame al trabajo y te molestará una y otra vez con algo que, para ella, es un problema.

En *Understanding the Borderline Mother*, Lawson ofrece unos consejos para tratar con la madre-niña abandonada que son muy aplicables a la relación con la madre indefensa (consulta la página 185). Lawson aconseja decirle a la madre, con firmeza, que puede y debe ayudarse a sí misma. Podrías decirle: «Siento no poder ayudarte; sé que puedes manejar esto sola». No dejes que te controle con una indefensión y una necesidad vagas; en lugar de ello, oblígala a formular sus necesidades directamente. Creo que esta es una buena recomendación en general. Cuando la solicitud es muy específica, podemos decidir si queremos atenderla, en lugar de tener asumido que debemos resolver todos sus problemas.

Con muchas de estas madres es importante mostrar que no podrán manipularnos (siendo la culpa la estrategia por excelencia) y que no permitiremos intromisiones. Lawson aconseja a sus lectores que adviertan a su madre y que se deriven las consecuencias naturales lógicas de un comportamiento inapropiado. Igual que hacemos con los niños.

El enfoque tiene que ser muy diferente con la madre que asume el papel de reina. Esta madre es más frágil en muchos sentidos, por lo que si bien conviene señalárselo cada vez que viola nuestros límites, hay que hacerlo con sumo tino. Si se siente culpabilizada, debemos andarnos con cuidado. La madre abusiva más peligrosa, la *bruja* de Lawson, se parece mucho al narcisista vengativo, y he oído consejos similares en cuanto al trato con ella: abandona el terreno lo antes posible. Cualquier defensa verbal o cualquier golpe que devuelvas no harán más que acentuar el maltrato. Esto no significa que tengas que hacerte el muerto, pero no debes alimentar el fuego de ninguna manera.

Con las madres emocionalmente ausentes no tan dañinas no hay que ir con tanto cuidado, pero también en estos casos es bueno no tolerar situaciones molestas innecesarias. Tengo una clienta cuya madre vivía a treinta minutos de distancia y le pedía a su hija adulta que la llevara a alguna parte en sábado. Cuando la hija aprendió a decirle que el sábado no le iba bien pero que podría acompañarla los viernes por la tarde, advirtió que su madre parecía tratarla con más respeto. Enseñamos a los demás cómo tratarnos con las respuestas que les damos.

Establecer un límite puede ser tan simple como decir «esto no me va bien». No es necesario justificarse, y por supuesto no tenemos que sentirnos mal por decir que no.

Nuestros límites son parte de lo que hace que tengamos la sensación de estar intactos y al cargo de nuestra vida. Cuanto más sientas un límite energético y sepas que puedes mantener los límites externos frente a los comportamientos de los demás, más fácil será que estés relajado y no te sientas amenazado por personas insensibles o incluso abusivas.

Poner límites suele ser una medida significativa para mantener la distancia con los familiares invasivos. Tener una voz propia es importante para establecer la sensación de ser uno mismo y de tener derechos. Ahora bien, tenemos que estar preparados para lidiar con el dolor y el enojo que probablemente sentiremos si nuestra familia no respeta esos límites. Por desgracia, las personas con las que más necesitamos marcar distancias son las que no están acostumbradas a respetar los límites, por lo que tenemos que estar dispuestos a aplicar las consecuencias naturales que hayamos establecido. Si le dices a tu madre que colgarás el teléfono si no deja de gritar y ella sigue gritando, tienes que colgar.

Decir la propia verdad

He conocido a muchos adultos que ansían que su madre sepa lo abandonados, incomprendidos y mal tratados que se sintieron en la infancia. Al menos, quieren tener la oportunidad de decir su verdad.

A veces, decir la propia verdad y pedir lo que se quiere conduce a una mejor comprensión, lo cual, a la vez, hace que fluya una mayor calidez entre las dos personas. Si se ejecuta bien, la confrontación es un acto de tipo íntimo que denota compromiso, pues estamos dejando que otra persona acceda a nuestro espacio interior vulnerable.

La mayoría de nosotros no tenemos mucha práctica con la confrontación y tendemos a sacar a la luz nuestras quejas. La otra persona reacciona a la defensiva frente a esto, porque no quiere tener la sensación de estar equivocada. Mi regla de oro a la hora de confrontarse con los demás es decirles cómo deben complacernos en lugar de martillearlos con lo que están haciendo mal. Démosles una manera de sentirse bien consigo mismos, de no estar a la defensiva y de estar a nuestro favor.

Por desgracia, las madres menos amorosas no pueden escucharnos ni lo harán, por más bien que expongamos nuestros argumentos. En mi práctica terapéutica he visto lo desgarrador que es que la madre no pueda acercarse al hijo. Podemos llorar, argumentar, dar consejos a nuestra madre y decirle qué necesitamos, para obtener a lo sumo respuestas del tipo «¿tienes un mal día hoy?». Nuestra madre no es en absoluto permeable a nuestros sentimientos y nuestra experiencia; estos dan contra una pared y rebotan. En el peor de los casos, se convierten en munición para un ataque por su parte.

Y es que la mayoría de nosotros no somos conscientes de lo fuertes que son las defensas psicológicas. Se requiere de un ego flexible para asimilar aquello que nos hará sentir mal. Por lo tanto, las madres no saludables reaccionan negando lo que se les dice (afirman que eso no ocurrió), quitando importancia a lo que se les expone (dicen que no hay para tanto), haciéndose la víctima o pasando al ataque.

Si eliges la opción de decir tu verdad, tienes que ser sincero contigo mismo en cuanto a tu motivación. ¿Quieres sanar y fomentar el acercamiento o albergas un enojo oculto, o no tan oculto, que te hace desear herir a tu madre de la misma manera que ella te hirió a ti? El punto del que partas será determinante para el resultado.

Lamentablemente, si te acercas a tu madre desde tu niño interior, hay muchas posibilidades de que te responda como lo hacía cuando eras un niño. Por supuesto, es tu niño interior el que realmente quiere saber que tu madre lamenta lo ocurrido y que le importas, pero es arriesgado llevar al niño interior a confrontaciones de las que puede salir aún más traumatizado si vuelve a recibir una respuesta de abandono o ataque. Es mejor dejar que el niño interior hable cuando estamos solos y en terapia, contextos en que podemos acogerlo con empatía. Si decides exponerle a tu madre algunas verdades incómodas, deja que sea tu adulto quien hable.

Dejar a la madre

Algunos autores y terapeutas usan el término *divorcio* cuando hablan de dejar la relación. Esta palabra parece más adecuada cuando ha habido una relación muy conflictiva o de codependencia que cuando la relación apenas ha existido. Tal vez estés pensando: «¿Divorcio? ¡Si nunca estuvimos juntos!».

Normalmente, dejar la relación se ve como un último recurso; antes ha habido mucho trabajo de sanación individual y la persona ha intentado que la relación funcionase, sin éxito. Cuando no podemos lograr que nuestra madre respete nuestros límites o deje de herirnos, a veces tenemos que irnos para poder seguir creando la vida que queremos.

Como ocurre con el divorcio, puede haber unos cuantos intentos de dejar la relación antes de tener éxito. Como señala Peg

Streep, autora de *Mean Mothers* [Malas madres], es posible que regresemos a la relación si nuestras necesidades emocionales e ilusiones se imponen a lo que sabemos que es verdad: nuestra madre no puede darnos lo que queremos de ella.

Hablando de su experiencia, Streep comparte una idea muy importante:

> No pensé hasta años después que mi madre nunca inició una reconciliación, y ahora entiendo por qué: mi ausencia era un alivio para ella. Desde su punto de vista, yo era el espejo que reflejaba su mayor miedo y su mayor fracaso: su propia naturaleza no amorosa como madre. Creo que conservar este secreto era más importante para ella que yo misma.[2]

En *Mothers Who Can't Love* [Madres que no pueden amar], la autora de éxito Susan Forward aconseja a las personas que quieran dejar la relación que escriban una carta breve y muy directa y la manden por correo electrónico a su madre. En esta carta la persona solo tiene que decir que no quiere mantener el contacto y qué incluye esta medida; también tiene que pedirle a su madre que respete sus deseos. Conviene que no sea una carta emotiva y también que no aborde los asuntos problemáticos o culpabilice a la madre. La carta solo tiene que establecer la nueva realidad. Utilizar una carta como medio evita una confrontación inmediata y verse arrastrado a la dinámica de siempre. He trabajado con clientes que prefieren no mandar una carta así, pero que tras haber establecido los límites una y otra vez, acaban por dejar de responder a cualquier intento de contacto.

Dejar a la madre es una medida dura y la mayoría de las personas se sienten culpables un tiempo, aunque casi todas también experimentan una sensación de alivio por verse libres de la relación.

Ciertamente, es un paso hacia la propia independencia, aunque también puede implicar un duelo por la pérdida de cualquier esperanza de obtener el amor deseado.

Una preocupación que he oído muchas veces es cómo resonará este cambio en la familia extensa. No es raro que las madres más narcisistas y menos saludables cuenten su versión distorsionada de la historia, con la esperanza de obtener empatía y castigar o vilipendiar al hijo que ha decidido romper la relación. No podemos controlar lo que hará la madre. Despreocuparnos de ello forma parte de la dura tarea de renunciar a intentar controlar lo que piensen o sientan la madre u otras personas. La madre hará lo que hará, y quienes tengan ojos para ver lo pondrán en perspectiva. También podemos decirles a los familiares más cercanos lo que hemos hecho, si bien es mejor asegurarles que no estamos tratando de implicarlos. Es posible que algunas de estas personas aprueben o apoyen nuestra medida.

Sentirse separado internamente

Si nuestra madre no nos está haciendo daño actualmente, dejarla en el sentido de cortar la relación puede ser menos importante que separarnos de ella internamente. Muchas personas, por muy insatisfechas que estén con la relación, siguen fusionadas negativamente con su madre. Aún están luchando en su interior, aún siguen resistiéndose a ella en su espacio interno, atrapadas como en una corriente marina en la energía materna de la que quieren alejarse, si bien lo impregna todo.

Un ejercicio que doy a los clientes a los que les preocupa ser como su madre o que están atrapados en el guion de ella es que hagan una lista de diferencias entre ellos y su madre. Acaba por ser una lista de contrastes, los cuales tienen el efecto de revelar que su madre y ellos mismos no son iguales. Este reconocimiento suele proporcionar un gran alivio.

Desde este espacio de separación, y con los límites protegiéndonos de la invasión y la dependencia, podemos ser más libres de avanzar hacia una relación más sanada, o al menos más apacible. Y, lo que es aún más importante, somos más nosotros mismos.

Hacia una relación más sanada

Entre las personas del primer grupo que entrevisté cuya relación con su madre había mejorado, vi que, en general, era el hijo crecido el que había iniciado los cambios. Estos cambios parecían derivarse de la capacidad del hijo adulto de manifestar calidez hacia su madre, una madre que, en la mayoría de los casos, no se había mostrado cálida con su hijo. Los cambios fueron posibles cuando el hijo adulto sanado fue capaz de comprender las limitaciones de su madre y perdonarla y, a partir de ahí, quiso incluirla en su vida.

Trata muy bien el tema de la reconciliación Laura Davis, una de las dos autoras del libro superventas *El coraje de sanar* y que más adelante escribió *I Thought We'd Never Speak Again: The Road from Estrangement to Reconciliation* [Pensé que nunca volveríamos a hablar: el camino del distanciamiento a la reconciliación]. La base del contenido de este segundo libro es la reconciliación de la autora con su madre tras un distanciamiento de ocho años más cien entrevistas a personas que o bien habían restablecido relaciones dañadas, o bien habían alcanzado un sentimiento de paz interior frente a la imposibilidad de volver a conectar. Es un buen libro; lo recomiendo. Nos ayuda a ir más allá de la idea de un solo compartir de corazón a corazón que hace que todo vuelva a estar bien; en lugar de ello, vemos la reconciliación como un proceso que tiene lugar a lo largo del tiempo. Es normal que haya retrocesos. El avance es lento porque hay que ir restableciendo la confianza. Davis se encontró con que para algunas personas fue esencial hablar de las heridas del pasado, mientras que para otras no lo fue.

Davis dijo que su sanación personal fue el elemento más determinante en su reconciliación con su madre. Había trabajado con las heridas y había soltado. Este soltar implica una «autonomía conquistada», podríamos decir, en la que estamos realmente desapegados del resultado y no necesitamos nada de nuestra madre. Esta autonomía solo es posible cuando aceptamos que tal vez no obtendremos nunca una disculpa, que nuestra madre tal vez no sabrá nunca aquello por lo que hemos pasado, si bien nosotros sí tenemos muy claro lo que hemos vivido y no necesitamos que ella lo corrobore. Nos ganamos la sanación a pulso, independientemente de cuáles sean los comportamientos de nuestra madre.

«Cuando ansías la relación, no puedes tenerla –escribe Davis–. Tienes que soltarla, y más adelante es posible que aparezca por la puerta trasera».

He sido testigo de reconciliaciones tras soltar las viejas cuentas pendientes. La historia de Julie constituye un buen ejemplo. Julie creció con una madre narcisista que, como la mayoría de las personas narcisistas, no podía ir más allá de sí misma. Todo giraba en torno a la madre. La relación que tenía Julie con ella era del tipo cortés pero distante que se ha explicado anteriormente. La cercanía es difícil cuando no hay espacio para uno mismo en la relación.

Cuando le diagnosticaron un melanoma a la madre de Julie y pasó los últimos años de su vida enferma, Julie viajó a menudo de un lado a otro del país para contribuir con los cuidados. Comenzó viajando por obligación, pero al cabo de tres o cuatro años las estancias comenzaron a ser más gratificantes, pues su madre empezó a mostrarse cálida con ella. Julie quedó impactada la primera vez que su madre se levantó cuando ella ya se estaba yendo y le pidió que la abrazara. «Eres la única persona que siempre ha estado ahí para mí», le confesó. Podemos haber oído este tipo de mensaje en boca de madres manipuladoras, pero Julie percibió que lo decía desde un espacio de vulnerabilidad y sinceridad. Dentro del contexto de todo el tiempo que habían pasado juntas, Julie lo experimentó como que su madre la dejaba entrar en su espacio. Julie escuchó a su madre mientras la ayudaba con asuntos prácticos. Cuanto más fue comprendiendo la experiencia de abandono que había sufrido su madre en la infancia, más fácil le fue resultando sentir compasión por esa mujer anciana cuya vida estaba cercana a su fin. Al irse mostrando cada vez más vulnerable su madre, Julie sintió que era seguro deponer sus defensas y mostrarse más abierta. En este caso, su apertura hizo que su madre le tuviese mayor aprecio. Julie recuerda con especial cariño el momento en que su madre le dijo: «Eres la persona más bondadosa que he conocido nunca». En la actualidad, Julie echa realmente de menos a la madre que descubrió en los últimos años de la vida de esta.

¿Debería perdonar?

La mayoría conocemos la instrucción de que debemos perdonar cualquier daño que nos inflijan. Ciertamente, lo oímos en el contexto de las enseñanzas religiosas y morales, que siempre nos presentan el perdón como la opción más elevada. Con todo el apoyo social que recibe el perdón, como mínimo ayuda a los demás a sentirse bien respecto a nosotros. Tal vez has advertido lo incómodas que se sienten muchas personas con la profundidad de tu dolor; entonces, tienen la esperanza de que si puedes perdonar, todo ese dolor desaparecerá sin más.

También puede ser que alberguemos esta fantasía respecto a nosotros mismos. La idea de desterrar todos los malos sentimientos a través de un simple acto de perdón parece una estrategia bastante ingeniosa.

Por desgracia, las cosas no parecen funcionar así. Como dice Susan Forward en su libro *Padres que odian*, el hecho de perdonar no dio lugar a ningún cambio significativo o duradero en sus clientes, y no se sintieron en absoluto mejor consigo mismos. De hecho, como la culpa quiere ir a alguna parte, es fácil que se vuelva hacia dentro si es la única dirección disponible, y esto hace que aún nos sintamos peor con nosotros mismos.

Por lo tanto, es relevante preguntarse qué es el perdón exactamente y de dónde proviene. ¿Proviene del intento de ser buenos, del deseo desesperado de superar el propio dolor o de la aceptación de *lo que es*?

Mi propia visión se corresponde con la de quienes han visto el perdón no tanto como algo que hacemos sino como algo que evoluciona bajo ciertas condiciones cuando hemos hecho nuestro trabajo. Consiste en soltar viejos rencores y permitir que alguien regrese a nuestro corazón, generalmente después de haber superado nuestro enojo, nuestro dolor y nuestra decepción. Cuando hemos pasado por todo esto, la culpa deja de atosigarnos y solo queremos dejarla atrás. Para nosotros, sería una carga conservar los sentimientos que antes nos consumían, y pasamos a centrar la atención en cosas más interesantes.

Otras personas consideran que el perdón llega por medio de la gracia. En cualquiera de los casos, cuando llega el perdón, a quien perdonamos es al ser humano defectuoso que hizo cosas muy malas de resultas de sus propias heridas. Esto no equivale a decir que lo que hizo esa persona estuvo bien ni que no fuese culpable. El perdón consiste en reconocer que, si bien se equivocó, sigue teniendo un lugar en nuestro corazón.

En parte, lo que hace que esto sea posible es comprender por qué esa persona nos hirió de la manera en que lo hizo. Explica Laura Davis que «cuando aceptamos las insuficiencias del otro, surge la compasión. En lugar de ver sus debilidades como *algo malicioso dirigido a nosotros*, empezamos a reconocerlas por lo que son: fragilidades humanas».[3] (La cursiva es mía).

Este es un cambio significativo respecto del punto de partida. Es natural que percibamos una intención maliciosa en lo que nos han hecho los demás, sobre todo cuando somos niños. Los niños no son tan sofisticados como para saber que el comportamiento hiriente de la otra persona se debe a sus propias carencias. Es al sanar nuestras propias carencias cuando vemos lo difícil que es estar sano y completo, lo difícil que es estar con un dolor emocional total, lo imperfectos que somos.

También es impactante lo que admitió una madre según consta en el libro de Davis. Siempre desaparecía cuando su hijo adulto[*] estaba pasando por un momento realmente malo y la necesitaba. Esta madre le dijo: «Cuando estás sufriendo, no puedo soportarlo». Por lo tanto, cuando ponemos en contexto lo que podría parecer la indiferencia y el egoísmo más insensibles, con lo que nos encontramos es con una insuficiencia de la madre, no una despreocupación maliciosa.

El perdón viene con la madurez, con una apertura del corazón derivada del trabajo con el propio dolor. Hay seres inocentes de corta edad que parecen perdonar sin que haya mediado este trabajo, ya que la capacidad de perdonar está latente en todos nosotros; pero cuanto más hay por perdonar, más sanación es necesaria para regresar a esta apertura de corazón. Según mi experiencia, cuando

---

[*] N. del T.: También podría ser *su hija adulta*; no es posible discernir el género.

el perdón viene lo hace poco a poco, y solo nos damos cuenta cuando miramos hacia atrás.

Tal vez será útil aclarar una cosa más. El hecho de haber trabajado en un proceso que nos ha llevado a perdonar a alguien que nos ha herido profundamente no garantiza que no volvamos a experimentar los viejos sentimientos nunca más. Por ejemplo, la aparición de un recuerdo traumático puede hacernos sentir mucha rabia. Esta rabia es parte de la respuesta natural de lucha o huida que es reprimida cuando entramos en lo que la literatura del trauma denomina *estado de parálisis*, *estado de congelación* o *estado de inmovilidad*. Los animales salvajes se sirven de este estado cuando son capturados por un depredador: se hacen los muertos. Muchas veces, cuando otra persona nos ataca no podemos luchar ni huir, y lo mejor que podemos hacer es aflojarnos y, a menudo, disociarnos. Dejamos de reproducir la película, por decirlo de algún modo. Pero cuando la película vuelve a reproducirse —es decir, cuando el estado de parálisis desaparece—, lo que estaba ahí inmediatamente antes de que entrásemos en ese estado deja de estar reprimido y vuelve a estar presente. Ahora accedemos a la rabia que es parte de la respuesta de lucha. Esta rabia es natural tanto desde el punto de vista fisiológico como psicológico. La rabia es una respuesta saludable a la violación, una respuesta que tenemos incorporada.

Como estamos trabajando con experiencias traumáticas del pasado y, además, es fácil que las partes que nos componen estén disociadas, puede ser que en cualquier momento dado nos identifiquemos con una parte de nosotros mismos atascada en el pasado que no tenga ganas de perdonar, aunque nuestro yo adulto haya alcanzado algún tipo de perdón.

Como podemos ver, el asunto es complejo; por eso es importante tener una postura abierta y fluida en torno al perdón.

¿Puedo ser una buena madre o un buen padre si mi crianza fue deficiente?

Si bien es cierto que la mayoría de los padres que son emocionalmente negligentes o abusivos se comportan así porque están reflejando la mala crianza a la que estuvieron expuestos, a lo largo de los años me ha animado ver qué buenos padres han llegado a ser clientes míos que recibieron una crianza deficiente.

Entre las mujeres que eligen no tener hijos, la mayor parte tuvieron una crianza con carencias y temen que no sabrían criar a sus hijos correctamente. Algunas temen que «estropearían» a sus hijos de la misma manera que sienten que fueron dañadas. (No olvidemos, de todos modos, que hay otras razones importantes por las que una persona puede elegir no ser madre o padre).

Lo que les diría a las mujeres que albergan esta preocupación es que pueden hacer las cosas de una manera diferente. En primer lugar, parece ser que hay un instinto maternal que se manifiesta si no se le ponen impedimentos. He conocido a mujeres que se han asombrado al verse inundadas por la energía de la buena madre; se encontraron llenas de amor en el momento en que pasaron a ser madres.

En segundo lugar, es probable que seas más sensible que tu madre, en el buen sentido. Muchas de las personas que ejercen una crianza mucho mejor de la que recibieron son más sensibles y están más afinadas a causa de lo que experimentaron. Y quieren que sus hijos tengan lo que les faltó.

En tercer lugar, puedes aprender. Te animo a ello. Para ejercer una buena crianza hay que conocer muy bien los niveles del desarrollo y hay que saber cómo lidiar con cientos de sucesos nuevos. ¿Por qué no consultar a los expertos, ya sean autores, médicos o personas que se han ganado sus galones cuidando niños, como padres o niñeras? La crianza es probablemente el trabajo más importante del planeta; por lo tanto, ¿no tiene sentido buscar ayuda?

Sin duda, la labor de crianza requerirá que cuides de ti para permanecer alerta y no funcionar en piloto automático. Es cuando funcionamos en piloto automático cuando más tendemos a reproducir el legado familiar y a tener comportamientos que nos prometimos no tener jamás. Cuanto más sanamos de nuestra familia disfuncional, más anulamos los viejos registros.

He oído decir que darles a los hijos lo que nosotros habríamos querido tener es sanador para nosotros, pero esto no funciona siempre. Como he mencionado unas cuantas veces, puede resultarnos más difícil proporcionar aquello que roza nuestra carne viva y activa nuestro dolor latente. También he visto a muchas mujeres hacer un gran trabajo con sus hijos sin hacer mucho por sanar las heridas con las que cargan con origen en su madre. Esto es posible, en parte, gracias a nuestra compleja organización interna: hay partes infantiles heridas encapsuladas que no son sanadas hasta que asumimos la tarea de cuidar de ellas directamente. Por eso, si bien ser una buena madre para nuestros propios hijos es, desde luego, algo que apoya el desarrollo de nuestra estructura saludable, solo es una parte del cuadro.

En este apartado he hablado directamente a las mujeres, pero lo que he dicho también es aplicable a los hombres que se convierten en buenos padres.

Sostener el proceso y el propio yo

Si has estado trabajando en este proceso, si te encuentras en este viaje de sanación, ya sabes que es un trabajo duro. Se trata de una reconstrucción de gran envergadura. Nos estamos «reelaborando» en muchos niveles: desde el cableado del cerebro límbico hasta nuestras creencias fundamentales, desde el concepto que tenemos de nosotros mismos hasta la forma en que nos relacionamos con los demás, desde la ansiedad en nuestro pecho hasta nuestra capacidad de amar, ganar dinero y dormir bien por las noches.

Lo más probable es que este proceso se prolongue varios años, tal vez décadas. He tenido dudas sobre si escribir esto porque me preocupa que encuentres desalentadora esta declaración. Pero también puedes desanimarte si crees que el proceso será rápido. No lo es. No conozco a nadie que haya superado esta herida que lo haya hecho con rapidez.

Por lo tanto, es importante que controles el ritmo, que te tomes descansos, que puedas ver tus avances y enorgullecerte de ellos. No debes imitar a la madre que nunca vio tus logros y mucho menos los celebró.

El proceso de crecimiento no es una línea recta, sino una espiral. Pasarás por temas similares muchas veces, en ciclos sucesivos. Si pasas por cada ciclo sin experimentar cambios, ello es indicativo de que te conviene obtener más ayuda. De lo contrario —es decir, si avanzas—, lamentarás lo que te faltó, llorarás las injusticias y satisfarás las necesidades insatisfechas varias veces. Pero el proceso no será interminable. El proceso de sanación es agradecido, y aunque un buen llanto no puede compensar años de tristeza reprimida, sí puede llevarte más lejos de lo que piensas.

La buena madre sabe que el proceso de crecimiento es irregular y no avergüenza ni regaña a su hijo cuando este muestra un retroceso. Es importante que tengamos este tipo de compasión y paciencia con nosotros mismos. Lo estamos haciendo lo mejor que podemos, y es normal que unos días sean más duros que otros.

¿Termina alguna vez el proceso de sanación?

El proceso de sanación no termina nunca en realidad, pero el dolor sí puede cesar y el sentimiento de ser un niño sin madre puede desaparecer totalmente. La razón por la que la sanación no termina es que siempre estamos cambiando. Incluso el simple paso del tiempo cambia nuestra perspectiva una vez que nos hemos desenganchado del pasado. Por lo tanto, la manera en que nos sentiremos el primer o el segundo año posterior a la parte más importante de nuestra sanación será diferente de la manera en que nos sentiremos diez años después, cuando el pasado nos parezca aún más lejano.

Cuando ha habido un daño significativo, nunca se llega al punto de experimentar como si eso no hubiera ocurrido. Siempre queda, por lo menos, el recuerdo de la herida, y tal vez nos siga escociendo un poco. Pero el poder de esa herida disminuye con la sanación, y la respuesta que damos cuando algo roza esa herida también es diferente. En lugar de quedar atrapados en los sentimientos con origen en la infancia que puedan activarse, podemos aprender a desviar ligeramente la atención y preguntarle al niño interior qué necesita en ese momento. Podemos *responder* a los sentimientos en lugar de quedar atrapados en ellos.

A medida que vamos trabajando con estas heridas, nuestra identidad va cambiando también, poco a poco. Al fin y al cabo, nuestra historia ha cambiado. Nuestra vida ha cambiado. Y es hora de que el relato interno cambie también. Como me dijo una persona, «aún hay una herida, pero no dirige mi vida. No define quién soy».

El sentimiento de no haber gozado de una buena crianza materna puede ser reemplazado por el sentimiento de contar con una buena crianza materna en las personas que pueden recibir cuidados por parte de alguien que represente a la buena madre o que pueden convertirse en esa buena madre para su propio niño interior. Puedes sentirte amado, apoyado y cuidado. No, no puedes volver atrás y cambiar el pasado, pero puedes tener ahora lo que merecías tener entonces. Como dijo el novelista Tom Robbins, «nunca es demasiado tarde para tener una infancia feliz».

Apéndice

Tres madres, tres mensajes: una visualización guiada

Para hacernos una idea de lo poderosamente que moldean la experiencia del niño distintos tipos de madres, veámoslo un poco con tres tipos de madres: la madre irritable, la madre emocionalmente ausente y la buena madre arquetípica. Tu primera tarea es tener claros los tres personajes. Las explicaciones siguientes pueden ayudarte.

En cuanto al primer personaje, todos hemos tenido experiencias con personas irritables, por lo que no nos debería costar mucho imaginarlo. Las personas irritables son críticas, se enojan enseguida y son ásperas. Las madres irritables coinciden con el perfil de la madre emocionalmente abusiva que se describe en el capítulo siete. En cuanto a la madre emocionalmente ausente, piensa en la tuya si ella es así o imagina lo mejor que puedas este perfil. En cuanto al último personaje, la buena madre, probablemente has conocido a alguna persona nutridora en algún momento de tu vida que pueda servirte de modelo. Si no has tenido experiencias personales con la buena madre, tal vez podrías evocar una madre amorosa que hayas visto en una película.

Esta actividad funciona mejor como ejercicio de imaginación guiada, lo cual requiere que te pongas en estado de relajación al principio. Alguien podría leerte las instrucciones; así podrías sumergirte más profundamente en la experiencia. Otra opción es que grabes las instrucciones en una cinta y la reproduzcas para ti, y una tercera posibilidad es que alternes entre la lectura y tu experiencia interna. Hay personas que son capaces de leer, cerrar los ojos y encontrarse ahí.

Este ejercicio puede suscitar algunas emociones fuertes, por lo que podría ser interesante que elijas un momento que te permita reflexionar después. Eso sí, deberás asegurarte de que nadie ni nada te interrumpa; por lo tanto, apaga el teléfono y diles a las personas que conviven contigo que no estarás disponible durante media hora por lo menos. Después de cada pregunta, debes darte el tiempo suficiente para sentir la experiencia, sin prisas. Imaginaremos a cada tipo de madre encontrándonos nosotros en tres edades diferentes, y empezaremos por la madre irritable.

Encuentra una postura en la que tu cuerpo esté cómodamente apoyado. Si quieres, puedes tumbarte. Haz un par de respiraciones profundas, sintiendo cómo el cuerpo se relaja con cada exhalación. Disfruta de la sensación de relajación que te invade al darte este tiempo para acomodarte. Deja que los ojos se cierren suavemente si te resulta agradable.

Este no es un ejercicio en el que tengas que hacer nada. Es una oportunidad de relajarte y dejarte llevar; permitirás que los sentimientos, las imágenes y las sensaciones lleguen a ti a medida que entras en un estado de relajación y bienestar cada vez más profundo.

Empezaremos con la madre irritable. Conecta con cualquier sentimiento e imagen que asocies con este tipo de madre. Hazte una buena idea de cómo es su energía.

Imagina que estás tumbado sobre una manta en una habitación soleada. Tienes unos seis meses y oyes cómo cantan pájaros al fondo. Advierte los colores de las paredes y de la manta y la temperatura que hace. Tu madre entra para alimentarte. ¿Cómo te sientes mientras se aproxima? ¿Cómo es su voz? ¿Cómo se mueve? ¿Qué sensación tienes cuando te levanta? ¿Cómo interactúa contigo? ¿Qué sientes en el cuerpo? ¿Qué le ocurre a tu respiración? [Pausa larga].

Ahora imagina que tienes entre cuatro y seis años. Estás en casa, jugando. ¿Qué estás haciendo? ¿Qué está haciendo ella? ¿Juega contigo? Advierte el tono de su voz, sus movimientos y las expresiones de su cara. ¿Cómo te hace sentir que esté ahí? ¿Qué sientes en el cuerpo? Presta mucha atención a tu estado interno en este momento. ¿De qué pensamientos, imágenes y sensaciones eres consciente? ¿De qué emociones? [Pausa larga].

Sitúate ahora en un punto en el que tienes entre ocho y diez años. Imagínate en un entorno de tu elección. Tu madre no está lejos. ¿Qué estás haciendo? ¿A qué distancia está tu madre y qué te hace sentir el hecho de que esté en esta escena contigo? Percibe qué sientes en el cuerpo.

Regresa al presente un momento. Tal vez quieras escribir unas palabras para recordar esta experiencia.

Ahora vamos a pasar por la secuencia con la madre emocionalmente ausente. Tómate un momento para sintonizar con lo que ella siente.

Primero imagínate con seis meses, tumbado en la habitación soleada. Esta madre entra para alimentarte. Advierte las cualidades presentes en sus interacciones contigo y percibe, especialmente, tus emociones y cómo te sientes en tu cuerpo. ¿Cómo es este tiempo con tu madre? [Pausa larga].

Ahora imagina que tienes entre cuatro y seis años. Estás en casa, jugando, y tu madre no está lejos. ¿Qué estás haciendo? ¿Qué está haciendo ella? ¿Juega contigo? Advierte el tono de su voz, sus movimientos y las expresiones de su cara. ¿Cómo te hace sentir que esté ahí? ¿Qué sientes en el cuerpo? Presta mucha atención a tu estado interno. [Pausa larga].

Sitúate ahora en un punto en el que tienes entre ocho y diez años. Imagínate en un entorno de tu elección. Tu madre no está lejos. ¿Qué estás haciendo? ¿A qué distancia está tu madre y qué te hace sentir el hecho de que esté en esta escena contigo? Percibe qué sientes en el cuerpo. [Pausa].

Regresa al presente y escribe unas palabras para recordar esta experiencia.

Haremos el recorrido una última vez, con la buena madre. Sitúate una vez más en la habitación. Oye su voz mientras se aproxima. ¿Qué sonidos hace? ¿Cómo te mira? ¿Qué expresión hay en su cara? Observa cómo se acerca para tocarte y qué cualidades tienen sus movimientos. Percibe cómo es su tacto y cómo te sientes con ella. ¿Cómo te sientes en tu cuerpo? [Pausa larga].

Ahora imagina que tienes entre cuatro y seis años. Estás en casa, jugando. Elige tú el lugar; puede ser dentro o fuera de la vivienda. Tu madre está por ahí. Cuando quieres contactar con ella, responde. ¿Cómo juega contigo? Advierte el tono de su voz, sus movimientos y las expresiones de su cara. ¿Cómo te hace sentir que tu madre juegue contigo? ¿Qué sientes en el cuerpo? Presta mucha atención a tu estado interno en este momento. [Pausa larga].

Ahora vamos a experimentar a la buena madre desde otra edad. Esta vez tienes entre ocho y diez años. Advierte dónde estás y qué estás haciendo. ¿A qué distancia está tu madre y qué te hace sentir el hecho de que esté en esta escena contigo? Percibe qué sientes en el cuerpo.

Regresa al presente y escribe unas palabras para recordar esta experiencia.

¿Qué has percibido? ¿Cómo te has sentido estando cerca de cada una de estas figuras maternas?

A menudo, las madres irritables (y las personas irritables en general) hacen que contraigamos los músculos, aguantemos la respiración y reprimamos nuestra espontaneidad. Como casi todo lo que podamos hacer estará equivocado, nos mostramos más inhibidos con estas personas. La expresión *caminar sobre cáscaras de huevo* es indicativa de cómo nos sentimos muchos cerca de gente que tiene este temperamento. A menudo preferimos claramente que no estén por ahí.

En contraste, nos gusta estar cerca de madres que cuidan de nosotros en un sentido integral. Su compañía hace aflorar nuestro lado afectuoso. Sonreímos y nos sentimos felices, y contamos con mucho permiso y apoyo para intentar cosas nuevas y para hacer el tonto.

Es fácil que las madres emocionalmente ausentes hagan que nos sintamos ausentes. Podemos sentirnos desconectados y no tan aquí con este tipo de madre. En las escenas que has imaginado con ella, tal vez estabas más serio o seria y solo; hay personas que se sienten enojadas y quieren hacer algo grande para obtener su atención.

¿Existe alguna duda en cuanto a que la disposición y la energía básicas de la madre afectan profundamente a sus hijos?

Notas

Introducción

1. Robert Karen, PhD. (1998). *Becoming Attached: First Relationships and How They Shape Our Capacity to Love*. Nueva York, EUA: Oxford University Press, p. 230.

Capítulo 1

1. David J. Wallin (2007). *Attachment in Psychotherapy*. Nueva York, EUA: Guilford Press, n.º 1, p. 24.
2. Diana Fosha (2000). *The Transforming Power of Affect: A Model for Accelerated Change*. Nueva York, EUA: Basic Books/Perseus Book Group, p. 64.
3. Ibíd., p. 65.
4. Ibíd.
5. La mayoría de estos mensajes son creación mía, si bien algunos también constan en este libro: Jack Lee Rosenburg con Marjorie L. Rand y Diane Asay (1985). *Body, Self & Soul: Sustaining Integration*. Atlanta, EUA: Humanics, pp. 207-214. Además, Pamela Levin tiene afirmaciones similares a estas para cada etapa del desarrollo en su libro *Cycles of Power: A User's Guide to the Seven Seasons of Life* (Deerfield Beach [Florida], EUA: Health Communications Inc., 1988; y más adelante autoeditado a través de The Nourishing Company). Sus afirmaciones se publicaron por primera vez en una obra anterior, *Becoming the Way We Are: An Introduction to Personal Development in Recovery and in Life* (Berkeley [California], EUA: autoedición, 1974).

Capítulo 2

1. Harville Hendrix, PhD y Helen Hunt, MA, MLA. (1997). *Giving the Love That Heals: A Guide for Parents*. Nueva York, EUA: Pocket Books, p. 214.

Capítulo 3

1. Allan Shore, según se recoge en esta obra: Sue Gerhardt (2004). *Why Love Matters: How Affection Shapes a Baby's Brain*. Nueva York, EUA: Brunner-Routledge, Taylor & Francis Group, p. 41.

2. Mario Mikulincer y Phillip R. Shaver (2007). *Attachment in Adulthood: Structure, Dynamics, and Change*. Nueva York, EUA: Guilford Press, p. 38.
3. Karen, *Becoming Attached*, p. 238.
4. Susan Anderson (2000). *The Journey from Abandonment to Healing*. Nueva York, EUA: Berkeley Books, pp. 77-78.
5. Daniel J. Siegel (1999). «Toward an Interpersonal Neurobiology of the Developing Mind: Attachment Relationships, "Mindsight", and Neural Integration». *Infant Mental Health Journal*, 22 (1), 77 (citando a Cassidy y Shaver).
6. Wallin, *Attachment in Psychotherapy*, p. 22.
7. Ruth P. Newton, PhD, citando una investigación de 2005 de L. A. Sroufe, B. Egeland, E. Carlson y W. A. Collins en su libro de 2008 *The Attachment Connection: Parenting a Secure and Confident Child Using the Science of Attachment Theory* (Oakland [California], EUA: New Harbinger Publications), p. 27.
8. Shirley Jean Schmidt, MA, LPC, citando a Siegel, «Toward an Interpersonal Neurobiology», en su libro de 2006 *The Developmental Needs Meeting Strategy* (San Antonio, EUA: DNMS Institute), p. 17.
9. Siegel, «Toward an Interpersonal Neurobiology», p. 77.
10. Gerhardt, *Why Love Matters*, pp. 65-79.
11. Ibíd., pp. 38 y 44.
12. Ibíd., p. 329.
13. Ibíd., pp. 156 y 373, informando tanto sobre Ainsworth como sobre Main.
14. Gerhardt, *Why Love Matters*, p. 93.
15. Mary Main, según consta en Karen, *Becoming Attached*, p. 224.
16. Fosha, *Transforming Power of Affect*, p. 52.
17. Kathryn Black (2004). *Mothering Without a Map*. Nueva York, EUA: Penguin Books, p. 64.
18. Karen, *Becoming Attached*, p. 387.
19. Malcolm L. West y Adrienne E. Sheldon-Keller (1994). *Patterns of Relating: An Adult Attachment Perspective*. Nueva York, EUA: Guilford, p. 75.
20. Newton, citando un estudio de Belsky de 1999 en *The Attachment Connection*, p. 29.
21. Main y Hesse, 1990, citados en Siegel, «Toward an Interpersonal Neurobiology», p. 78. Es un tema que se trata también en otros escritos.
22. Newton, *The Attachment Connection*, p. 30.
23. Siegel, «Toward an Interpersonal Neurobiology», p. 78.
24. Daniel J. Siegel. «Attachment and Self-Understanding: Parenting with the Brain in Mind», en el libro de 2004 *Attachment and Human Survival*, editado por Marci Green y Marc Scholes (Nueva York, EUA: Karnac), p. 34.

25. Joan Woodward. «Introduction to Attachment Theory», en el libro de 2004 *Attachment and Human Survival*, editado por Marci Green y Marc Scholes (Nueva York, EUA: Karnac), p. 16.
26. Newton, *Attachment Connection*, p. 30.
27. Ibíd.
28. Siegel, «Attachment and Self-Understanding», p. 29.
29. Gerhardt, *Why Love Matters*, p. 147.
30. Fosha, *Transforming Power of Affect*, p. 54.
31. Karen, *Becoming Attached*, p. 227.
32. Ibíd., p. 228.

Capítulo 4
1. Michael St. Clair (1996). *Object Relations and Self Psychology: An Introduction*, segunda edición. Pacific Grove (California), EUA: Brooks/Cole Publishing, p. 79.
2. Ashley Montagu (1986). *Touching: The Human Significance of the Skin*, tercera edición. Nueva York, EUA: Harper Paperbacks, p. 126.

Capítulo 5
1. Karen, *Becoming Attached*, p. 340.
2. Ibíd., p. 339.
3. Daniel N. Stern, MD. (1990). *Diary of a Baby*. Nueva York, EUA: HarperCollins/Basic Books, p. 61.
4. Black, *Mothering Without a Map*, p. 60.
5. Stern, *Diary of a Baby*, p. 62.
6. T. Berry Brazelton, MD y Bertrand G. Cramer, MD. (1990). *The Earliest Relationship: Parents, Infants, and the Drama of Early Attachment*. Reading (Massachusetts), EUA: Addison-Wesley/A Merloyd Lawrence Book, p. 109.
7. Gerhardt, *Why Love Matters*, p. 124 (citando un estudio).
8. Ibíd., p. 21.
9. Brazelton y Cramer, *The Earliest Relationship*, p. 110.

Capítulo 6
1. Rose-Emily Rothenberg. «The Orphan Archetype», en el libro de 1990 *Reclaiming the Inner Child*, editado por Jeremiah Abrams (Los Ángeles, EUA: Tarcher), p. 92.

Capítulo 7
1. Catherine Robertson Souter (1 de marzo de 2015). «Psychologist Examines "Childhood Emotional Neglect"». *New England Psychologist*. nepsy.com/articles/leading-stories/psychologist-examines-childhood-emotional-neglect.

2. «Childhood Psychological Abuse as Harmful as Sexual or Physical Abuse». Nota de prensa del 8 de octubre de 2014 de la American Psychological Association. apa.org/news/press/releases/2014/10/psychological-abuse.aspx.
3. Centers for Disease Control and Prevention. «About the CDC-Kaiser ACE Study», cdc.gov/violenceprevention/acestudy/about.html.

Capítulo 8
1. Fosha, *Transforming Power of Affect*, pp. 54-55.
2. Lindsay C. Gibson, PsyD. (2015). *Adult Children of Emotionally Immature Parents: How to Heal from Distant, Rejecting, or Self-Involved Parents*. Oakland (California), EUA: New Harbinger Publications.
3. Christine Ann Lawson, PhD. (2000). *Understanding the Borderline Mother*. Northvale (Nueva Jersey), EUA: Jason Aaronson, Inc., p. 9.
4. Ibíd.
5. Diane Dweller (2017). *Mom, Mania, and Me*. Tucson (Arizona), EUA: Writing Ink.

Capítulo 9
1. John Bradshaw (1990). *Homecoming: Reclaiming and Championing Your Inner Child*. Nueva York, EUA: Bantam, p. 75.
2. Ibíd., p. 78.
3. Gibson. *Adult Children of Emotionally Immature Parents*, p. 41.

Capítulo 10
1. Dennis L. Merritt, PhD. «Brief Psychotherapy: A Jungian Approach». Recuperado de www.dennismerrittjungiananalyst.com/Brief_Psychotherapy.htm el 24 de junio de 2008.
2. Anderson, *Journey from Abandonment*, p. 76.

Capítulo 11
1. Citado en Bradshaw, *Homecoming*, p. 205.
2. Nancy J. Napier (1990). *Recreating Your Self: Help for Adult Children of Dysfunctional Families*. Nueva York, EUA: W. W. Norton, p. 151.

Capítulo 12
1. Edward Z. Tronick (1998). «Dyadically Expanded States of Consciousness and the Process of Therapeutic Change». *Infant Mental Health Journal*, 19 (3), 290-99.
2. «Donald Winnicott», recuperado de www.en.wikipedia.org/wiki/Donald_Winnicott el 12 de abril de 2008.
3. Wallin, *Attachment in Psychotherapy*, p. 121.
4. Ibíd., p. 119.

5. Soonja Kim, «Sweet Re-Mothering for Undermothered Women», publicado originalmente en *Open Exchange Magazine* y recuperado del sitio web de la autora, www.motheringwomen.com, el 27 de enero de 2017.
6. Ibíd.
7. Ibíd.
8. dianepooleheller.com.
9. «David Wallin's Schedule of Upcoming Public Presentations, Workshops, and Conferences», www.davidjwallin.com/calendar.cfm.
10. «Workshop Overview: Therapist Training». Sitio web de la doctora Karyl McBride, www.willieverbegoodenough.com/workshop-overview-therapist-training.

Capítulo 13
1. Jean Illsley Clarke y Connie Dawson (1999). *Growing Up Again: Parenting Ourselves, Parenting Our Children*. Center City (Minnesota), EUA: Hazeldon, p. 8.
2. Bradshaw, *Homecoming*, p. 71.
3. Ibíd., p. 72.
4. Gerhardt, *Why Love Matters*, p. 26.
5. Jett Psaris, PhD y Marlena S. Lyons, PhD. (2000). *Undefended Love*. Oakland (California), EUA: New Harbinger, p. 141.
6. Rick Hanson (1 de noviembre de 2009). «Taking in the Good». Greater Good Science Center. www.greatergood.berkeley.edu/article/item/taking_in_the_good.
7. Alex Korb, PhD. (20 de noviembre de 2012). «The Grateful Brain: The Neuroscience of Giving Thanks». *Psychology Today*. www.psychologytoday.com/blog/prefrontal-nudity/201211/the-grateful-brain/(23 de marzo de 2014). «Thanks! The Beneficial Effects of Expressing Gratitude». Positive Psychology Program. www.positivepsychologyprogram.com/beneficial-effects-expressing-gratitude.

Capítulo 14
1. Evelyn Silton Bassoff, PhD. (1991). *Mothering Ourselves: Help and Healing for Adult Daughters*. Nueva York, EUA: Dutton/Penguin Group, p. 175.
2. Peg Streep (2009). *Mean Mothers: Overcoming the Legacy of Hurt*. Nueva York, EUA: William Morrow, p. 28.
3. Laura Davis (2002). *I Thought We'd Never Speak Again*. Nueva York, EUA: HarperCollins, p. 213.

Recursos

Abreviaturas y siglas utilizadas

CSW: clinical social worker ('trabajador social clínico'; es una credencial en el campo del trabajo social).

EdD: Doctor of Education ('doctor en educación'; es un grado de doctorado).

LPC: licensed professional counselor ('consejero profesional autorizado').

MA: Master of Arts ('maestro de artes'; es un grado de máster en una disciplina artística o en una ciencia social).

MD: Doctor of Medicine ('doctor en medicina'; es un grado universitario avanzado necesario para trabajar como médico).

MFT: Marriage and Family Therapist ('terapeuta matrimonial y familiar').

Phd: Doctor of Philosophy ('doctor en filosofía'; es un grado de doctorado).

PsyD: Doctor of Psychology ('doctor en psicología'; es un grado de doctorado alternativo que se enfoca en la psicología clínica y los aspectos aplicados de la psicología).

SANAR LAS HERIDAS MATERNAS

Mothers Who Can't Love: A Healing Guide for Daughters.
Susan Forward, PhD, con Donna Frazier Glynn (Nueva York, EUA: Harper Collins, 2013).
Utilizando mucho la descripción de casos, la doctora Forward presenta cinco tipos de madres dañinas y los efectos que tienen estas madres en sus hijos y ofrece consejos para tratar con las madres difíciles en la adultez y para el autocuidado; estos últimos incluyen trabajar con el niño interior herido.

Mean Mothers: Overcoming the Legacy of Hurt.
Peg Streep (Nueva York, EUA: William Morrow, 2009).
Un libro bien documentado que incluye historias personales conmovedoras reunidas fuera del contexto terapéutico.

Difficult Mothers: Understanding and Overcoming Their Power.
Terri Apter (Nueva York, EUA: W. W. Norton & Company, 2013).
Describe varios tipos de madres difíciles y ofrece consejos.

Hijos adultos de padres emocionalmente inmaduros: cómo recuperarse del distanciamiento, del rechazo o de los padres autoinvolucrados.
Lindsay C. Gibson, PsyD (Málaga, España: Sirio, 2016).
Expone características de la inmadurez emocional y ofrece estrategias para tratar con los padres que manifiestan este patrón.

Running on Empty: Overcome Your Childhood Emotional Neglect.
Jonice Webb, PhD, con Christine Musello, PsyD (Nueva York, EUA: Morgan James, 2013).
Describe tipos de padres negligentes, efectos de la negligencia emocional y estrategias de autoayuda centradas en los sentimientos. Incluye muchos relatos de experiencias concretas.

Warming the Stone Child: Myths and Stories About Abandonment and the Unmothered Child.
Clarissa Pinkola Estés, PhD (Louisville [Colorado], EUA: Sounds True [audiolibro], 2004).
Terapeuta junguiana, autora de éxito y poetisa, la doctora Estés es una narradora hábil, y muchos encontrarán fascinante este audiolibro, que se centra en la necesidad de orientación que tiene el niño expuesto a una crianza materna deficiente.

I Am My Mother's Daughter: Making Peace with Mom—Before It's Too Late.
Iris Krasnow (Nueva York, EUA: Basic Books, 2006).
Se centra en la reparación del vínculo con la madre por parte de hijas adultas. Incluye una gran cantidad de entrevistas.

Nota: Hay una serie de libros (a menudo en formato de libro electrónico) que son memorias de madres disfuncionales. No los he incluido, pero podrás encontrarlos fácilmente si buscas en tiendas de Internet.

PADRES CON EL TRASTORNO LÍMITE DE LA PERSONALIDAD

Understanding the Borderline Mother: Helping Her Children Transcend the Intense, Unpredictable, and Volatile Relationship.
Christine Ann Lawson, PhD (Northvale [Nueva Jersey], EUA: Jason Aaronson, Inc., 2000).
Además de describir la personalidad límite, Lawson presenta cuatro tipos de madre con trastorno límite de la personalidad, explica qué impactos tiene cada una y ofrece pautas para lidiar con ellas de la mejor manera posible.

Surviving a Borderline Parent: How to Heal Your Childhood Wounds and Build Trust, Boundaries, and Self-Esteem.
Kimberlee Roth y Freda B. Friedman (Oakland [California], EUA: New Harbinger, 2004).
Proporciona información útil y pautas para superar los efectos devastadores de haber crecido con un padre o una madre que padece el trastorno límite de la personalidad

PADRES NARCISISTAS
Madres que no saben amar. Cómo superar las secuelas provocadas por una madre narcisista.
Dra. Karyl McBride, PhD (España: Urano, 2013).
Libro muy bien estructurado sobre la manera de reconocer a la madre narcisista y tener herramientas para lidiar con ella en la adultez.

Children of the Self Absorbed: A Grown-up's Guide to Getting over Narcissistic Parents.
Nina W. Brown, EdD, LPC (Oakland [California], EUA: New Harbinger, 2.ª edición, 2008).
Tras describir el narcisismo y sus efectos en los niños, este libro pasa a centrarse en las estrategias de sanación. Contiene un test para evaluar el trastorno de personalidad narcisista y una escala útil para evaluar la separación respecto de la madre.

www.daughtersofnarcissisticmothers.com.
Muchas lectoras encontrarán que este sitio web constituye una buena fuente de información.
Danu Morrigan puso en marcha este sitio web y después escribió el libro *You're Not Crazy - It's Your Mother: Freedom for Daughters of Narcissistic Mothers* (Londres, Reino Unido: Darton, Longman & Todd Ltd, 2021; nueva edición sustancialmente revisada y actualizada).

NIÑO INTERIOR
Recovery of Your Inner Child: The Highly Acclaimed Method for Liberating Your Inner Self.
Lucia Capacchione, PhD (Nueva York, EUA: Simon & Schuster, 1991).
Práctica, encantadora y conmovedora, esta guía te ayudará a trabajar con tu niño interior. Incluye más de cuarenta ejercicios.

Volver a casa: recuperación y reivindicación del niño interior.
John Bradshaw (Móstoles [Madrid], España: Gaia, 2015).
Una guía para trabajar con el niño interior herido. Además de una descripción general del proceso, incluye las distintas etapas y las

necesidades que se dan en cada una. También hay vídeos y audiolibros sobre el trabajo de Bradshaw; los puedes encontrar en Internet.

El arte de cuidar a tu niño interior.
Thich Nhat Hahn (Barcelona, España: Paidós Ibérica, 2017). Las personas a las que les encante Thich Nhat Hahn o que cultiven una perspectiva budista apreciarán que, en esta obra, este monje y autor dirija la compasión al niño interior herido.

APEGO EN LA INFANCIA

El amor maternal: la influencia del afecto en el cerebro y las emociones del bebé.
Sue Gerhardt (Barcelona, España: Eleftheria, 2016). Este libro hace accesibles los últimos hallazgos sobre la neurobiología del apego. Muy recomendable.

Becoming Attached: First Relationships and How They Shape Our Capacity to Love.
Robert Karen, PhD (Nueva York, EUA: Oxford University Press, 1998). Un libro interesante y bien escrito que aborda con detalle la historia de la investigación y las ideas sobre el apego. Más para profesionales.

Mothering Without a Map: The Search for the Good Mother Within.
Kathryn Black (Nueva York, EUA: Penguin, 2005). Un libro excelente para mujeres que recibieron una crianza maternal deficiente y que son madres o se están planteando serlo. Incluye entrevistas a mujeres que crecieron sin recibir una crianza adecuada y una revisión de estudios sobre el apego.

Growing Up Again: Parenting Ourselves, Parenting Our Children.
Jean Illsley Clarke y Connie Dawson (Center City [Minnesota], EUA: Hazelden, 2.ª edición, 1998). Este es un libro de autoayuda relativamente corto escrito con un estilo simple y directo. Puede serle útil a cualquier padre o madre que hubiese estado expuesto a una crianza deficiente.

APEGO EN LAS RELACIONES DE PAREJA

Maneras de amar: la nueva ciencia del apego adulto y cómo puede ayudarte a encontrar el amor... y conservarlo.
Amir Levine, MD y Rachel Heller, MA (España: Books4Pocket, 2016). Este libro se enfoca en los dos estilos de apego inseguro y en el apego seguro, nos ayuda a identificar nuestro estilo y el de nuestra pareja, y nos proporciona orientación para resolver conflictos y avanzar hacia la salud. Nota: Muchas personas que han sufrido un maltrato emocional y una negligencia emocional más graves pueden manifestar un estilo de apego desorganizado que no se incluye en esta obra.

Conectados para el amor: descifra el cerebro de tu pareja para que tengas una relación más sólida.
Stan Tatkin, PsyD, MFT (Grijalbo, 2015; disponible solamente como libro electrónico).
Basándose en la neurociencia, la teoría del apego y la regulación de las emociones, este libro presenta diez principios rectores que pueden mejorar cualquier relación.

Insecure in Love: How Anxious Attachment Can Make You Feel Jealous, Needy, and Worried and What You Can Do About It.
Leslie Becker-Phelps, PhD (Oakland [California], EUA: New Harbinger, 2014).
Se centra en el estilo de apego ansioso (preocupado) en las relaciones de pareja y en el uso de la autoconciencia compasiva y las habilidades relacionales para mejorar las relaciones.

Abrázame fuerte: siete conversaciones para lograr un amor de por vida.
Sue Johnson (España: Alba, 2019).
Sue Johnson es la creadora de la Emotionally Focused Couples Therapy (terapia de pareja centrada en las emociones). Esta guía, que es un complemento de la terapia (o quizá pueda sustituirla), les enseña a las parejas a resolver los conflictos habituales que se producen en las relaciones y a identificar las necesidades de apego subyacentes.

Del abandono a la sanación: comienza una nueva vida después de terminar una relación.
Susan Anderson, CSW (México: Paidós México, 2021).
Un libro revelador sobre cómo nuestra necesidad de apego influye en nuestras relaciones íntimas y el proceso doloroso que tiene lugar cuando estas relaciones fallan y la herida del abandono resulta estimulada.

AUTOEVALUACIÓN

Puedes encontrar test (formales e informales) en Internet para todo tipo de temas, desde los estilos de apego hasta la negligencia emocional y los trastornos de personalidad; también para cuestiones más informalmente definidas, como el hecho de ser una persona altamente sensible. Algunas de estas herramientas de autoevaluación son más fiables que otras. Recuerda que muchos trastornos, etc., se solapan. Lleva los resultados a tu terapeuta, si tienes uno.

Agradecimientos

C omo todo niño, todo libro necesita un buen hogar. Mi más profundo agradecimiento a Matthew Lore y The Experiment [la editorial estadounidense] por brindar un hogar tan acogedor y una atención tan experta. Me emocioné cuando en 2016 me invitaron a hacer una edición ampliada del libro. He aprendido mucho en los ocho años transcurridos desde que escribí la primera edición y agradezco la oportunidad de compartir más de ese conocimiento en esta segunda edición.* Doy las gracias a Batya Rosenblum por acompañar esta nueva edición a través del proceso de convertirse en un libro y a Ana Ban por ayudarla a llegar más lejos gracias a las diversas traducciones y formatos de audiolibro.

A lo largo de los años, he tenido el honor de que muchas personas me hayan hablado de su vida interior, lo cual incluye las alegrías y las decepciones que experimentaron en su infancia. Doy las gracias a los clientes, estudiantes y amigos que han compartido sus historias conmigo y a las personas que generosamente han dado su tiempo para ser entrevistadas para este libro. Ojalá vuestro sufrimiento y las lecciones que habéis aprendido por la vía dura enriquezcan la vida de otras personas en este viaje. He crecido a través de mi trabajo con los clientes en los años que separan las dos

---

* N. del T.: Recuerde el lector que esta traducción corresponde a la segunda edición del libro en inglés. La primera edición no ha sido publicada en castellano.

ediciones, y mi respeto y aprecio por las personas que han elegido trabajar conmigo es enorme. ¡Gracias! Me enseñáis y me inspiráis.

Doy las gracias a quienes realizaron distintos tipos de aportaciones a la primera edición: Sara Lynn Swift, Willow Arlenea y Betsy Kabrick, que me ofrecieron ideas y comentarios valiosos; Raji Raman por sus sugerencias de corrección, y Amber Vallotton por su entusiasmo y ayuda con el grupo de apoyo en línea inicial (que ahora ya no existe).

Finalmente, siempre le estaré profundamente agradecida a Konstanze Hacker, la que fue mi terapeuta durante muchos años. Ella me proporcionó una experiencia de la buena madre, ayudó a que la dulce niña que mora en mi interior se desarrollara y emergiera, y me guio con mucha paciencia y habilidad a través del proceso de sanación.

Índice temático

Sobre la autora

JASMIN LEE CORI, MS, LPC,* es psicoterapeuta y ejerce en su consulta privada en
Boulder, Colorado (EUA). Su especialidad
es el trabajo con adultos que fueron víctimas
de la negligencia emocional o el maltrato
emocional en la infancia.

Educadora experimentada, Jasmin impartió
más de una docena de cursos de psicología
diferentes en varias universidades y escuelas profesionales, que in-
cluyeron formación técnica para terapeutas. También ha trabajado
en agencias de servicios sociales.

Jasmin es la autora de *Healing from Trauma: A Survivor's Guide to
Understanding Your Symptoms and Reclaiming Your Life* [Sanar del trauma: una guía para supervivientes para comprender sus síntomas y
recuperar su vida] (2008), *The Tao of Contemplation: Re-Sourcing the
Inner Life* [El tao de la contemplación: reabastecer la vida interior]
(2000), *The Tarot of Transformation* [El tarot de la transformación]
(con Willow Arlenea; 2002), *The Magic of Your True Nature: A Someti-
mes Irreverent Guide to Spiritual Development* [La magia de tu verdadera

---

* N. del T: Las siglas *MS* significan *Master of Science* ('máster en ciencias'; es un grado
de máster en el campo de la ciencia). LPC significa *licensed professional counselor*
('consejera profesional autorizada').

naturaleza: una guía a veces irreverente para el desarrollo espiritual] (2013), y también de un libro de poesía mística. Ha escrito artículos para varios medios impresos y en línea y entradas de blog en su web, www.jasmincori.com.

En su tiempo libre, a Jasmin le gusta practicar senderismo, participar en grupos de movimiento expresivo, entrar en comunión con la naturaleza y el Espíritu, ejercer el activismo político, expresar su creatividad y jugar con amigos.